주식 초보라면 반드시 읽어야 할 **주식투자서**

이상하게 쉬운주식

이상우

지음

여의도
책방

이상하게
쉬운주식

초판	1쇄 발행 2019년 6월 14일
	7쇄 발행 2021년 11월 12일
지은이	이상우
제작	장지웅
편집	이상혁, 이병철
마케팅	이승아
펴낸곳	여의도책방
인쇄	㈜재능인쇄
출판등록	2018년 10월 23일(제2018-000139호)
주소	서울시 영등포구 여의나루로 60 여의도우체국 여의도포스트타워 13층
전화	02-6952-5622
FAX	02-6952-4213
이메일	esangbook@lsinvest.co.kr
정가	19,000원
ISBN	979-11-965244-0-1 (03320)

주식투자는 쉽습니다. 스마트폰으로 간단하게 증권계좌를 만든 후, 증권사 모바일 앱을 설치하고 터치 몇 번만 하면 주식투자를 할 수 있습니다. 투자에 필요한 정보는 인터넷에 널려 있지요. 최근에는 인공지능을 활용하여 유망 종목을 추천해주거나, 로봇이 알아서 여러 종목에 분산 투자도 대신해 주는 서비스까지 있다고 합니다.

하지만, 주식투자로 성공하는 것은 어렵습니다. 저는 기자 시절 많은 산업 현장과 여러 기업을 취재하러 다녔습니다. 증권시장과 관련된 금융기관이나 관계자들도 자주 만났습니다. 그중에는 전문가 그룹이나 개인투자자로 성공하신 분들도 있습니다.

주식시장이 열리기 전에 해외 시장 동향을 살펴보기 위해 매일같이 새벽에 일어나 시황을 분석하는 '새벽형 인간'도 많았습니다. 저평가된 좋은 종목을 발굴하기 위해 회사를 직접 찾아가는 '발로 뛰는 투자자'에 감명을 받기도 했습니다. 몇 년 동안 특정 종목이나 업종의 주가 움직임을 분석, 연구하여 투자에 나서는 '학구파'도 눈에 띄었습니다. 이분들이 성공한 방법은 각기 다릅니다. 한가지 공통점은 이들 고수도 많은 시행착오를 겪었다는 점입니다.

세월이 변해도 변치 않는 진실이 있습니다. 주식투자에 관한 최소한의 지식을 갖춰야 한다는 것입니다. 우리 주변에는 편리해진 투자 환경 탓으로 사전 지식 없이 무작정 주식투자에 나서는 분들이 적지 않은 것 같습니다. 많이 안다 해서 주식투자에 성공하는 것은 아니지만 어느 정도의 내공은 쌓아야 실패 위험을 줄일 수 있습니다.

'이상하게 쉬운 주식'은 주식 초보자들에게 큰 도움이 되는 책이라고 확신합니다. 주식과 주식 시장에 대한 좋은 길라잡이가 되는 입문서인 셈이지요. 이 책은 투자 종목을 어떻게 골라야 할지, 그리고 어떤 마음가짐으로 주식투자에 임해야 하는지 알기 쉽게 써 놓았습니다. 이 책이 주식투자자에게 성공을 가져다주는 출발점이 됐으면 좋겠습니다.

이데일리 대표이사 사장 **김 형 철**

평생 하는 투자,
이제는 '성공'의 길을 찾을 때

성공을 바라지 않는 사람은 없습니다. 요행이든 노력을 통해서든 누구나 성공을 꿈꾸며 살아가죠. 특히 자본주의 사회에서는 남들보다 더 많은 돈을 벌고, 경제적 걱정 없이 안락한 삶을 누리는 것이 성공의 표상이 됩니다. 하지만 대다수의 사람은 성공보다는 실패를 더 많이 경험합니다. 성공의 방법을 알지 못하고 성공의 도구를 쉽게 찾을 수 없기 때문이죠.

시중에는 누구나 성공할 수 있다는 점을 강조하며 성공한 사람들의 자기 과시적인 책이 넘쳐납니다. 그런데 정작 그런 종류의 책들은 독자들에게 어떻게 성공할 수 있는지에 대해서는 불친절합니다. 매우 추상적인 말들을 나열하거나, 개별적 사례를 마치 일반적인 것처럼 설명하는 식이죠.

주식투자에 관련된 책의 경우도 마찬가지입니다. 책의 제목과 내용 소개를 보면 돈을 벌고 싶은 대중의 욕망을 자극하며, 이 책 한 권이면 주식투자에 성공할 수 있다고 단언합니다. 과연 얼마나 많은 사람이 그런 책을 통해 주식투자에 성공했을까요? 정말 책 한 권이면 투자 고수가 될 수 있고 높은 수익을 장담할 수 있을까요?

모든 일에는 순서가 있듯, 주식투자에도 정도(正道)가 있는 법입니다. 기초체력 없이 격한 운동을 하면 몸이 상할 수 있습니다. 주식투자도 크게 다르지 않습니다. 마음의 준비 없이, 남의 말만 믿은 채, 자신에 대한 확신과 성찰 없이 주식투자에 뛰어들면 성공적인 투자와는 더욱 거리가 멀어집니다. 그래서 제대로 된 공부가 필요한 것이지요.

저는 이 책에서 성공 투자를 위해서 주식을 공부하라고 역설하고 있습니다. 공부라고 하니 벌써 막막하신가요? 제가 말씀드리는 공부는 그저 개념을 익히고 어려운 용어를 외우는 데에 그치지 않습니다. 오히려 투자에 방해되거나 필요 없다고 생각되는 부분은 과감히 버리고, 진짜 성공 투자를 위한 제대로 된 공부의 길을 보여드리고자 합니다. 평생 투자의 시대에 한번은 '진짜 공부'를 해보는 것이 바람직하지 않을까요?

공부를 잘하는 사람과 못하는 사람의 차이는 바로 선택과 집중에서 비롯됩니다. 독자 입장에서는 실전 투자에 꼭 필요한 개념과 사례를 익히는 것이 바로 우리가 선택한 집중의 과제입니다. 이 책에서 저는 독자 여러분과 다음과 같이 주식투자 공부를 하려고 합니다.

길 ▶ 공부에는 왕도가 없다고 하지요. 하지만, 주식투자를 '잘'하기 위한 '길'은 존재합니다. 목적지에 도달하는 길은 여러 갈래가 있을 수 있습니다. 지름길로 갈지, 돌아서 갈지는 여러분의 선택에 달린 것이지요. 저는 PART 1, 2, 3에서 독자들이 조금 더 안전하고 쉽게 목적지로 향할 수 있도록 주식투자의 길을 보여드릴 것입니다.

우선 주식 공부의 중요성에 대해 말씀드리고, 주식시장에 대해 상세히 알아볼 것입니다. 다음으로 주식투자를 시작하는 사람들의 여러 투자성향을 분석하고 독자의 성향을 체크할 것입니다. 투자하는 성향과 목적에 따라 그 전략과 방식이 달라지기 때문에 이 작업은 개인투자자에게 있어 매우 중요한 일일 것입니다.

주식시장에서 형성되는 가격은 숫자로 표기됩니다. 그 숫자에는 시장에 참여하는 사람들의 온갖 심리가 투영되어 있죠. 심리로만 설명할 수 없는 주식시장만의 법칙 또한 존재하기에 우리는 주식시장을 생물(生物)이라 부르기도 하고, 종합예술적인 성격이 있다고 보기도 합니다. 일반적으로 개인투자자들은 주가의 등락에 예민한 반응을 보이기 마련입니다. 하지만 주가에 따라 움직이는 자신의 마음을 제어하지 못하면 절대 투자에 성공할 수 없습니다.

주식을 공부해야 하는 이유, 마음을 다스리는 것의 중요성, 나의 현재 상황을 체크해보는 것… 이 모든 작업은 독자들이 주식투자의 올바른 '길'을 찾는 과정이 될 것입니다.

이정표 ▶ 성공을 향한 길을 닦았다면 그다음 단계는 방향을 알려주는 표지를 확인하고 잘 따라가는 일입니다. 주식투자에서 성공의 이정표는 좋은 종목을 발굴하고 매수해서 보유하는 상태일 것입니다.

이 책에서 독자들에게 제시하는 이정표는 다른 책들과 뚜렷한 차별성이 있습니다. 개념과 어려운 용어만 풀어쓰는 책의 이정표를 따라가면 독자들은 빨리 지치게 됩니다. 결국엔 또다시 길을 찾는 작업부터 시작해야 하죠.

하지만 저는 여러분들에게 사례연구, 고수의 꿀팁 등을 통해 실제 투자고수의 노하우를 다 보여드릴 생각입니다. Part 4, 5, 6에서는 주식시장에 영향을 주는 요소들, 계좌 개설에서부터 더 좋은 종목을 고르는 방법까지 기존 서적에서 쉽게 찾을 수 없었던 저만의 콘텐츠를 독자 여러분과 공유할 것입니다. '방법'에 목말라 있던 독자들에게는 사막의 오아시스가 되는 것이죠.

도착 ▶ 이정표를 잘 따라왔다면 이제 독자 여러분은 원하는 목적지에 도착한 아름다운 자신의 모습을 보실 수 있을 것입니다. 물론 그 도착이 큰 수익을 올렸다는 의미는 아닙니다. 손절매를 할 수도 있고 고수익을 낼 수도 있을 테죠.

하지만 항상 경험 뒤엔 배움이 뒤따르는 법입니다. 주식시장에 참여하는 그 누구라도 늘 고수익을 보는 것은 아닙니다. 예상치 못한 상황이 전개될 수도 있고, 때론 마음이 흔들릴 수도 있습니다. 다만, 이 책에서 닦은 길 위에 이정표를 잘 따라왔다면 제대로 된 주식투자를 해 본 것이기에 그 배움의 크기는 이루 말할 수 없을 정도로 큰 것이겠죠.

Part 7, 8에서는 기술적 분석을 통한 매매 타이밍 잡는 방법, 캔들 차트 읽는 방법, 초보자를 위한 마인드 컨트롤 등 독자에게 실질적으로 도움이 될 수 있는 깨알 정보를 공개할 것입니다.

'나도 고수가 될 수 있다'는 마음으로 차근히 중요 개념과 실전 사례를 익혀 적용해 나간다면 '성공'이라는 목적지에 도착해 있을 가능성은 분명 더 커져 있을 것입니다.

복기 ▶ 도착했다고 모든 것이 끝난 것일까요? 절대 아닙니다. 내가 걸어온 길을 반드시 돌아봐야 합니다. 역사를 잊은 민족에게 미래가 없다는 말이 있듯, 자신이 어떤 투자를 했는지 복기하지 않으면 똑같은 실수를 반복하거나 더 큰 수익을 올릴 수 있는 기회마저 놓칠 수 있습니다.

복기는 사전적으로 '두었던 바둑을 처음부터 다시 두는 것'을 뜻합니다. 바둑기사 조훈현 씨는 《조훈현, 고수의 생각법》에서 프로의 세계에서도 한 수 한 수 바둑을 다시 두는 일이 쉽지는 않다고 합니다. 하지만 승리한 대국의 복기는 이기는 습관을 만들어주고, 패배한 대국의 복기는 이기는 준비를 만들어준다고 강조합니다. 복기만큼 중요한 일이 또 없다는 것이겠죠.

일기를 쓰는 사람은 하루하루 성장한다고 합니다. 주식투자에서 성공하기 위해서는 매매일지나 감정노트 등 기본적이면서도 체계적인 기록이 필요하고 매수부터 매도까지 자신의 투자를 돌아보는 작업이 무엇보다 중요할 것입니다.

저는 이 책에서 여러분께 주식투자를 통해 큰돈을 벌 수 있다고 단정적으로 말하지는 않습니다. 다만, 여러분이 이 책을 통해 주식을 올바르게 배우고, 제대로 공부한다면 주식투자에 성공할 가능성이 높아진다는 점을 알려주고 싶을 따름입니다.

이 책이 주식투자를 시작하는 모든 이들에게 목적지를 향한 든든한 길잡이가 될 수 있었으면 좋겠습니다. 평생투자의 시대, 정상을 향한 발걸음에 언제나 제가 함께하겠습니다.

저자 이남우

1

고수의 꿀팁!

개미의 선구자! 개선 선생이 알려주는 주식 고수만의 꿀팁을 알려드립니다.

고수는 투자에 대해 어떤 생각을 가지고 있는지, 실전 매매에서 중요한 부분은 무엇이 있는지 등을 알려드립니다.

2

월가의 격언

월스트리트 최고의 투자가들이 남긴 격언! 가슴에 새기고 투자의 지침서로 여겨야 할 최고의 명언만 수록했습니다.

반드시 읽고 투자에 대한 자신만의 철학을 만들어보세요.

3

절대매매 TIP!

실전 매매에 적용할 수 있는 매매 팁을 알려드립니다.

투자의 고수가 알려주는 매매 팁으로 직접 수익을 올려보세요.

필수 용어 설명

주식 초보자도 걱정 없게 만드는 초보자만을 위한 용어설명을 수록했습니다.

굳이 주식 용어 사전을 찾지 않아도 이 책 안에서 모든 내용을 이해하실 수 있습니다.

QR코드로 강의 시청

책의 내용과 관련된 동영상 강의를 바로 확인할 수 있도록 QR코드를 수록했습니다.

최고의 전문가들이 알려주는 주식 이론 강의를 QR코드로 쉽고 간편하게 시청해보세요.

QR코드로 영상 보는 법은 'QR코드로 유튜브 강의 보기!'에서 확인하실 수 있습니다.

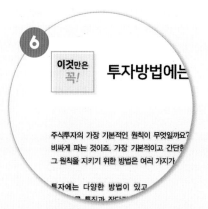

이것만은 꼭!

각 파트별로 반드시 알고 넘어가야 하는 내용을 별도로 수록했습니다.

제목처럼 이것만은 꼭! 알고 넘어가야 하는 내용이니 반드시 읽어보고 투자에 참고하시기 바랍니다.

QR코드로 유튜브 강의 보기!

① QR코드 확인

QR코드는 스마트폰으로 영상을 쉽고 간단하게 확인할 수 있습니다. 다들 네이버 혹은 다음 앱을 한 개씩 다운받아 사용하고 계실 겁니다. 네이버나 다음 앱에서 검색 창 우측 끝에 설정 버튼을 클릭하시면 QR코드를 인식할 수 있는 메뉴가 나옵니다.

해당 앱을 사용하지 않는 분들은 플레이스토어(안드로이드 스마트폰)나 앱스토어(아이폰)에서 'QR코드'를 검색하시면 QR코드를 인식할 수 있는 여러 가지 앱(ex. QR코드 리더)이 나오니 다운로드받아 사용해 주세요.

② QR코드 인식

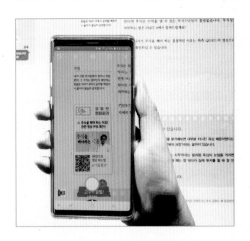

앱에서 QR코드 버튼을 누르면 스마트폰 카메라가 작동됩니다. 이때 카메라 렌즈를 도서에 수록된 QR코드에 가까이 대면 카메라가 QR코드를 인식합니다.

인식이 완료되면 화면 상단에 링크를 누를 수 있는 알림 창이 뜨고, 해당 알림 창을 터치하면 영상을 볼 수 있는 화면으로 넘어갑니다.

③ 주식강의 무료로 즐기기

QR코드로 최고 전문가들의 유튜브 강의를 시청하여 주식을 좀 더 쉽고 재밌게 공부해 보세요.

여의도 최고의 전문가인 개미의 선구자! 이상우 수석 애널리스트의 주식강의를 모두 무료로 확인할 수 있습니다.

그리고 유튜브에서 코스픽 검색 후 구독하기 버튼을 누르면 매일 업데이트되는 최고 전문가들의 종목 분석과 주식 강의를 무료로 시청하실 수 있으니 꼭 구독해보세요!

목차

PART 01 에서는 …

먼저 주식이 무엇인지 파악해볼 것입니다. 주식의 기본적인 내용도 모른 채 투자를 할 수는 없으니까요. 주식투자를 위한 주춧돌을 쌓았다면 주식 공부를 왜 해야 하는지 알아볼 것입니다. 주식을 공부해야 하는 이유! 궁금하지 않으신가요? 지금부터 저와 함께 알아보러 가시죠!

PART

01

주식은 무엇인가?
주식 공부는 왜 중요한가?

CHAPTER 01 주식이란 무엇인가?

제가 다~~ 알려드릴게요!!!

주식이 도대체 뭘까??

주식회사는 뭐지?

박네모

주식에 대해 알고 싶어요! 고수님!

김세모

저도 혼자 주식을 공부해보려고 하는데 너무 어려워요.

쉽게 알려주실 수 없나요?

고수

주식 어렵지 않습니다! 주식을 궁금해하고 알고 싶은 마음이 생겼다는 것이 중요하죠!

제가 알기 쉽게 설명해드릴 테니 걱정하지 마세요!

1. 주식이 도대체 뭐예요?

일상 씨는 다니던 회사를 퇴사하고 몇 개월간 사업 아이템을 구상했습니다. 자신의 동생들인 이상 씨와 오상 씨에게 사업계획을 설명하고 동업하기로 했습니다. 회사 이름은 '일리오'로 정하고 주식회사를 설립하기로 한 것이죠.

주식회사를 설립하려면 자본금 규모와 **액면가**를 신고해야 합니다. 일상 씨가 5천만원, 이상 씨가 4천만원, 오상 씨가 1천만원을 투자하여 초기 자본금 총 1억원을 만들었습니다. 3명은 주식 1장의 액면가를 1,000원으로 결정했습니다.

액면가

주식회사가 처음 주식을 발행할 때 1주당 가격을 정해야 합니다. 주식에서 액면가는 1주당 가격을 뜻합니다. 액면가(1,000원)에 발행주식 수(100,000주)를 곱하면 발행주식 총액(1억원)이 되며, 주식은 자본금만큼 발행하므로 발행주식 총액이 곧 그 회사의 자본금이 됩니다.

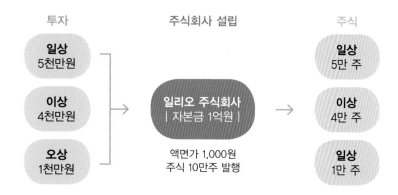

초기 자본금 1억원, 주식 액면가가 1,000원이면 발행된 주식은 100,000주 (1억원 ÷ 1,000원)가 됩니다. 이 주식을, 3명이 각각 투자한 금액만큼 나누어 가집니다. 그러면, 일상 씨가 50,000주, 이상 씨가 40,000주, 오상 씨가 10,000주를 갖게 되는 것이죠. 이렇듯 **주식은 회사에서 투자액에 대해 발행하는 증서로, 회사의 주인 중 한 사람이라는 증표의 의미입니다.**

일상 씨, 이상 씨, 오상 씨는 일리오 주식회사의 주인인 주주가 되었습니다. **주주는 주식회사에서 자신이 가진 주식 수에 비례해서 의견을 내는 의결권을 가집니다.** 즉, 일상 씨는 의결권을 50,000주만큼, 이상 씨는 40,000주만큼, 오상 씨는 10,000주만큼 가지는 것이죠.

또 주주는 회사의 이익이 나면 자신이 가진 주식 수에 비례해서 배당을 받을 수도 있습니다. 반대로 이익이 없다면 배당을 받을 수 없죠. 회사가 부도난다 해도 주주에게 책임은 없지만, 주주가 가진 주식의 가치는 없어지게 됩니다.

2. 기업은 주식을 왜 상장하나요?

3년이 지나고 사업이 자리를 잡으면서 일리오 기업의 매출액은 계속해서 높아졌습니다. 일상 씨는 사업 영역 확장을 위한 새로운 자금을 유치하기 위해

일리오 기업을 증권시장에 상장하기로 했습니다. 은행에서 빌리는 돈으로는 한계가 있기 때문이죠. 그런데 아무 기업이나 상장할 수 있을까요?

상장이란 자사의 주식이 증권거래소에서 거래가 되도록 인정받는 것입니다. 증권거래소는 상장 조건을 까다롭게 정해놓고 해당 조건에 맞는 기업만 상장할 수 있도록 하고 있습니다. 이러한 상장회사의 주식을 상장주식이라고 합니다. 반대로 거래소에서 거래가 되지 못하는 비상장회사의 주식은 비상장주식이라고 합니다.

증권거래소

주식이나 채권 등 유가증권을 거래하는 곳입니다. 한국의 증권거래소는 여의도에 있는 한국거래소입니다. 어떤 주식회사든, 자기 주식을 증권거래소에서 거래하려면 상장을 해야 합니다.

일리오 기업은 상장 조건에 충족되지 않아 상장되지 못하였습니다. 따라서 장내시장에서는 거래되지 못하고, 장외시장에서 거래되는 것이죠. 주식시장에 대한 내용은 PART 2에서 공부하도록 합시다!

만약 일리오 기업이 상장되었다면 기업공개를 해야 합니다. 또한, 상장된 회사들은 발행가를 정합니다. 발행가는 주식을 처음으로 주식시장에 상장할 때의 가격입니다. 처음 주식회사가 설립될 때보다 기업의 가치가 높아졌다면 발행가는 액면가보다 높아질 것입니다. 액면가가 1,000원이었던 기업이 성장함에 따라 발행가를 5만원으로 높일 수 있는 것이죠.

기업공개(IPO)

누구나 자사의 주식을 거래할 수 있도록 기업의 자본금, 매출액, 부채비율, 신용평가등급 등의 정보를 밝히는 것을 말합니다.

신규로 상장된 기업이나 신규 자금 조달이 필요한 기업은 공모주 청약을 합니다. 즉, 일반인을 대상으로 주식을 새롭게 발행하여 분산시키는 신주 모집이나 이미 발행된 주식을 일반인에게 판매하는 구주 매출방법으로 청약자를 모으는 것이죠. 이 과정에서 배정받게 되는 주식을 공모주라고 합니다.

3. 기업의 자본금은 늘릴 수도 줄일 수도 있어요.

일상 씨, 이상 씨, 오상 씨는 일리오 기업의 자본금을 늘리고 싶어 유상증자를 하기로 했습니다. 유상증자란 주식을 새롭게 발행해서 투자자에게 돈을 받고 팔아 자본금을 늘리는 것입니다. 반대로 돈을 받지 않고 주식을 나눠주는 무상증자도 있습니다.

주식시장의 전망이 좋거나 기업의 발전 가능성이 높다면 유상증자는 투자자에게 좋은 뉴스입니다. **하지만 투자자들은 보통 유상증자를 부정적인 시각으로 봅니다. 주식 수가 늘어나면 주가 상승이 어렵기 때문이죠.** 따라서 기업이 증자를 하려는 목적이 사업확장으로 인한 것인지 운영 자금이 부족한 것인지 확인해야 합니다.

무상증자는 기업의 여윳돈 중 일부를 주식으로 발행하여 주주들에게 돈을 받지 않고 나눠주는 것입니다. 언뜻 보기에는 주주 입장에서 무상증자가 굉장히 좋은 소식일 수 있습니다. 공짜로 주식을 받을 수 있으니까요! **하지만 장기적으로 볼 때 무상증자는 호재도 악재도 아닙니다. 주식 수는 늘어나지만 자본금은 그대로이기 때문에 주식 1주당 가치는 감소하기 때문이죠.** 그래서 최근엔, 무상증자가 호재로 작용하여 주가가 상승하는 경우는 적은 편입니다.

자본금이 늘어나는 '증자'와 달리 자본금을 줄이는 '감자'도 있습니다. 증자와 마찬가지로 감자도 유상감자와 무상감자가 있습니다. **유상감자는 기업 규모에 비해 자본금이 많다고 판단될 때 유통 주식 수를 줄여 회사 가치와 주가를 상승시킵니다.** 시장에 10,000주가 있었는데 회사에서 5,000주를 사서 소각해버리면 주식 수는 절반이 되지만 회사의 가치는 그대로이기 때문에 주식 가격만 2배가 되는 것이죠.

유상감자는 주주에게 돈을 주고 주식 수를 줄이지만, **무상감자는 돈도 주지 않고 주식 수를 줄이기 때문에 무상감자 비율만큼 주주들은 손해를 보게 됩니다.** 따라서 기업의 감자는 긍정적인 소식일 수도 있고, 현재 기업이 손실을 내고 있다는 부정적인 소식일 수도 있습니다.

무상증자

실제로 무상증자를 해서 주가가 오르는 경우가 나타나기도 합니다. 주가가 상대적으로 저렴해 보이고, 주식 수가 늘어남으로써 일시적으로 거래가 활발하게 일어나는 효과가 있기 때문입니다.

주식 공부 왜 해야 하나요?

김세모

휴... 금리가 너무 낮아서
적금 이자도 정말 적네요ㅜㅜ

박네모

저는 부동산투자로 돈을 벌고
싶은데 투자할 돈이 없어요...

고수

요즘 같은 저금리 시대에
저축만으로는 돈 모으기 힘들죠!

그래서 우리는 끊임없이 공부를 하고
적절한 재테크를 해야 합니다.
재테크도 어떤 것을 해야 하는지가 중요하겠죠?
제가 다 알려드릴 테니 따라오세요!

1. 100세 시대에 저축만으로 은퇴설계가 가능할까요?

여러분은 어떻게 노후대비를 하고 계신가요? 연 1~2% 대의 저금리 시대에
적금이나 예금으로 결혼자금, 자녀양육비, 노후자금 등을 충족하기가 버거운
것이 현실입니다. 100세 시대에 은퇴설계를 하기 위해서는 물가상승률보다
높은 이익을 얻을 수 있는 재테크를 해야 합니다. 보통 우리가 할 수 있는
재테크 수단은 부동산투자나 경매, 창업 또는 펀드나 주식과 같은 금융상품
등이 있습니다.

과거에 부동산은 대출을 받아서라도 땅이나 집을 사놓으면 투자 금액 대비 큰
수익을 가져다주는 재테크 수단이었습니다. 그러나 최근 부동산투자는 규제도
심해지고, 불황도 계속되고 있죠. 부동산 경매도 마찬가지입니다. 부동산
거래가 활발하지 않다 보니 낙찰을 받더라도 수익을 내기가 어렵습니다.

반면 주식은 소액투자로도 돈을 벌 수 있는 적절한 재테크 수단입니다. 하지만 많은 사람이 한 방을 노리는 잘못된 투자 방식으로 손실을 봅니다. 이는 초보자들이 주식을 제대로 공부하지 않고 즉흥적으로 투자를 했기 때문입니다.

그렇다면 주식을 공부하고 투자하면 무조건 수익을 볼 수 있다는 말일까요? 그렇지는 않겠죠. 다만 주식을 제대로 공부한 투자자라면 잘못된 방향으로 이끄는 수많은 유혹에 쉽게 빠지지 않을 것입니다. 주식시장에서는 '빠른 판단'이 중요합니다. 빠르고 올바른 판단을 하기 위해서는 끊임없는 공부와 이를 실전에 적용하는 훈련이 필요합니다. 미래의 은퇴설계를 위해 오늘부터라도 저와 함께 열심히 주식 공부 해봅시다!

CHAPTER 03 주식은 투기 아닌가요?

- 박네모, 김세모, 고수님이 입장하셨습니다. -

박네모

주식투자에 올인하다가 큰돈을 날린
사람을 봐서 주식을 시작하기가 무서워요...

박네모

맞아요. 주식은 도전하면 바로 망할 것 같아요...

고수

주식은 위험보다 기회가 더 많은 투자수단입니다!
너무 걱정하지 마시고 저만 잘 따라오세요!

1. 주식은 도박이 아니에요

혹시 로또 해보신 적 있으신가요? 6개의 숫자를 모두 맞춰야 1등이 되는 미국의 로또, 메가밀리언은 2018년 7월 이후부터 당첨자가 나오지 않았습니다. 당첨금은 계속해서 이월되어 그 금액이 엄청났죠. 약 1,570만 명이 로또를 사서 3억 3백만 분의 1의 확률을 노렸습니다. 결국 2018년 10월, 사우스캐롤라이나에 사는 운 좋은 사람이 15억 4천만 달러에 당첨이 됐습니다. 이렇게 로또 당첨을 노리는 것은 투기일까요? 투자일까요?

투기와 투자는 이익을 추구한다는 점이 같습니다. 하지만 투기는 단기간에 큰 수익을 기대하면서 전부 잃을 수도 있는 위험을 감수하는 거래입니다. 투자는 적절한 기간에 합리적인 판단으로 경제활동의 필요성에 의해 거래를 하는 것입니다.

흔히 '주식을 하면 망한다'는 생각을 많이 합니다. 하지만 이는 맹목적으로 큰 수익만을 기대해 주식을 '투자'가 아닌 '투기'로 여기기 때문입니다.

위험

내가 고른 주식종목이 얼마나 위험
한지, 그 가치는 얼마인지 확인하는
방법은 PART 6에서 공부할 예정이
니 끝까지 열심히 공부합시다!

주식은 위험한 만큼 기회도 많습니다. '투기'는 위험관리의 가능성이 낮지만 '투자'는 정보를 수집, 분석하여 위험을 관리할 가능성이 높습니다. 주식투자 전에 자신의 투자성향을 정확히 파악하고, 그에 맞는 투자전략을 세워 투자 한다면 주식은 수익을 낼 수 있는 투자수단임이 틀림없습니다. 투자성향을 파악하는 법은 PART 4에서 알려드릴게요!

개인투자자가 주식을 해야 하는 결정적인 이유는 좌측 QR코드의 영상으로 더 자세히 확인하실 수 있습니다.

유 튜 브 연결하기

⭐ **주식을 해야 하는 이유!**
관련 영상 바로 확인!

QR코드로
영상 보는 법
p.10을 참고!

고수의 꿀팁!

욕심을 버려야 고지에 도달할 수 있습니다.

주식투자 실패를 경험한 사람들의 원인을 분석해보면 대부분 지나친 욕심 때문이었다는 결론이 나옵니다. 그래서 주식은 '욕심 극복의 과정'이라는 말까지 있습니다.

'주식에서 수익을 욕심내는 것은 잃으려는 시작'이라는 말처럼 욕심이 눈앞을 가리면 승리는 보이지 않게 됩니다. 모의투자를 할 때는 잘 되다가 실제 투자를 할 때 잘 안 되는 이유도 바로 욕심 때문입니다.

욕심을 버리세요. 머지않아 고지가 보일 것입니다.

투자에 앞서 초보자가 가져야 할 가장 중요한 마음가짐은?

주알못(주식 알지 못하는 사람) 저리 가!

잠깐만요! 주식을 모른다면 아직 투자는 금물! 멈춰주세요! 주변에서 누가 얼마를 넣어서 얼마를 벌었다고 하니까 나도 주식으로 쉽게 돈을 벌 수 있겠다는 생각을 할 수도 있습니다. 하지만 주식에 대한 지식 없이 투자하는 것은 매우 위험한 일입니다. 마치 총알이 없는 총만 들고 주식시장이라는 전쟁터에 나서는 것과 같은 것이죠. 자신에게 돈을 벌어다 줄 기업을 찾으려면 내가 직접 발로 뛰어야 합니다. 세상의 흐름과 트렌드를 알기 위해, 정보를 찾고 분석하기 위해, 끊임없이 책을 읽고 공부해야 합니다. 남들보다 많은 무기와 뛰어난 전략을 갖고 전쟁터에 나간다면 아무래도 이길 확률이 더 높겠죠? 이제부터 저와 함께 무기와 전략을 준비하러 가봅시다!

그 정보? 마지막으로 안 사람 바로 나야 나!

인터넷, 신문, 뉴스, 주변 지인 등으로부터 주식정보 많이 들으시죠? 초보자들은 이런 정보에 혹해 바로 투자하기도 합니다. 하지만 내가 들은 정보, 과연 내가 처음 들은 것일까요? 아닙니다. 이미 수많은 투자자가 접한 정보이고, 내가 제일 마지막으로 들은 사람일 수도 있습니다. 다른 경우로 어떤 정보가 나온 지 며칠 지났지만 자신만 모르고 있었다면 그것만큼 안타까운 경우가 없습니다.

정보를 접하는 타이밍도 중요하지만, 정보를 접했을 때 그것이 사실인지 아닌지 반드시 확인하는 것도 매우 중요합니다. 비밀스럽게 접한 정보일수록 더욱 조심해야 합니다. 확인이 안 된 정보를 투자로 연결하는 미련한 행동은 삼가는 것이 좋습니다.

욕심과 두려움을 버리고 차분함으로 채우자!

주식투자할 때 가장 중요한 것은 자신의 감정을 다스리는 것입니다. 주식시장에는 수많은 투자자가 있고, 우리는 투자세력과 싸우게 됩니다. 이때 투자세력의 꼼수에 넘어가 시세가 가장 높을 때 사기도 하고, 주가가 폭락할 때 두려움을 이기지 못하고 팔아버리기도 하죠. 자신의 감정을 컨트롤하지 못한다면 이와 같은 일은 반복될 것입니다.

주식투자를 할 때는 차분함이 필요합니다. 시장세력이 자신의 감정을 쥐고 흔들 때 그것에 휘말리지 않고, 시장상황을 정확히 판단하고 자신이 세운 목표수익률, 투자전략대로 투자하는 것이 중요합니다.

오를 거라는 희망을 버리자! 주식투자는 타이밍!

주식투자자들은 항상 '오늘은 주가가 오를 거야'라는 막연한 희망을 품고 있습니다. 물론 주가가 오르면 정말 좋겠죠. 하지만 시장상황은 항상 자신이 바라던 대로 흘러가지 않습니다. 이럴 때 주식을 팔아야 할 타이밍을 알고 스스로 실천하는 것이 중요합니다. 주식은 무릎에 사서 어깨에서 팔라는 말이 있습니다. 주식이 계속해서 오를 거라는 헛된 희망으로 파는 타이밍을 놓친다면 계좌가 텅 비게 되는 불상사를 겪을 수도 있습니다.

PART 02 에서는 …

주식도 상품처럼 거래되는 시장이 존재합니다. 주식을 싸게 사려는 매수자, 비싸게 파려는 매도자가 시장에서 서로 눈치 게임을 하는 것이죠. 여러분도 주식 공부를 마치면 본격적으로 투자를 시작하게 될 텐데요. 그렇다면 주식시장에 대해서도 어느 정도 알아야겠죠? 지금부터 함께 알아봅시다!

PART

02

주식시장에 대해서
알아보자

CHAPTER 01 눈에 보이지 않는 주식시장, 어디에 있는 걸까?

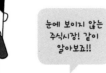

− 박네모, 김세모, 고수님이 입장하셨습니다. −

김세모

주식이 무엇인지는 이제 알겠어요! 그런데...
주식은 도대체 어디서 만들어지고 어디서
사고파는 건가요?

박네모

주식도 물건처럼 시장에서 거래되나요?

고수

당연하죠! 주식은 매수와 매도가 이루어지는
주식시장이 존재합니다. 주식시장에 대해서
함께 공부해보도록 합시다!

1. 주식도 시장에서 사고팔 수 있나요?

물건을 싸게 사서 비싸게 팔아야 이득을 취할 수 있다는 것은 누구나 아는
사실입니다. 주식도 마찬가지일 텐데요. 그렇다면 주식을 사고파는 것은 도대체
어디서 이루어질까요? 우리가 시장에서 물건을 사고팔듯 주식도 사고파는
시장이 존재합니다. 이를 주식시장이라고 하죠.

**주식시장은 크게 발행시장과 유통시장으로 구분되고 유통시장은 유가증권시장,
코스닥시장, 코넥스시장 등이 있습니다.** 그럼 각각의 시장에 대해 자세히
알아보도록 합시다!

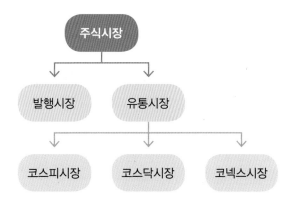

#주식시장 #발행시장 #유통시장
#거래소시장 #장외시장

2. 발행시장과 유통시장은 무엇일까?

발행시장은 말 그대로 주식을 발행하는 시장입니다. 기업이 처음으로 주식시장에 상장하거나 공모주 청약을 통해 새로운 주식을 발행하여 이를 투자자에게 판매하는 곳을 말하죠.

유통시장은 발행시장을 통해 이미 발행된 주식을 투자자들이 매수, 매도하며 거래가 이루어지는 곳입니다.

공모주 청약

기업이 기업공개(IPO)를 통해 증권거래소에 상장될 때 투자자로부터 청약을 받아 주식을 판매하는 것을 의미합니다.

3. 코스피시장과 코스닥시장은 무엇일까?

위에서 살펴본 유통시장에는 코스피시장, 코스닥시장, 코넥스시장과 같은 여러 시장이 존재합니다.

코스피시장, 코스닥시장

2019년 1월을 기준으로 코스피시장에는 총 788개의 종목이 상장되어 있고, 코스닥시장에는 1,322개의 종목이 상장되어 있습니다.

코스피시장은 보통 유가증권시장, 거래소시장이라고도 합니다. 코스피시장은 우리가 흔히 이름만 대면 알만한 대기업 또는 중견기업 이상의 기업들(삼성전자, 포스코, LG 디스플레이 등)이 상장된 곳입니다. 상장 신청 당시 상장 예정인 보통주식총수가 100만 주 이상이고 자기 자본이 300억원 이상인 기업만 상장할 수 있죠.

반면 **코스닥시장**은 IT(Information technology), BT(Bio technology), CT(Culture technology) 기업과 벤처기업의 자금조달을 목적으로 개설된 시장입니다. 좀 더 쉽게 설명하면 **유가증권시장에 상장된 기업들에 비해 기업 규모나 이익은 상대적으로 작지만 앞으로의 성장이 기대되는 중소기업 또는 벤처기업들이 상장된 곳이죠.**

4. 시장 외의 시장, 장외시장!

투자자는 유가증권시장이나 코스닥시장에 상장된 기업의 주식만 거래할 수 있을까요? 유가증권시장과 코스닥시장은 장내에서 상장된 주식만을 거래하기 때문에 장내시장으로 구분됩니다. 반면 장외시장에서는 상장되지 않은 주식을 사고팔 수 있습니다. 즉, 장외시장은 비상장주식을 거래하는 곳이므로 투자자에게 리스크가 큰 거래가 이루어지는 곳이라고 할 수 있죠. 대표적으로 코넥스시장이 장외시장에 해당합니다. 코넥스시장은 코스닥시장의 상장 요건을 충족시키지 못하는 벤처기업과 중소기업이 상장할 수 있도록 개장한 중소기업 전용 주식시장입니다.

CHAPTER 02
주식시장의 대표 지수!
코스피, 코스닥… 무엇이 다른걸까?

#KOSPI
#KOSDAQ

– 박네모, 김세모, 고수님이 입장하셨습니다. –

박네모

뉴스를 보다 보면 코스피, 코스닥
이런 말이 많이 들리는데…
도대체 무얼 의미하는지 모르겠어요 ㅠㅠ

김세모

저도 궁금했어요!
도대체 코스피가 뭔가요?

고수

이런 이런… 시장의 상황을 파악할 수
있는 대표지수를 아직 모르고 있군요!
같이 알아보도록 합시다!

주식투자에 관심이 없는 분이라도 코스피 지수, 코스닥 지수라는 용어는
한번쯤 들어보셨을 겁니다. 뉴스에서 '코스피 2000이 붕괴되었다', '코스닥이
폭락했다' 등의 말이 자주 언급되기 때문이죠. 이처럼 코스피나 코스닥 같은
주가지수는 우리나라 경제와도 밀접한 관련이 있을 정도로 중요한 경제지표 중
하나입니다.

1. 주가지수(코스피 지수와 코스닥 지수)의 정의를 알아봅시다.

주식시장 안에는 수많은 기업의 주식이 거래되고 있습니다. 그중에는 주가가
올라가는 주식도 있고 떨어지는 주식도 존재하기 마련입니다. 이런 **개별기업들의
상황을 시장 전체로 파악하기 위해 만든 것이 주가지수입니다.** 즉, 주가지수란
개별 기업의 주가를 정해진 방법으로 계산해서 얻은 값입니다. 시장 안에
존재하는 주식의 가격을 평균적으로 산출해서 시장 상황이 좋은지 나쁜지를
판단하는 것이죠.

대표적인 주가지수에는 코스피 지수와 코스닥 지수가 있습니다. 코스피 지수는 유가증권시장의 지수이고, 코스닥 지수는 이름에서도 알 수 있듯이 코스닥 시장의 지수를 의미합니다. 보통 코스피 지수를 종합주가지수라고 표현하는데, 이는 코스피 지수에 우리나라를 대표하는 기업들이 포함되어 있기 때문입니다.

그 외에도 KOSPI200지수, KRX300지수에 대해 알아두는 것이 좋습니다. KOSPI200은 코스피시장에 상장된 종목 중 상위 200개 주식종목을 추려서 별도로 만든 주가지수입니다. KOSPI200지수는 주가지수를 기초로 하는 파생상품(선물, 옵션 등)의 기준이 되고, 또 인덱스펀드의 벤치마크 지수가 되기 때문에 중요한 의미를 가지고 있습니다.

KRX300은 코스피와 코스닥 종목을 합하여 총 300개 종목으로 구성된 지수입니다. 코스피 시장보다 활성화가 덜 된 코스닥 시장을 활성화하기 위해 2018년 2월에 만들어졌습니다.

> **인덱스펀드**
>
> 특정 주가지수의 변동과 같은 투자 성과의 실현을 위해 만들어진 펀드입니다. 예를 들어 KOSPI200 지수 인덱스펀드의 경우, KOSPI200 지수가 10% 상승한다면 인덱스펀드의 수익도 10%가 되는 것입니다.

2. 종합주가지수(KOSPI)의 의미와 산출방법을 알아봅시다.

그렇다면 종합주가지수(KOSPI)는 어떻게 구해지고 어떤 의미가 있을까요? 종합주가지수는 한국거래소 시장에 상장된 주식의 시가총액을 기준시점과 비교하여 나타낸 지수입니다.

$$종합주가지수(KOSPI) = \frac{비교시점의\ 시가총액}{기준시점의\ 시가총액} \times 100$$

> **시가총액**
>
> 시가총액은 각 종목의 종가에 상장된 주식 수를 곱한 값입니다. 이를 통해 상장된 기업의 규모를 평가할 수 있습니다. 시장 전체의 시가총액은 시장에 상장된 모든 종목별로 종가에 상장주식 수를 곱한 후 더하여 구합니다. 이를 통해 구하는 시점에서 주식시장 규모를 평가할 수 있습니다.

위 식에서 기준시점은 1980년 1월 4일이 되고 기준시점의 시가총액은 100으로 계산합니다. 이 식으로 구해진 지수가 만약 2,000이라고 한다면 이는 기준시점에 비해 20배 오른 것으로 생각하면 됩니다.

그렇다면 종합주가지수는 왜 움직일까요? 앞서 설명해 드린 것처럼 종합주가지수는 모든 종목의 주가를 한 데 묶어 주식시장의 흐름을 파악할 수 있도록 산출한 것입니다. 따라서 **개별 주가가 등락함에 따라 주가지수도 움직일 수밖에 없죠.**

투자자는 종합주가지수의 변화에 민감해야 합니다. 종합주가지수는 전체 종목의 주가 움직임을 나타내기 때문인데요. 이를 근거로 투자 여부를 결정할 수도 있습니다. 지수 상황이 좋을 때는 투자를 하고 좋지 않을 때는 투자를 보류하는 전략을 세우는 거죠. 단, 자신이 투자하고자 하는 종목이 무조건 종합주가지수와 같은 방향으로 움직이지는 않기 때문에 이를 맹신하여 투자하는 것은 절대적으로 지양해야 합니다.

CHAPTER 03

시장에 참여하는 투자자는 누구일까?

박네모

친구가 주식을 했는데 외국인과
기관 때문에 수익을 못 봤다고 하네요...
이게 무슨 말인가요?

김세모

주식투자는 개인만 할 수 있는 것 아닌가요?!

고수

주식시장에는 소위 개미라고 불리는
개인투자자들도 많지만 외국인과 기관이라
불리는 커다란 매매 주체가 존재합니다!

이들이 정확히 누구고 어떤 특징을
가지고 있는지 알아볼까요?

주식에 투자하는 개인을 보통 개미라고 표현합니다. 왜 개미라고 부르는
걸까요? 개미처럼 작은 몸집의 규모로 투자하기 때문일 겁니다. 그렇다면
개미와는 비교할 수 없는 거인 같은 투자자가 시장에 존재한다는 뜻이겠죠?

주식시장의 투자자는 크게 외국인, 기관, 개인으로 분류할 수 있고, 이 중에
외국인과 기관을 거인으로 볼 수 있습니다.

1. 외국인과 기관투자가는 누구일까?

외국인은 국내 투자자가 아닌 외국 법인 등을 말합니다. 주로 외국계 증권사 (모건
스탠리, 메릴 린치 등)로 생각하면 이해하기 쉽습니다. 외국인 주식보유 비중은
2010년부터 2018년까지 시가총액 대비 30% 이상을 꾸준히 유지하고 있습니다.
이처럼, 외국인이 우리나라 주식시장에 미치는 영향은 상당히 큰 편입니다.

시가 총액 대비 (%)		2010	2011	2012	2013	2014	2015	2016	2017	2018.9
	외국인 보유금액	31.2	30.6	32.5	33	31.6	29.1	31.8	33.6	32.3
	유가증권시장	33	32.3	34.8	35.3	34.1	32.2	35.2	37.2	36.1
	코스닥시장	10.2	7.9	8.2	9.9	11.2	9.9	10.1	13.3	11.1

출처: e-나라지표(www.index.go.kr) 외국인 증권투자 현황

한편, 기관은 은행이나 보험회사, 자산운용사와 같은 금융기관이나, 국민연금과 같은 연기금, 국가지방단체 등을 말합니다. 기관투자가도 외국인과 마찬가지로 투자 규모가 매우 커서 주식시장에 미치는 영향이 상당합니다.

2. 외국인과 기관투자가의 특징은?

대형주

시가총액 상위 1위~100위까지의 종목입니다.

우량주

재무구조가 건실하며 경영 실적이 우수한 기업의 주식입니다.

외국인과 기관투자가는 개인투자자보다 막대한 자본력과 정보력을 가지고 있는 것이 특징입니다. 또한, 개인투자자처럼 감정에 휩쓸리거나 투자 기준 없이 시장에 뛰어들지도 않습니다. 엄격한 내부통제기준을 가지고 투자에 임하는 것이죠. 이렇다 보니 주로 업종을 대표하는 대형주 또는 우량주를 선호하는 경향이 있습니다. 하지만 이들도 약간의 성향 차이가 있습니다. 외국인은 장기적으로 투자하고, 기관투자가는 중기적으로 투자하는 성격이 강합니다. 외국인은

수익률보다는 안정적인 운용으로 성과를 평가받고, 기관투자가는 일정 기간의
수익률로 성과를 평가받기 때문이죠.

외국인은 일부 단기투자 세력도 있지만, 대부분 장기적인 관점의 포트폴리오
수익률 관리를 중요하게 생각합니다. 경제 상황을 분석하고, 산업을 분석하고,
기업을 분석한 후에 투자합니다. 이 때문에 종목이라는 나무에 집중하기보다는
숲에 해당하는 주식시장의 흐름을 중요하게 여기죠.

기관은 주체별로 성향이 조금씩 다릅니다. 하지만 기관에서 운용하는 전체
자금 중 주식시장에 꼭 투자해야 하는 비중이 있고, 투자한 운용수익에 대한
평가를 받는다는 점은 같죠.

가장 큰 자금을 운용하는 **국민연금은 외국인과 성향이 비슷합니다.** 단기
수익보다는 중장기 수익에 중점을 둡니다. 특히 국민연금은 정부 정책의
영향을 받기 때문에 대형주뿐만 아니라 중·소형주 등을 포함한 전체종목을
매수하는 경향을 보입니다.

> **중·소형주**
>
> 중형주는 시가총액 상위 101위~
> 300위까지의 종목이고, 소형주는
> 그 300위 이하의 종목을 말합니다.

자산운용사는 단기 및 중기 수익에 중점을 둡니다. 우리가 쉽게 가입하는
펀드를 운용하는 곳이 자산운용사죠. 일반적으로 펀드는 언제든 환매할 수
있어서 고객의 가입을 유지하려면 항상 수익을 내야 합니다. 따라서 단기 및
중기 수익에 집중할 수밖에 없죠.

금융기관은 단기 수익에 집중하는 경향이 있습니다. 주로 증권사의 자기매매팀
경우가 그렇습니다. 상대적으로 자산운용사보다 자금이 적기 때문에 단기에
수익을 실현하려는 성격이 강합니다.

> **자기매매**
>
> 증권사의 주식매매는 크게 위탁매
> 매와 자기매매로 나눕니다. 위탁매
> 매는 고객의 돈을 받아서 매매하는
> 것이고, 자기매매는 증권사 자신이
> 보유한 돈으로 매매하는 것입니다.

3. 외국인·기관·개인투자자의 매매 패턴

주가가 움직이는 과정에서 외국인, 기관, 개인투자자의 일반적인 매매 패턴은
다음과 같습니다.

아래 곡선은 주가의 움직임, 번호는 각 국면을 나타냅니다.

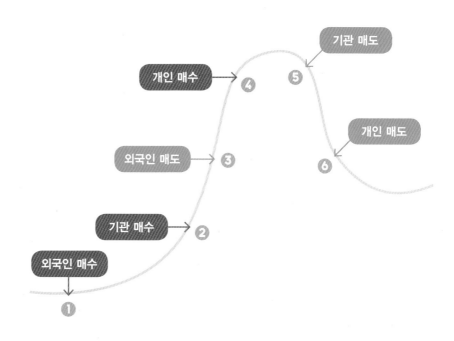

하향식 기본적 분석

하향식 기본적 분석

PART 6에서 배울 내용이므로 간략하게 알려드리겠습니다. 경제 상황 및 재무제표를 통해 미래의 주가를 예측하는 방법을 '기본적 분석'이라고 합니다. 하향식 기본적 분석은 산을 보고 나무를 보는 것처럼, 전체 경기상황을 분석하고, 산업 현황을 분석한 뒤 기업을 분석하는 방법입니다.

양매수, 양매도

주식시장에서 사용하는 용어로 일반적으로는 외국인과 기관이 동시에 주식을 매수 또는 매도하는 경우를 말합니다.

① 외국인 매수: 주가가 바닥권일 때는 외국인의 매수세가 유입됩니다. 외국인들은 경기상황 및 산업현황을 분석하고, 종목을 분석하는 하향식 기본적 분석을 선호합니다. 투자 기간도 장기적으로 보기 때문에 시간이 걸리더라도 바닥권에서 주식을 매수할 수 있습니다.

② 기관 매수: 주가가 바닥권을 탈피하면 기관의 매수세가 유입됩니다. 기관은 외국인보다 수익을 내야 하는 기간이 짧으므로 주가가 바닥권을 어느 정도 탈피한 후에 진입하는 경우가 많습니다. 그리고 외국인도 아직 매도세로 돌아서지 않았기 때문에 외국인과 기관이 동시에 매수하게 되죠. 외국인과 기관의 양매수로 주가가 급격하게 상승합니다.

③ 외국인 매도: 주가 급등 이후에는 외국인의 매도세가 나오기 시작합니다. 외국인은 주가가 과도하게 상승했다고 판단하고 점진적인 매도를 통해 이익을 실현합니다. 반면 기관은 아직 충분한 수익을 내지 못했기 때문에 지속해서 매수합니다. 외국인의 매도물량을 기관이 매수하는 모습이 연출되죠. 이 구간은 2번 구간보다 주가의 상승은 느리지만, 계속해서 상승합니다.

④ **개인 매수: 드디어 개인투자자의 매수세가 유입됩니다.** 주가가 급등하면서 개인들이 관심을 갖게 되고, 일부 개인투자자들은 이 구간에서 매수하여 소폭의 이익을 볼 수도 있죠. 외국인 매도세는 거의 마무리되어 가고, 기관도 소폭 매도를 진행하는 구간입니다.

⑤ **기관 매도: 기관이 주가가 고점이 지났다고 판단하고 적극적으로 매도하는 구간입니다.** 이 구간에서는 그동안 주가가 너무 높아서 매수를 부담스러워하던 개인투자자들의 매수세가 적극적으로 유입됩니다. 기관의 매도물량을 개인이 매수하는 모습이 연출되죠. 사실 이런 구간이 제일 애매한 구간입니다. 기존에 상승하던 주가가 단기적으로 조정을 받고 다시 상승하는 구간일 수도 있고, 상승하지 못하고 지속해서 하락하는 구간일 수도 있습니다.

⑥ **개인 매도: 개인투자자의 매도세가 적극적으로 나오기 시작합니다.** 외국인과 기관은 이미 수익을 실현했기 때문에 관심이 없습니다. 이때까지 개인 투자자들은 주가 상승을 기대하고 버티고 있었지만, 하락 기간이 길어지면서 손실을 보더라도 주식을 매도하게 됩니다. 또한, 주가 급락을 견디지 못하는 개인투자자의 매도세가 적극적으로 나오게 됩니다. 개인투자자의 매도세가 절정을 이룬 이후에는 다시 상승하는 경우가 많습니다.

일반적인 주식의 매매 패턴을 알아봤습니다. **외국인은 바닥에서 매수해서 상승 구간 중간에 매도하고, 기관은 상승 초기에 매수하여 최고점 부근에서 매도합니다. 하지만 개인투자자들은 주가의 최고점 부근에서 매수하여 손실을 보고 저점 부근에서 매도하게 되죠.**

주가의 고점에 사서 저점에 파는 것이 개인 투자자의 일반적인 매매 패턴일까요?

경험상 이런 경우가 많다는 것입니다. 정보력과 자금력이 부족한 개인이 외국인과 기관처럼 매매하기는 힘들죠. **이 때 심리적인 부분이 크게 작용합니다.** 외국인과 기관은 종합적인 분석과 수치를 기준으로 매매합니다. 개인투자자들은 종합적인 분석도 어렵고, 종합적인 분석을 하더라도 멘탈이 흔들리는 경우가 많습니다. 주가가 오르면 너무 비싸서 매수를 주저하다가 더 오를 것을 기대하고 고점 부근부터 매수를 시작하죠. 그러다 주가가 하락하면 심리적으로 더는

매수세

주식을 매수하는 세기를 매수세라고 합니다. 매수세가 강하면 주가가 상승하는 경우가 많죠.

매도세

주식을 매도하는 세기를 매도세라고 합니다. 매도세가 강하면 주가가 하락하는 경우가 많죠.

버티기 힘들게 되고, 결국 참지 못하고 매도를 하게 됩니다. 안타깝게도 그때는 이미 주가가 하락하고 난 뒤인 경우가 많습니다.

주식에 대한 공부를 많이 한다고 반드시 수익을 내는 것은 아닙니다. 주식은 수많은 변수가 유기적으로 연결되어있기 때문이죠. 주식에 대한 공부는 기초체력을 쌓는 것과 같습니다. 기본적인 체력이 되어 있는 상태에서 심리적으로 성장해야 올바른 투자를 할 수 있습니다.

시장 상황의 좋고 나쁨은 어떻게 판단할까?

주식시장을 미스터 마켓이라고도 합니다. 주식시장의 움직임은 유기체와 같아 완벽하게 예측할만한 도구가 이 세상에는 없다는 의미죠. 그렇기 때문에 항상 시장 상황을 확인하고 그에 맞는 전략을 세워야 합니다.

그렇다면 시장 상황은 어떻게 구분하고 어떻게 판단할까요?

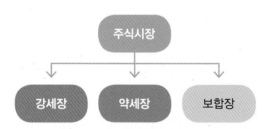

시장은 크게 강세장, 약세장, 보합장으로 구분할 수 있습니다. **장세는 급격하게 변하기보다는 순차적으로 나타나는 것이 일반적입니다.** 강세장 다음 보합장이 나타나며 그 이후 다시 강세장 또는 약세장이 나타나는 모습을 볼 수 있습니다.

투자할 때는 항상 시장 상황을 점검해야 합니다. 역사적으로 투자자들은 현재 시장이 어떤 모습인지에 대해 관심이 많았습니다. 가장 오래된 기술적 분석인 다우 이론부터 이를 발전시킨 엘리어트 파동이론까지 투자자들의 장세에 대한 관심은 지금까지도 지속되고 있습니다.

미스터 마켓

워런 버핏의 스승인 벤자민 그레이엄이 주식시장은 유기체와 같다고 하여 부르는 말입니다.

장세

주식시장에서 주가의 움직임을 뜻합니다.

시장의 방향이 정해지면 가속도가 붙어 그 방향으로 움직이는 힘이 점점 강해집니다. 반대로 국면 전환이 가까워져오면 가속도가 떨어지게 됩니다. 그 이후 뚜렷한 추세가 없는 비추세 구간에 접어들게 됩니다. 이러한 장세를 보합장이라 부릅니다. 주식투자를 하다 보면 개별 종목의 주가만 하락하는 것이 아닌 시장지수가 하락하는 시기가 옵니다. 이러한 장세를 약세장이라 부릅니다. 약세장과는 반대로 시장지수가 상승하는 강세장이 있습니다.

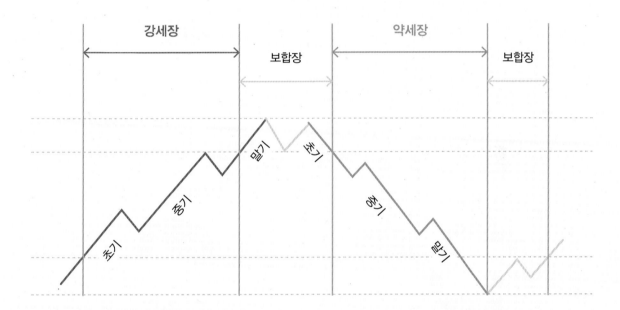

PART 03 에서는 …

본격적으로 투자를 하기 전에 자신이 어떤 성향을 가졌는지 파악해볼 것입니다. 성향에 맞는 투자전략을 세워야 하기 때문이죠. 이제 자신의 성향을 알았다면 그 다음으로는 다양한 투자전략을 알아보고 내 성향에 맞는 투자방법까지 알아볼 것입니다. 이는 투자기법, 주식평가 방법을 배우는 것보다 훨씬 더 중요한 일이니 집중 또 집중해주세요!

PART

03

자신의 성향을 파악하고
투자하는 방법

CHAPTER 01 내 투자성향을 정확히 파악하자

공부하면 다~ 됩니다!!!

투자는 어떻게 해야하지?

나름 열심히 했는데...

박네모

주식투자를 하고 싶은데 너무 막연해요...
주식은 너무 어려운 것 같아요.

김세모

저는 주식투자를 한 지 3년이 넘었지만
아직도 어떻게 투자해야 하는지,
저에게 부족한 부분이 무엇인지 모르겠어요.

고수

두 분 모두 자신의 투자성향은
파악하셨나요? 주식투자는 투자성향에
맞는 전략을 세워 제대로 공부해야 합니다!

1. 투자성향 분석은 왜 해야 하는가?

등산을 하다가 갑자기 폭우를 만난다면 여러분은 어떤 행동을 할 것인가요?
누군가는 내려가지만, 또 다른 누군가는 정상을 향해 계속 올라갑니다. 폭우를
대비한 등산화와 우비 등을 갖춘 사람이라면 다른 사람보다 쉽게 산행을 이어갈
수 있을 것입니다. 이처럼 사람들은 같은 상황에 놓이더라도 다른 의사결정을

하게 되는 경우가 많습니다. 주식투자도 마찬가지입니다. 같은 폭락장에 있더라도, 이를 대비할 마음가짐과 자금이 준비된 사람이라면 시장이 공포에 지배당할 때도 매수에 가담할 수 있을 것입니다.

주식투자는 자신을 파악하는 것에서부터 시작해야 합니다.

테마주

증권시장에 영향을 주는 큰 이슈가 생기면 그와 관련된 종목이 관심주가 되어 상승세를 타게 되는 종목을 테마주라 부릅니다.

손실에 민감한 투자자가 테마주를 매수하여 보유하게 된다면, 종목을 잘 선정하였다 하더라도 단기적 등락에 손실을 보고 팔아버릴 가능성이 큽니다.

자신의 투자성향을 파악하지 않고 중구난방으로 투자하여 실패하게 된다면, 종목선정이 잘못되었는지, 전략이 잘못되었는지, 감정적으로 행동해서인지 알 수 없습니다.

올바른 방향성

높은 수익만 추구하는 것이 아닌, 주식이 가진 리스크를 이해하고 자신의 성향에 맞는 전략을 세우며 그것을 잘 지켜나가는 것을 말합니다.

주식투자는 누구나 할 수 있지만, 아무나 성공할 수는 없습니다. 따라서 자신의 성향을 파악하고 그에 맞는 전략과 올바른 방향성을 가지고 제대로 해야 하는 것이죠.

먼저, 자신이 어느 유형의 투자자인지 같이 알아보도록 할까요?

월가의 격언

"Men who can both be right and sit tight are uncommon."
올바른 생각을 하면서 동시에 가만히 앉아 있는 것을 잘하는 사람은 매우 드물다.

세기의 트레이더 제시 리버모어의 스승인 Mr. Partridge는 올바른 전략을 세우는 것도 중요하지만 그 전략을 지키는 것도 중요하다는 것을 강조했습니다.
정확한 판단을 내렸다면, 신념을 밀고나갈 용기와 기다리는 지혜가 필요합니다.

2. 나는 어떤 성향인가? 투자성향 분석하기!

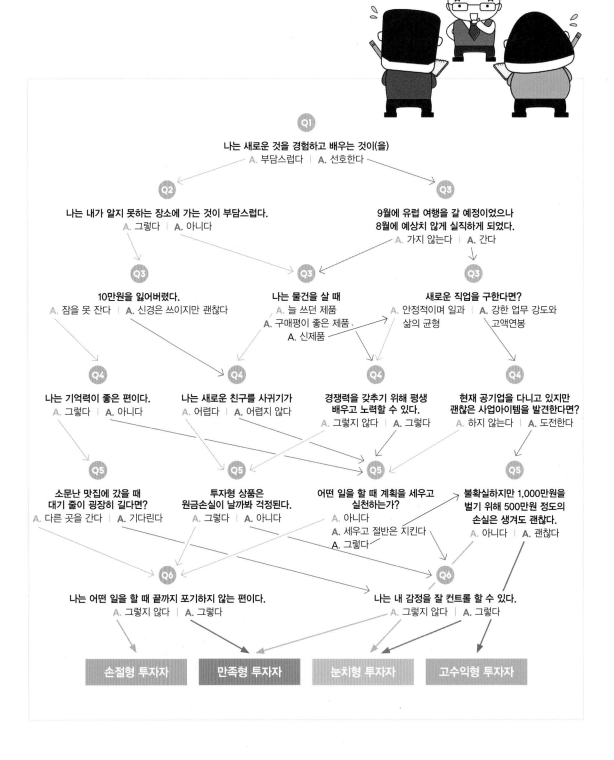

Q1 나는 새로운 것을 경험하고 배우는 것이(을)
A. 부담스럽다 ｜ A. 선호한다

Q2 나는 내가 알지 못하는 장소에 가는 것이 부담스럽다.
A. 그렇다 ｜ A. 아니다

Q3 9월에 유럽 여행을 갈 예정이었으나 8월에 예상치 않게 실직하게 되었다.
A. 가지 않는다 ｜ A. 간다

Q3 10만원을 잃어버렸다.
A. 잠을 못 잔다 ｜ A. 신경은 쓰이지만 괜찮다

Q3 나는 물건을 살 때
A. 늘 쓰던 제품
A. 구매평이 좋은 제품
A. 신제품

Q3 새로운 직업을 구한다면?
A. 안정적이며 일과 삶의 균형 ｜ A. 강한 업무 강도와 고액연봉

Q4 나는 기억력이 좋은 편이다.
A. 그렇다 ｜ A. 아니다

Q4 나는 새로운 친구를 사귀기가
A. 어렵다 ｜ A. 어렵지 않다

Q4 경쟁력을 갖추기 위해 평생 배우고 노력할 수 있다.
A. 그렇지 않다 ｜ A. 그렇다

Q4 현재 공기업을 다니고 있지만 괜찮은 사업아이템을 발견한다면?
A. 하지 않는다 ｜ A. 도전한다

Q5 소문난 맛집에 갔을 때 대기 줄이 굉장히 길다면?
A. 다른 곳을 간다 ｜ A. 기다린다

Q5 투자형 상품은 원금손실이 날까봐 걱정된다.
A. 그렇다 ｜ A. 아니다

Q5 어떤 일을 할 때 계획을 세우고 실천하는가?
A. 아니다
A. 세우고 절반은 지킨다
A. 그렇다

Q5 불확실하지만 1,000만원을 벌기 위해 500만원 정도의 손실은 생겨도 괜찮다.
A. 아니다 ｜ A. 괜찮다

Q6 나는 어떤 일을 할 때 끝까지 포기하지 않는 편이다.
A. 그렇지 않다 ｜ A. 그렇다

Q6 나는 내 감정을 잘 컨트롤 할 수 있다.
A. 그렇지 않다 ｜ A. 그렇다

| 손절형 투자자 | 만족형 투자자 | 눈치형 투자자 | 고수익형 투자자 |

변동성
────────────────

자산의 가격이나 가치가 시간이 지남에 따라 변하는 정도를 나타내는 양입니다.

손절형 투자자: 손실에 대해 민감하게 반응하는 유형으로 작은 폭의 하락에도 쉽게 손절매를 하는 유형입니다. 변동성이 큰 주식을 매수할 경우 손절매만 하다가 끝나는 경우가 많습니다.

만족형 투자자: 적은 수익에도 만족하는 유형입니다. 은행 이자율보다 높은 수준의 수익률이면 만족합니다.

눈치형 투자자: 안정과 수익을 동시에 추구하며 유연한 대응을 하는 유형입니다. 상황에 따라서 테마주 매매, 단타 매매, 중장기 매매 등 다양한 전략을 사용합니다.

고수익형 투자자: 고수익을 위해서라면 큰 손실도 감내할 수 있는 유형입니다. 상황에 따라서 한 번에 큰 금액을 투자하는 등 공격적인 전략을 주로 사용합니다.

자, 여러분은 어떤 유형인가요? 만족형인가요? 눈치형인가요?
투자 경험이 있는 분이라면 그 유형에 맞게 투자하셨나요?

자신의 성향과 딱 맞아 떨어지는 유형은 없을 겁니다. 하지만 이 챕터의 핵심은 자신의 투자성향이 어디에 가까운지를 확인하는 것입니다. 이후 챕터에서는 성향에 따른 투자전략 사례도 소개되니까, 끝까지 저를 따라오시길 바랍니다!

CHAPTER 02 내 성향에 맞는 투자 방법

투자성향에 따른 전략이
다 따로 있어요!!!

나는 만족형인데..
어떻게 해야하지?

나는 고수익형이군!
그럼 위험한 투자를
해야 하는건가?

박네모

저의 투자성향을 확실히 알게 되었어요! 하지만…
막상 투자를 하려고 생각하면 겁이 나네요.

김세모

저는 그동안 제 투자성향에 맞게
투자를 해온 건지 잘 모르겠습니다.

고수

일단 자신의 투자성향을 알게 되셨다니
다행이네요! 그럼 저와 함께 투자성향에
맞는 전략을 공부해봅시다!

1. 모든 투자자가 똑같이 행동할 필요는 없다.

많은 사람들이 투자에 성공하는 특별한 능력이나 성향이 따로 있다고
생각합니다. 하지만 투자에 실패하는 가장 큰 이유가 투자전략을 제대로
세우지 않았거나, 중심을 제대로 잡지 못했기 때문이라는 점은 생각하지
못하지요. **자신의 투자성향에 맞는 전략을 세워 지켜나간다면 누구나 성공할
수 있는 것이 주식투자입니다.** 앞에서 투자성향을 파악하셨나요? 그러면 이제
각자의 투자성향에 맞는 투자전략을 알아보겠습니다.

**손절형 투자자는 손실에 민감하여 시장지수보다 적게 움직이는 종목에
투자하는 것이 좋습니다.** 무턱대고 보유 종목의 손실만 보고 손절하기보다는,
시장의 전체적인 분위기를 보려고 노력해야 합니다. 그리고 주식과 예금을
동시에 하면서 시장상황에 따라 주식의 비중을 조절해가며 대처하는 것이
바람직합니다.

지수 ETF

KOSPI200 같은 특정지수의 수익률을 얻을 수 있도록 설계된 지수연동형 펀드로서 상장지수펀드로 특정지수를 모방하여 포트폴리오를 만들고 주식처럼 거래할 수 있도록 만들어진 지수상품입니다.

코스트 에버리징 효과 (Cost Averaging Effect)

일정한 금액을 정해놓고 일정한 기간을 간격으로 꾸준히 투자하는 기법입니다. 주가가 낮을 때는 많은 수량을 사들이고, 주가가 높을 때는 적은 수량을 사들입니다. 수익을 극대화하는 방식은 아니지만, 주식의 평균 매입가격이 낮아지는 효과가 나타납니다.

단기 낙폭 과대 종목

단기간 주가 하락 폭이 일반적인 주식 종목의 주가 하락 비율 이상으로 주가가 하락한 종목을 말합니다. 돌발 악재 등으로 주가가 고점 대비 큰 폭으로 하락했을 경우 이러한 종목으로 볼 수 있습니다.

만족형 투자자는 위험성이 높아 보이는 상품에 과감한 투자 결정을 쉽게 내리지 못합니다. 따라서 은행 이자율 이상의 수익률을 안정적으로 낼 수 있는 지수 ETF와 배당주 같은 종목에 투자하는 것이 적절합니다. 또한, 투자금을 한 번에 다 넣기보다는 적립식 투자를 하는 것이 좋습니다.

적립식 투자에는 코스트 에버리징 효과가 있기 때문이죠.

눈치형 투자자는 뭐든 공부하고 연구하는 것을 정말 좋아하는 성향입니다. 그래서 단기 낙폭 과대 종목을 매수하거나, 철저한 조사를 통해 테마주를 매매하는 것도 나쁘지 않습니다. 때에 따라서는 단타매매를 통해 수익을 올리거나, 시장상황에 맞는 자금관리와 종목별 비중관리를 통해 유연하게 대처하는 것이 좋습니다.

고수익형 투자자는 남들보다 스트레스를 잘 견디는 편입니다. 투자도 여러 종목보다는 적은 종목에 집중하게 되죠. 무작정 주식을 사지 않고 매수하기 전에 충분한 준비를 거치며, 투자한 종목의 주가가 하락하더라도 경거망동하지 않을 가능성이 높습니다. 투자한 종목이 기대한 방향과 다르게 움직일 때는 과감하게 손절을 진행하는 등 자신만의 투자원칙을 지키면서 투자에 임하는 것이 바람직합니다.

월가의 격언

"When everybody thinks alike, everybody is likely to be wrong."
모두가 비슷한 생각을 한다면 모두가 틀렸을 가능성이 높다.

역발상 투자를 처음으로 주창한 월가의 현자(賢者) 험프리 닐이 한 말입니다. 대중은 주식시장이나 기업에 대해 잘 모릅니다. 제대로 훈련받지도 않았고 업종 분석이나 종목 선정에 서투르기 마련이죠. 현명한 투자자는 대중의 과도한 열기를 경계해야 합니다. 한 방향으로 몰려다니는 무리의 일부가 돼서는 절대 좋은 성과를 거둘 수 없죠. 대중에 휩쓸리기보다는 자신의 투자 성향에 맞게 투자하는 것이 중요합니다.

투자방법에는 여러 가지가 있다?

주식투자의 가장 기본적인 원칙이 무엇일까요? 싸게 사서 비싸게 파는 것이죠. 가장 기본적이고 간단한 원칙이지만 그 원칙을 지키기 위한 방법에는 여러 가지가 존재합니다.

투자에는 다양한 방법이 있고, 당연히 투자방법마다 각기 다른 특징과 장단점이 존재하죠. '투자'를 크게 두 가지로 분류한다면 어떻게 나눌 수 있을까요? 기준에 따라 다르겠지만 투자 기간으로 분류해본다면 장기투자와 단기투자로 나눌 수 있을 겁니다.

장기투자는 기업의 성장 가능성과 내재가치를 기준으로 투자를 결정하는 것입니다. 일반적으로 가치투자라는 말로도 통용되는데, 가장 대표적인 가치투자가로는 너무나도 유명한 워런 버핏이 있습니다. 짧게는 1년, 길게는 무한대의 시간 동안 주식을 보유하며 기업의 성장과 주가 상승을 기다리는 전략이죠.

그렇다면 장기투자는 아무 주식이나 사서 주가가 오를 때까지 무작정 기다려야 하는 걸까요? 장기투자는 기업의 성장 가능성을 보고 투자하는 전략입니다. 일반적으로, 기본적 분석을 통해 기업의 적정가격을 찾아내어 이보다 저평가된 주식을 찾아 매수합니다. 그 후에, 저평가된 주가가 적정가격으로 돌아갈 때까지 기다리는 방식이죠.

기본적 분석과 기술적 분석

기본적 분석은 주식의 내재적 가치를 분석하여 미래의 주가를 예측하는 방법입니다. 기술적 분석은 주가와 거래량의 과거 흐름을 통해 미래의 주가를 예측하는 것이죠. 기본적 분석과 기술적 분석에 대한 자세한 내용은 PART 6과 PART 7에서 자세히 배워보도록 합시다!

저평가된 주가가 하루아침에 적정가격으로 돌아가는 것이 아니기 때문에 많은 시간이 필요합니다. 따라서 투자자는 오랜 시간 동안 참을성을 갖고 주식을 보유해야 하죠. 투자기간 동안 겪게 될 단기적인 주가 폭락 같은 상황에 흔들리지 않는 평정심을 갖는 것이 중요합니다.

단기투자는 기술적 분석을 기반으로 하여 종목을 선택하고 매매하는 전략입니다. 장기투자와 다르게 보통 하루에서 일주일까지 비교적 짧은 기간에 매매가 이루어지죠. 장기투자가 기업가치의 상승에 따른 주가 상승을 바라보고 투자하는 것이라면, 단기투자는 단순히 짧은 기간의 주가 변동만을 노리고 매매 차익을 실현하는 전략입니다. 기업의 가치 상승보다는 시장 상황이나 그날그날의 기업 관련 이슈에 민감하게 반응하는 주가 변동을 노리죠.

단기투자는 **스캘핑, 데이트레이딩, 스윙**과 같은 매매기법이 존재합니다. 스캘핑은 가장 단기적인 투자방법으로 초 단위, 분 단위로 하루에도 수십 번씩 매매하여 단기적인 매매차익을 얻는 기법입니다. 데이트레이딩은 이름에서도 알 수 있듯이 1일 단위로 주식을 매매하는 것입니다. 스캘핑보다는 주식을 길게 보유하되, 최대 1일만 보유하는 기법이죠. 스윙은 약 1주일 정도 주식을 보유하고 매매하는 기법입니다.

장기투자와 단기투자 중 더 좋은 투자전략은 뭘까요? 정답은 없습니다. 어느 투자전략이 더 좋고 나쁜 것인지의 문제가 아니라 투자전략마다 특징이 다를 뿐입니다. 자신의 투자성향에 맞는 투자전략을 찾아 그 전략을 밀고 나가는 것이 중요한 것이죠.

PART 04 에서는 …

주식시장에 영향을 주는 요소들은 아주 많습니다. 수많은 요소가 유기적으로 연결되어 주식시장이 움직이게 되죠.
그중에서 금리, 환율, 통화량 등 경제상황과 경제적 요소가 주식시장에 어떤 영향을 주는지 알아볼 것입니다.
또한, 채권과 주식의 관계에 대해서도 공부할 것입니다. 경제를 싫어하시는 분이라면 다소 지루할 수도 있겠지만,
경제흐름을 파악해야 주식시장을 보는 눈이 더 커지게 되니 힘내서 공부해봅시다!

PART

04

주식시장에
영향을 주는 요소들

경제가 성장하면
주가도 오를까?

− 박네모, 김세모, 고수님이 입장하셨습니다. −

박네모

대박이 나려면 어떤 종목을 사야 하나요?

김세모

고수님! 좋은 주식 종목을 알려주세요.

이제 주식과 주식시장까지 알았으니
빨리 투자를 해보고 싶어요!

고수

아직 투자하기는 이릅니다! 주식시장의 흐름을
보는 법을 먼저 공부해야 합니다.

그래야 올바른 투자를 할 수 있어요!

▶ **경제지표와 주가의 관계 핵심요약**

경제요인	동향	예상 주가	내용
GDP성장률 (경제성장률)	↗	↗	기업의 매출과 투자 증가
	↘	↘	기업의 매출과 투자 감소
GDP갭	양(+)	↗	실제 GDP 〉 잠재GDP ▶ 경제 호황
	음(−)	↘	실제 GDP 〈 잠재GDP ▶ 경제 불황
금리	↗	↘	기업 투자 감소, 주식시장 자금 이탈
	↘	↗	기업 투자 증가, 주식시장 자금 유입
환율	↗	↘	외국인 국내주식 매도
		↗	수출 증가
	↘	↗	외국인 국내주식 매수
		↘	수출 둔화
통화량	↗	↗	기업의 매출 및 투자 증가, 주식시장 자금 유입
	↘	↘	기업의 매출 및 투자 감소, 주식시장 자금 이탈
인플레이션	적정 수준	↗	기업의 매출과 투자 증가
	이상 수준	↘	기업의 매출과 투자 감소

1. GDP를 보면 경제성장을 알 수 있다

흔히들 '경기가 좋다', '경기가 나쁘다'라는 말을 합니다. 경기가 좋으면 장사가 잘되고 일자리도 늘어납니다. 게다가 투자도 늘어나게 되죠. 반면 경기가 나쁘면 장사도 안 되고 일자리와 투자도 줄어듭니다. 그렇다면 경기가 좋고 나쁨을 구분하는 지표는 뭐가 있을까요?

GNP
(Gross National Product)

국민 기준의 총생산을 의미합니다. 1년 동안 우리나라 국민이 국내 및 해외에서 생산한 금액을 모두 합한 금액입니다.

GDP
(Gross Domestic Product)

영토 기준의 총생산 즉, 국내총생산을 의미합니다. 한 나라에 있는 노동, 자본 등 모든 생산요소를 결합하여 만들어낸 최종 생산물의 합입니다. GNP는 사람, GDP는 영토 기준이라는 점이 둘의 차이점이죠.

예전에는 GNP를 기준으로 경제 수준을 평가했습니다. 하지만 다국적기업이 많아지고, 취업도 전 세계적으로 이루어지면서 GNP를 기준으로 경제 수준을 평가한 결과는 우리가 느끼는 경기와 차이가 생기게 되었죠. **그래서 1999년부터 한국은행에서는 GDP를 기준으로 경기를 평가하게 되었습니다.**

하지만 GDP 규모만으로는 경기를 정확히 판단하기 힘듭니다. 그래서 **직전 연도와 이번 연도의 GDP를 비교하여 얼마나 변화했는지 확인할 수 있는 경제성장률을 봐야 합니다.**

경제성장률이 높으면 경기가 좋은 것으로, 경제성장률이 낮으면 경기가 나쁜 것으로 판단할 수 있습니다. 다음의 그래프에서 볼 수 있듯이, 1998년은 IMF사태 영향으로 경제성장률이 전년 대비 -7.8%, 2008년은 세계금융위기의 영향으로 -0.2%로 경기가 아주 나빴죠. 반면 1987년은 +13.6%, 2015년은 +6.6%로 경기가 좋았습니다.

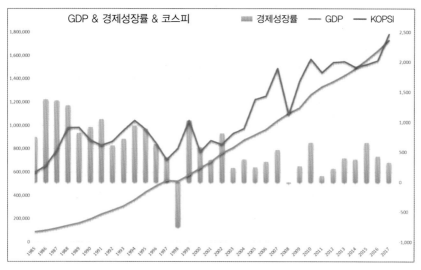

출처: 한국거래소(http://www.krx.co.kr), 한국은행 경제통계시스템(https://ecos.bok.or.kr)

우리나라도 IMF사태로 GDP가 급락한 이후인 1999년에 경제성장률이 10.3%, 세계금융위기 이후인 2010년에 6.6%를 기록했죠. 이때는 실제로 경기가 좋았다기보다 이전 지표가 나빠서 상대적으로 좋게 나온 것입니다. 이런 기저효과를 제외하면, 경제성장률을 기준으로 경기 흐름을 판단할 수 있습니다.

고수의 꿀팁!

경제성장률 분석의 오류, '기저효과'

경제성장률로 경제상황을 파악할 때는 한 가지 주의할 점이 있습니다. 바로 '기저효과'입니다. 현재 경제상황이 좋지 않아도 직전 GDP가 낮으면 경제성장률은 높게 나옵니다. 예를 들어 올해 GDP가 100이라고 가정했을 때 지난해 GDP가 50이었다면, 경제성장률은 100%가 됩니다. 그런데 지난해 GDP가 90이었다면, 경제성장률은 11.11%가 되죠. **이처럼 직전 값에 따라 현재의 변동률이 부풀려지거나 위축되는 현상을 기저효과라고 합니다.**

2. 경제성장률과 주가는 어떤 관계가 있나요?

경제성장률로 경제상황을 파악하는 법에 대해 공부했으니, 다음으로는 경제성장률과 주가의 관계를 알아봅시다!

▶ **경제성장률과 주가의 관계**

경제요인	동향	예상 주가	내용
GDP성장률 (경제성장률)	↗	↗	기업의 매출과 투자 증가
	↘	↘	기업의 매출과 투자 감소

경제성장률이 높을 때는 주식시장이 상승할 확률이 높습니다. 기업의 매출이 늘어나고 투자가 확대되어 기업가치가 높아지게 되면, 주식시장으로 자금이 많이 들어오게 되고 주가도 상승하게 되죠.

반면 경제성장률이 낮을 때는 주식시장도 하락할 확률이 높습니다. 기업활동이 어려워지면서 매출이 감소하고 투자도 축소되어, 기업가치가 하락하게 됩니다. 이에 따라 주식시장보다는 예금이나 채권으로 돈이 이동하면서 주가도 하락하게 되죠.

하지만 단순히 경제성장률만으로는 주식시장의 상승과 흐름을 설명하기에 부족합니다. 경제성장률이 높아져도 주식시장이 하락할 때가 있고, 경제성장률이 낮아져도 주식시장이 상승할 때가 있기 때문이죠. 따라서 좀 더 정확한 경기 판단을 위해서는 또 다른 기준이 필요합니다.

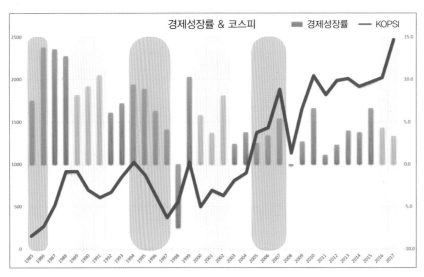

출처: 한국거래소(http://www.krx.co.kr), 한국은행 경제통계시스템(https://ecos.bok.or.kr)

경제성장률과 주식시장이 같이 움직이는 경우 : 1985~1986, 1994~1997, 2005~2007
경제성장률과 주식시장이 반대로 움직이는 경우 : 1989~1991, 2000~2002, 2016~2017

3. GDP갭은 높을수록 좋을까? 낮을수록 좋을까?

GDP갭은 경기상황을 판단하는 데 사용되는 중요한 지표입니다. 잠재성장률과
경제성장률을 비교해서 경기상황을 판단하는 것과 유사하죠. GDP갭은 실제
달성한 GDP(실제 GDP)와 한 나라의 생산요소들을 모두 투입하여 달성 가능할
것으로 예상되는 최대 GDP(잠재 GDP)의 차이를 나타내는 지표입니다.

GDP갭(gap)

GDP갭 = (실제 GDP - 잠재 GDP)/
잠재 GDP × 100

▶ GDP갭 표

경제요인	동향	예상 주가	내용
GDP갭	양(+)	↗	실제 GDP 〉 잠재GDP ▶ 경제 호황
	음(−)	↘	실제 GDP 〈 잠재GDP ▶ 경제 불황

GDP갭 값이 변화하는 과정에서도 경제상황과 주식시장을 판단할 수 있습니다. GDP갭 값이 **양(+)에서 음(−)으로 변화**하고 있다면, 경제가 후퇴기이고 **주식시장도 하락으로 전환합니다.** 반대로 **음(−)에서 양(+)으로 변화**하고 있다면, 경제가 회복기이고 **주식시장도 상승으로 전환합니다.**

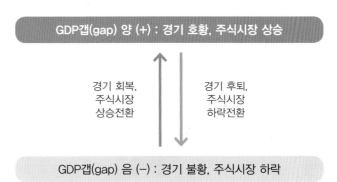

경기순환을 알면
주가가 보인다?

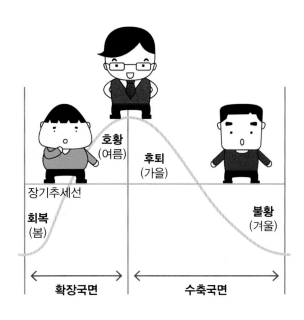

― 박네모, 김세모, 고수님이 입장하셨습니다. ―

김세모

고수님! 그럼 지금은 경제 상황이 좋은 건가요?

박네모

좋은 경제 상황이 언제까지
지속될지도 예측이 가능한가요?

고수

경기순환 주기를 예측할 수는 있지만,
정확히 맞추기는 힘듭니다.

김세모

경기가 좋을 때는 어떤 종목을 사야 하나요?

고수

경기순환과 각 시기에 따른 유망업종을 알려드릴게요.

1. 경기순환과 주가의 관계

매년 사계절이 돌아오듯 경제 상황도 일정한 주기를 가지고 반복됩니다. 크게
회복기(봄), 호황기(여름), 후퇴기(가을), 불황기(겨울)로 분류할 수 있습니다.

▶ **경기 국면별 주가 흐름**

구분	회복기	호황기	후퇴기	불황기
경기흐름				
주식시장	금융장세	실적장세	역금융장세	역실적장세
주가	↑	↗	↓	↘
	단기 큰 폭 상승	장기 상승	단기 큰 폭 하락	장기 하락
금리	↓	↗	↑	↘
투자				
고용	↗	↑	↘	↓
소비				

회복기는 경기가 바닥을 찍고 회복하는 시기입니다. 주식시장이 회복되면서 돈의 힘으로 주가가 상승하는 금융장세가 연출됩니다.

호황기는 경제성장률이 높아지면서 빠른 성장이 이뤄지는 시기입니다. 주식시장은 이미 회복기를 지나면서 많이 상승했기 때문에 실적이 좋은 종목들이 상승하는 실적장세가 이어집니다.

후퇴기는 금리가 높아진 상황에서도 여전히 경제성장률이 높은 시기입니다. 주식시장은 정부의 재정축소 정책 등으로 시중에 돈이 감소하는 역금융장세가 발생하여 하락하게 됩니다.

불황기는 나라의 성장이 멈추고 실업률이 상승하며, 소비가 줄어드는 시기입니다. 주식시장은 기업들의 실적 악화 우려로 주식시세가 하락하는 역실적장세가 연출됩니다. **하지만 불황기가 끝나가면서 회복기로 접어들기 직전에 금융장세가 다시 연출되면서 순환합니다.**

2. 경기순환과 유망업종을 알아보자

경기순환에 따라 주식시장도 변화하기 때문에 각 국면마다 유망한 업종이 다릅니다. 아무리 좋아 보이는 종목도 국면에 맞지 않으면 주가가 오르기 어렵죠. 각 국면에 맞는 업종에 투자해야 주가가 오를 확률이 높습니다. 그럼 지금부터 국면별 유망한 업종을 알려드릴게요!

▶ 주식시장 장세별 유망업종

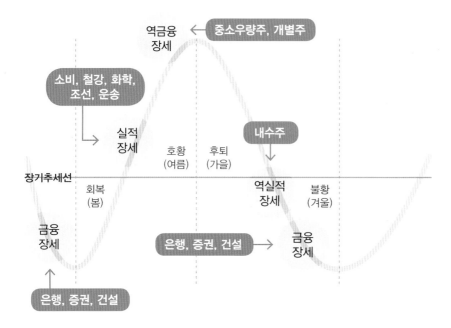

회복기의 금융장세에는 은행, 증권, 건설업종이 강세를 보입니다. 정부의 경기부양정책으로 금리가 인하되고 소비가 증가하며 투자가 확대되기 때문이죠. 시장에 유동성이 풍부해지면서 주식시장에도 자금이 유입되어 주가가 전반적으로 상승하는 모습을 보입니다.

호황기의 실적장세에는 전반적인 업종이 상승하는 가운데 실적개선이 뛰어난 업종 위주로 차별화된 장세를 보입니다.

후퇴기의 역금융장세는 중소우량주 중심의 개별주 장세가 나타납니다. 정부의 긴축정책으로 유동성이 부족해지면서 주식시장이 전반적으로 하락하는 모습을 보입니다. 하지만 이런 시기에도 실적이 개선되는 중소우량주는 강세를 보입니다.

불황기의 역실적장세는 내수주(경기방어주)가 강세를 보입니다. 이 시기에는 소비가 둔화하고, 실업률이 높아지면서 기업의 생산과 투자가 모두 감소합니다. 하지만 꼭 필요한 소비는 할 수밖에 없는 국면이죠.

유동성

경제 내에 유통되고 있는 돈의 양을 통화량이라고 합니다. 여기서 돈은 현금 및 현금으로 쉽게 바꿀 수 있는 자산을 의미합니다. '유동성이 풍부하다'라는 말은 시중에 통화량이 많다는 의미입니다.

긴축정책

정부가 경기과열로 물가가 급등할 것을 우려하여 정부지출을 줄이거나 금리 인상 등을 통해 경기성장속도를 조절하는 정책입니다.

중소우량주

시가총액 1조 이하 중·소형주 중 꾸준하게 실적이 성장하거나 성장이 기대되는 종목을 말합니다.

▶ **주식시장 국면별 유망업종**

경기 국면	주식시장	유망업종	내용
회복기	금융장세	은행	금리인하 → 대출증가
		증권	주식시장 자금 유입
		건설	토목공사 증가, 부동산 규제 완화
호황기	실적장세	소비 관련	의류, 화장품, 백화점 등
		철강, 화학, 조선, 운송	경기에 민감하게 실적 개선
후퇴기	역금융장세	중소우량주	개별주 장세
불황기	역실적장세	내수주	필수 공공재, 생활 필수재

CHAPTER 03
경기종합지수는
주가와 동행할까?

김세모

이제 GDP갭만 확인하면 경기를
판단할 수 있을 것 같아요!!

박네모

경기 국면에 맞는 종목만 사면
부자가 될 수 있는 거 아닌가요?

김세모

현재 경기 국면에 맞는 종목을 알려주세요, 고수님!!

고수

경기 국면을 확인하는 데 가장 기본이 되는
GDP갭만으로는 경기를 판단하기에 부족해요.

경기 국면을 확인할 수 있는 더
체계적인 방법을 알려드릴게요!

1. 경기지표를 보면 주가가 보인다?

경기를 판단하는 가장 대표적인 방법이 **경기종합지수**(Composite Economic Index)입니다. 경기종합지수는 경제활동을 포괄하는 지표로 만들어지며, 선행·동행·후행 종합지수로 구성됩니다. 선행종합지수는 실제 경기순환에 앞서 변화하는 지표로, 향후 경기 변동의 단기 예측에 이용됩니다. 동행종합지수는 실제 경기순환과 함께 변동하는 지표로, 현재 경기상황 판단에 이용됩니다. 후행종합지수는 실제 경기순환보다 나중에 변동하는 지표로, 사후 경제활동 확인에 이용됩니다.

▶ **경기종합지수**   2018년 12월 기준

경제부문	선행종합지수(8개)	동행종합지수(7개)	후행종합지수(5개)
고용	구인·구직비율	비농림어업취업자수	상용근로자수
생산	재고순환지표	광·공업생산지수 서비스업생산지수	생산자제품재고지수
소비	소비자기대지수	소매판매액지수 내수출하지수	도시가계소비지출(실질)
투자	기계류내수출하지수 건설수주액(실질)	건설기성액(실질)	
대외	수·출입물가비율	수입액(실질)	소비재수입액(실질)
금융	코스피, 장단기금리차		회사채 유통수익률

경기종합지수가 전월 대비 양(+)이면 경기 상승을, 음(-)이면 경기 하락을 의미합니다. 이 지표를 통해 국가는 정책을 수립하고, 투자자는 주식시장에서의 대응전략을 만들 수 있습니다.

특히 설문조사를 기반으로 하는 경제지표가 중요합니다. 소비자심리지수(CSI), 기업경기실사지수(BSI)가 대표적이죠. 이 두 지표는 실제 주식시장에 다른 지표들보다 더 큰 영향을 줍니다. 주식시장이 투자자의 심리를 반영하기 때문이죠. 두 지표 모두 100을 기준으로 100보다 크면 경기를 좋게 보고 있는 것이고, 100보다 작으면 경기를 나쁘게 보고 있는 것이죠.

소비자심리지수(CSI, Consumer Sentiment Index)

소비자들의 장래 소비지출 계획이나 경기 전망에 대한 설문조사 결과를 지수로 환산해서 나타낸 지표를 말합니다.

기업경기실사지수(BSI, Business Survey Index)

기업가들의 경기 동향 판단, 예측 등을 설문조사하여 지수화한 지표를 말합니다.

2. 주식투자에 중요한 미국 경기지표

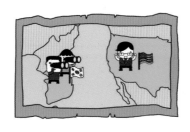

실제 주식시장은 국내 경기지표보다는 미국 경기지표에 더 민감하게 반응하는 경향이 있습니다. 전통적으로 우리나라 경제가 미국에 대한 의존도가 크기 때문이죠. 그럼 우리나라 주식시장에 영향을 주는 미국의 주요 경기지표를 알아보겠습니다.

아래 표는 국내 주식시장에 영향을 미치는 주요 미국 경기지표를 정리해 놓은 것입니다. 각 지표의 산출 방법은 모르더라도 대략적인 의미는 알고 있어야 합니다. 이 지표들의 증감에 따라서 미국 주식시장이 움직이고, 국내 주식시장도 영향을 받습니다. 특히 미국은 소비 중심의 나라이기 때문에 소비 관련 지표와 소비를 이끄는 고용 관련 지표들이 중요합니다.

▶ **국내 주식시장에 영향을 미치는 주요 미국 경기지표**

지표	발표시기	의미	해석
연방공개시장위원회 (FOMC)	약 6주	금리방향 예측	성명서 해석
고용보고서 (The Employment Report)	매월 첫 금요일	산업, 지역별 고용 현황	고용 증감
주간실업수당청구건수 (Unemployment Insurance Claims)	매주 목요일	새로운 실업자 발생 수	청구자수 증감
ISM제조업지수 (ISM Manufacturing Index)	매달 첫 영업일	기업 실적 의미	50기준으로 클수록 좋음
소매판매 (Retail Sales)	매달 13일 전후	소비지출동향	소매판매액 증감
소비자신뢰지수 (Consumer Confidence Index)	매달 마지막 목요일	소비동향 설문조사	소비 의향 증감
신규 주택 판매 (New Home Sales)	매달 말	새로운 주택 판매량 집계	판매량 증감
공장 신규 수주 (Factory New Orders)	매달 첫 영업일	제조업 동향, 공장 신규 생산 주문	금액 증감
주택착공과 허가 건수 (Housing Starts and Building Permits)	매달 16일 전후	건설, 부동산 동향	착공, 허가 수 증감

주식시장과 경기는 밀접하게 움직입니다. 호황, 후퇴, 불황, 회복으로 순환하는 경기 국면에서 적절한 투자전략을 사용해야 수익을 낼 확률이 높아지죠. 전문가들은 경기종합지수, 소비자심리지수, 기업경기실사지수 등을 활용해 경기를 판단할 수 있지만, 일반인들은 처음부터 이런 지수들을 보고 경기 판단하기가 쉽지 않습니다. 중장기적 시각으로 뉴스나 시황 보고서 등을 보면서 안목을 키우는 것이 중요합니다!

CHAPTER 04 금리가 오르면 주가가 내린다?

#금리
#명목금리
#실질금리

– 박네모, 김세모, 고수님이 입장하셨습니다. –

박네모

금리도 주식시장에 영향을 주나요?

김세모

금리는 은행에서만 사용하는 용어 아닌가요?

박네모

금리가 인상되면 주가가 빠진다고 하던데요?

김세모

고수님! 주식시장에서 금리가
왜 중요한지 알려주세요!!

고수

주식시장은 금리와도 밀접한 관계가 있습니다.
금리에 따른 주식시장의 변화를 알려드릴게요!

1. 금리와 주식시장의 관계

▶ 금리와 주가의 관계 요약

경제요인	동향	예상 주가	내용
금리	↗	↘	기업 투자 감소, 주식시장 자금 이탈
	↘	↗	기업 투자 증가, 주식시장 자금 유입

일반적으로 금리는 주식시장과 반대로 움직입니다. 금리가 상승하면 주식
시장은 하락하고, 금리가 하락하면 주식시장은 상승합니다. 왜 이런 현상이
나타날까요?

금리가 하락하면 예금금리가 낮아 저축이 감소하고, 주식시장으로 돈이 유입됩니다. 기업들은 낮은 금리로 돈을 빌릴 수 있어서 투자가 확대되죠. 따라서, 재무구조도 개선되어 기업가치가 상승하게 됩니다. 주식시장으로 돈이 유입되고, 기업가치도 상승하기 때문에 주가도 상승하게 되는 것이죠.

반면 금리가 상승하면, 예금금리가 높아 저축이 늘어나고 주식시장에서 돈이 빠져나갑니다. 기업은 높은 대출이자를 지급해야 하므로 투자가 축소되죠. 따라서, 재무구조도 악화되어 기업가치가 하락하게 됩니다. 주식시장에서 돈이 빠져나가고, 기업가치도 하락하기 때문에 주가도 하락하게 되는 것이죠.

 절대매매 TIP!

금리에 따른 유망업종

일반적으로 금리가 인하되면 대출금리가 낮아져 부동산 경기에 긍정적인 영향을 미치기 때문에 **건설업**이 강세를 보입니다. 증권업종 역시 저축이 감소하고, 주식시장으로 돈이 유입되기 때문에 강세를 보이죠. 반면 보험업종은 보험 가입자들에게 지급하는 이율이 정해져 있어 금리 역마진(Reverse Margin)이 발생할 수 있으므로 약세를 보입니다.

*역마진(Reverse Margin)
보험사가 상품 가입자에게 받은 돈을 운용해서 얻는 수익보다 지급할 이자가 더 많아서 발생하는 손실을 말합니다.
보험사는 채권 등 금융상품으로 돈을 운용하기 때문에 금리가 낮아지면 운용수익이 낮아집니다.
- 보험 가입자에게 제시한 고정이자 5% > 운용수익 3% (2% 손실 발생(역마진))
- 보험 가입자에게 제시한 고정이자 5% < 운용수익 8% (3% 수익 발생(순마진))

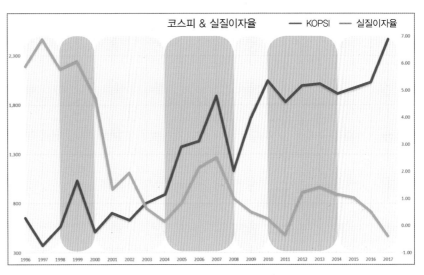

출처: 한국거래소(http://www.krx.co.kr), 한국은행 경제통계시스템(https://ecos.bok.or.kr)

이자율과 주식시장이 같이 움직이는 경우 : 1998~1999, 2004~2007, 2010~2013

이자율과 주식시장이 반대로 움직이는 경우 : 1996~1997, 2000~2003, 2008~2009, 2014~

고수의 꿀팁!

금리 역발상 매매

금리와 주식시장이 항상 반대로 움직이는 것은 아닙니다. 2004년부터 2007년까지는 금리와 주식시장이 같이 움직이는 모습을 볼 수 있죠. **이 시기에는 경기가 워낙 좋았기 때문에 금리가 상승해도 주식시장은 하락하지 않았습니다. 경기에 민감하게 반응하는 조선, 화학, 철강 업종이 강세를 보였죠.** 주식시장은 금리뿐만 아니라 다양한 요소들이 복합적으로 작용합니다. **'금리가 하락하면 주식시장에 긍정적인 영향이 있다'**라는 정도만 기억하시면 됩니다!

CHAPTER 05

환율이 떨어지면 주식을 사야 하나요?

박네모

고수님! 환율은 왜 계속 변하나요?

주식투자할 때는 환율이 높아야 좋은지,
낮아야 좋은지 모르겠어요.

김세모

헉! 주식투자할 때 환율까지 신경써야 하나요?

고수

환율은 주식시장 수급에 막대한 영향을 끼쳐요.

환율이 계속 변동하는 이유, 환율이 주식투자에
미치는 영향에 대해 자세히 설명해드릴게요!

1. 환율이 오르면 무역은 어떻게 될까?

▶ **환율과 주가 및 무역의 관계**

경제요인	동향	예상 주가	내용
환율	↗	↘	외국인 국내주식 매도
		↗	수출 증가
	↘	↗	외국인 국내주식 매수
		↘	수출 둔화

환율은 서로 다른 두 나라의 화폐 교환 비율입니다. '원·달러 환율이 하락했다',
'원·달러 환율이 1,200원이다'라는 말을 들어 보셨을 겁니다. '원·달러 환율이
1,200원이다'라는 말은 1달러와 1,200원이 같다는 의미입니다. 1달러의
가치가 1,200원에서 1,300원으로 변하면 '원·달러 환율이 상승했다'라고 하죠.
이처럼 **우리나라에서 환율은 외국통화와 비교한 원화의 값어치를 나타내는
형식으로 쓰입니다.**

변동환율제도(Flexible Exchange Rate System)

외환의 수요와 공급으로 환율이 결정되는 제도입니다. 환율이 일정하게 고정된 것이 아니라 외환시장의 수급에 의해서 항상 변화할 수 있으므로 자유변동환율제도라고도 합니다.

환율이 변하는 원인은 다양합니다. 우리나라가 채택하고 있는 **변동환율제도**에서는 외환의 수요와 공급으로 변하게 되죠. 외환의 수요와 공급에 영향을 미치는 요인으로는 **대외거래, 물가, 경제성장, 통화량 등 경제적 요인**과 **정치·사회적 요인** 등이 있습니다.

▶ **환율 변동에 따른 원화의 가치**

($1 대비) 원화 가격	($1 대비) 원화 가치	예시
환율상승	가치하락	$1 = ₩1,200 ▶ $1 = ₩1,400
환율하락	가치상승	$1 = ₩1,200 ▶ $1 = ₩1,000

그렇다면 환율이 상승하거나 하락할 때 어떤 기업에 좋을지 알아보겠습니다.

환율이 상승하면 단기적으로 수출기업에 좋습니다. 같은 1달러를 벌어도, 환율이 1,000원일 때보다 1,200원일 때 더 많은 수익이 생기기 때문입니다. 반대로 0.8달러만 받아도 1,000원을 벌 수 있어 제품의 가격 할인도 가능합니다. 이에 따라 주식시장에서도 환율이 상승하면 수출을 많이 하는 기업이 강세를 보이죠.

고수의 꿀팁!

중국의 환율제도?? 복수통화바스켓!!

중국은 **복수통화바스켓** 환율제도(2018년 12월 기준)를 사용하고 있습니다. 중국과 무역 비중이 큰 나라의 통화들을 바스켓으로 묶고, 해당 통화의 가치가 변하면 교역가중치에 따라 중국통화의 환율에 반영하는 제도입니다. 사실상 중국 정부에서 환율을 관리하는 거죠. 미국은 대중 무역적자가 크기 때문에 지속해서 위안화 절상을 요구하고 있습니다. 위안화가 절상되면 중국 제품이 비싸져 수출이 감소하고 미국의 대중 무역적자가 개선되기 때문이죠.

반면, 환율이 하락하면 단기적으로 원자재를 수입해 국내에 판매하는 기업에 유리합니다. 환율이 1,000원일 때보다 800원일 때 더 싸게, 더 많이 수입할 수 있죠. 주식시장에서도 해외에서 원자재를 수입하는 **사료, 제지, 음·식료업종**이 강세를 보입니다.

2. 환율과 외국인 투자자의 관계는?

환율은 국내 주식시장에 투자하는 외국인에게도 중요합니다. 외국인들은 국내 주식시장에 투자하기 위해 달러를 원화로 바꿔 투자합니다. 하지만 손익평가는 달러로 하죠. 주가가 변하지 않아도 환율이 상승하면 같은 금액의 원화로 바꿀 수 있는 달러 금액이 줄어들게 됩니다.

우리나라 주식시장에서 외국인 투자자가 보유하는 주식은 전체의 30% 이상입니다. 외국인 투자자는 환율이 상승할 때는 환차손이 발생하기 때문에 우리나라 주식을 매도합니다. 반대로 환율이 하락할 때는 환차익이 발생하기 때문에 주식을 매수하죠. 이런 외국인들의 매매 때문에 **환율이 상승할 때는 주식시장이 하락하고, 환율이 하락할 때는 주식시장이 상승하는 모습을 보입니다.**

환차손/환차익

외국인 투자자 관점에서 원·달러 환율이 상승해서 발생하는 손해를 환차손이라고 합니다. 반면 환율이 하락해서 같은 원화 금액으로 바꿀 수 있는 달러 금액이 늘어나 발생하는 이익을 환차익이라고 하죠.

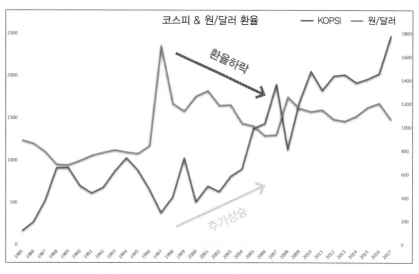

출처: 한국거래소(http://www.krx.co.kr), 한국은행 경제통계시스템(https://ecos.bok.or.kr)

외국인 투자자와 환율 전망

단순히 환율의 절대적인 수준이 외국인 투자자의 매매를 결정하지 않습니다. 향후 환율 흐름에 대한 기대감이 중요합니다. 현재 환율이 1,100원이라고 가정해 보겠습니다. 환율 전망치가 900원이라면 외국인 투자자는 달러를 원화로 바꾸어 주식을 매수하는 것이 유리합니다. 반면 환율 전망치가 1,300원이라면 외국인 투자자는 원화를 달러로 바꾸는 것이 유리하기 때문에 주식을 매도하게 됩니다. 역으로 주식시장에서 외국인 투자자의 매매방식을 보면 어느 정도 환율 수준에 대한 전망이 가능합니다.

통화량과 주가의 관계

— 박네모, 김세모, 고수님이 입장하셨습니다. —

박네모

고수님! 돈이 많아지면 주가는 어떻게 움직이나요?

김세모

돈?? 돈이 많아진다는 게 무슨 말이죠?

고수

시중에 돈이 많아지는 것을 통화량 증대라고 합니다.
통화량이 주식시장에 미치는 영향을 알아볼게요!

1. 통화량 증가가 경제에 미치는 영향

통화량은 시중에 돌아다니는 통화의 총량을 말합니다. 우리가 쉽게 볼 수 있는
실물화폐뿐만 아니라 수표나, 어음, 예금 등도 포함되죠. 정부는 통화량 조절을
통해 물가를 안정시키고, 지속 가능한 경제성장을 이루려고 합니다. 그럼
통화량이 경제에 어떤 영향을 미치는지 알아볼까요?

고수의 꿀팁!

통화량 증가와 인플레이션!!

통화량이 증가하면 전반적인 인플레이션이 발생하게 됩니다. 금리가 하락하기 때문에
기업의 투자가 증가하고, 상품 및 서비스의 생산도 늘어납니다. 대출이자가 줄어들어
기업의 현금 사정도 좋아집니다. 돈의 가치가 하락하여 환율이 상승하고, 소비도 증가
합니다. 그럼 통화량 증가가 주식시장에는 어떤 영향을 줄까요?

통화량▲ → 금리▼ → 현금가치▼ → 물가▲ → 주식시장▲

통화량▼ → 금리▲ → 현금가치▲ → 물가▼ → 주식시장▼

2. 통화량 증가와 주가는 어떤 관계가 있나요?

이론적으로 통화량이 증가하면 주식시장은 상승하고, 통화량이 감소하면
주식시장은 하락합니다. 앞서 설명한 것처럼 통화량이 증가하면 금리 하락으로
기업의 투자가 늘고, 현금 사정이 좋아지면서 기업가치가 상승하죠. 시중의
자금이 유입되면서 주식시장도 상승하는 모습을 보입니다.

▶ **통화량이 주가에 미치는 영향**

경제요인	동향	예상 주가	내용
통화량	↗	↗	기업의 매출 및 투자 증가, 주식시장 자금 유입
	↘	↘	기업의 매출 및 투자 감소, 주식시장 자금 이탈

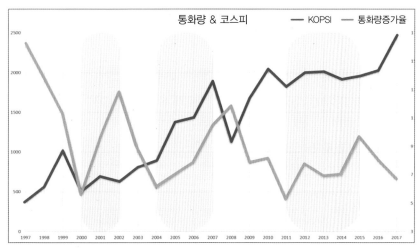

출처: 한국거래소(http://www.krx.co.kr), 한국은행 경제통계시스템(https://ecos.bok.or.kr)

▨ 통화량 증대, 주식시장 상승 : 2000~2001, 2004~2006, 2011~2014

인플레이션과 주가의 관계

박네모

인플레이션이면 뭔가요? 좋은 건가요?

김세모

인플레이션이 좋은 거면 아주 많았으면 좋겠네요.

박네모

디플레이션도 있다던데...?

고수

인플레이션은 물가상승이라고 생각하시면 쉽습니다.

인플레이션이 주식시장에 어떤 영향을 주는지 알아볼게요!

1. 인플레이션이 높으면 무조건 투자 타이밍인가?

▶ **인플레이션과 주가의 관계**

경제요인	동향	예상 주가	내용
인플레이션	적정 수준	↗	기업의 매출과 투자 증가
	이상 수준	↘	기업의 매출과 투자 감소

인플레이션은 물가상승입니다. 즉, 물가가 안정되지 않고 계속해서 오르는 현상을 말하죠. 모든 상품의 물가가 올랐기 때문에, 우리는 같은 물건을 사기 위해서 더 많은 돈을 지급해야 합니다. 화폐가치의 하락은 반갑지 않은 손님이죠.

▶ **물가상승과 기업 가치하락 프로세스**

위의 그림과 같이 과도한 물가상승은 궁극적으로 기업가치를 하락시키고,
주가도 하락하게 됩니다. 물가는 주식시장과 밀접하게 움직입니다. 아래
그래프에서 확인할 수 있듯이 **물가상승률이 적정수준을 유지하면, 주식시장에
궁정적인 영향을 미칩니다.** 적정수준의 인플레이션 상황에서는 경제가
건전하게 성장하고 있다고 평가됩니다. 기업도 미래에 대한 불확실성이
감소하기 때문에 생산과 투자가 증가하여 기업가치가 상승합니다. 반면
물가상승률이 과도하게 높거나 낮으면 주식시장에 부정적인 영향을 미칩니다.

고수의 꿀팁!

우리나라의 적정 물가상승 수준은??

**물가는 개별 상품의 가격을 평균으로 나타낸 종합적인 가격 수준입니다. 물가 비교를
위해 기준연도의 물가를 100으로 만들어 현재 물가수준을 지수로 나타낸 것을
'물가지수'라고 하죠. 물가지수가 지속해서 상승하면 인플레이션이 발생한다고 합니다.
한국은행에서는 2016년 이후 물가 상승률 수준을 2%로 설정하고, 물가안정을 위한
정책을 펼치고 있습니다.**

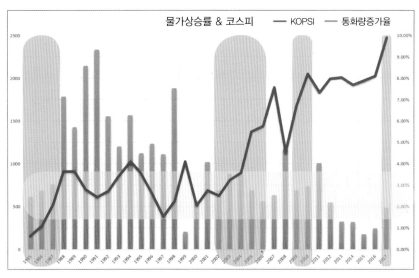

출처: 한국거래소(http://www.krx.co.kr), 한국은행 경제통계시스템(https://ecos.bok.or.kr)

적정한 물가상승률 수준에서 주식시장이 상승한 구간

적정한 물가상승률 수준

아래 표는 각 경제 상황별 물가와 경기 흐름에 따른 주가 영향을 나타내고
있습니다. 적정한 수준의 인플레이션을 제외하고 모두 주가에 부정적 영향을
미치죠.

▶ 인플레이션 VS 디플레이션 VS 스태그플레이션

경제 현상	물가	경기	주가 영향
인플레이션	↑	↑	적정수준일때 긍정적
디플레이션	↓	↓	중장기적일때 부정적
스태그플레이션	↑	↓	폭!락!

가장 주의해야 할 구간은 스태그플레이션(Stagflation)이 발생할 때입니다.
일반적으로 경기가 호황이면 물가가 상승하고, 경기가 침체를 보이면 물가가
하락합니다. 하지만 스태그플레이션은 경기 침체가 지속되는 가운데 물가가
상승하는 국면입니다. 정상적인 인플레이션과 달리 원자재 가격과 같은
특정 요인이 작용해서 원가 상승 압력이 생기는 경우가 대부분이죠. 그래서
스태그플레이션 상황에서는 기업 이익이 급감하고, 실질임금이 하락하여
소비가 위축됩니다. 주식시장의 폭락은 주로 이 시기에 나타납니다.

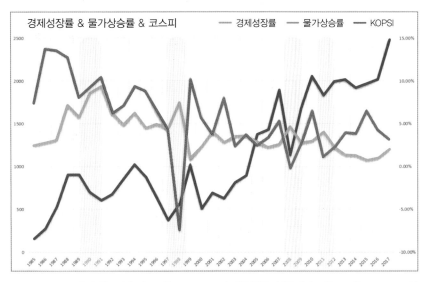

스태그플레이션이 발생한 시기입니다. 물가상승률이 경제성장률보다 높거나, 더 빠르게 증가한 구간입니다. 이 시기에는 주식시장이 하락합니다.

CHAPTER 08 채권은 주식과 어떤 관계가 있을까?

- 박네모, 김세모, 고수님이 입장하셨습니다. -

박네모

회사는 은행에서만 돈을 빌리나요?

김세모

보통 그렇지 않나요? 설마 사채
쓰면서 사업하지는 않을 것 같은데...

박네모

근데 저는 채권을 발행한다는
말이 무슨 뜻인지 모르겠어요.

고수

회사가 돈을 빌리는 방법은 다양합니다.
여러 가지 자금 조달 방법 중 주식시장과
연관된 방법을 알아볼게요!

1. 채권은 무엇일까?

국가나 기업에서 돈을 빌리는 가장 대표적인 방법은 채권입니다. 우리가
차용증을 쓰고 돈을 빌리는 것처럼, 국가나 기업이 돈을 빌릴 때 쓴 차용증을
채권이라고 생각하시면 됩니다. 이 채권을 **국가가 발행하면 '국채'**, 기업이
발행하면 '회사채', 은행이 발행하면 '은행채'라고 합니다. 기업이 발행하는
회사채 중 주식시장과 연관된 채권에 대해 알아보겠습니다.

2. 신주인수권부사채(BW)에 대해서 알아보자

신주인수권부사채(BW)는 회사가 돈을 빌리면서 일정 기간이 경과한 후
정해진 가격으로 신주를 살 수 있는 권리를 부여한 채권입니다. **기본적인
채권의 성격에 신주를 정해진 가격으로 살 수 있는 옵션(신주인수권)이 추가된**

것이죠. 신주인수권을 매도하고 채권만 보유할 수도 있고, 채권을 매도하고 신주인수권만 보유할 수도 있습니다.

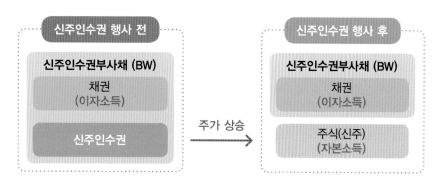

투자자의 경우 채권의 이자소득 기능과 주식이 상승하면 얻을 수 있는 자본소득 기능을 동시에 기대할 수 있습니다. 마찬가지로 기업도 신주인수권을 주면서 저렴한 이자로 돈을 빌릴 수 있습니다. 또한, 기업이 신주를 매도할 때 신주 매수자로부터 추가 자금이 납입되어 새로운 자금조달이 가능하다는 이점이 있죠. 하지만 때에 따라 채권과 신주인수권이 분리되지 않는 비분리형 신주인수권부사채도 존재합니다.

좀 더 쉽게 이해하기 위해 신주인수권부사채(이하 BW)와 관련된 재미있는 사례를 알아볼까요?

▶ **JYP Ent.의 BW 발행 예시**

회사명	JYP Ent.
채권종류	분리형 BW
발행결정	2012년 11월 14일
발행일	2012년 11월 30일
만기일	2018년 11월 30일
발행금액	60억
표면이율	3%
행사가	4,311원

2018년 11월

박진영

신주인수권 4,311원에 행사
11월 주가 약 35,000원
1주당 약 30,000원 수익

↑

2012년 11월

박진영

BW 60억 중 절반인 30억에서
1억 2천만원에 신주인수권만 매수

㈜제이와이피엔터테인먼트(JYP Ent.)는 2012년 11월 14일 BW 발행 결정을 공시했습니다. 분리형 BW였죠. 박진영씨는 발행한 BW 60억 중 절반인 30억에 해당하는 채권의 신주인수권만 1억 2천만원에 매수했습니다. 그리고 아래 표와 같이 2018년 11월 2일 보유하고 있던 신주인수권을 행사했습니다. 신주인수권을 매수할 때 1억 2천만원, 신주매수를 위해 낸 30억원, 총 31.2억원을 투자하여, 약 220억원을(31,500원 × 약 70만 주) 만든 것입니다.

▶ **JYP Ent.의 BW 신주인수권 매수 및 행사 정리**

신주인수권 액면가		₩3,000,000,000	
신주인수권 행사가		₩4,311	
신주인수권 인수가능 신주 수량		695,894주	
2012년 11월 30일 신주인수권만 매수		2018년 11월 02일 신주인수권 행사	
신주인수권 매수금액	₩120,000,000	신주를 받기 위해 납입한 금액	₩3,000,000,000
		2018년 11월 2일 주가	₩31,500
		인수한 주식 평가금액	₩21,920,661,000

그럼 2012년 BW를 발행할 시기에 JYP Ent.의 주가 흐름을 알아볼까요? JYP Ent.의 주가는 BW 발행 결정을 발표하기 전 급등 후 조정을 받았고, BW 발행을 발표한 이후에는 완만한 상승세를 보였습니다. 하지만 4개월 후 주가는 다시 BW 발행 이전으로 돌아갔죠.

▶ **JYP Ent.의 BW 발행 당시 주가 흐름**

2012년 11월 30일
BW 발행

2012년 11월 14일
BW 발행결정 공시

이처럼 BW 발행은 단기 주가 변동에 소폭 영향을 주지만, 중장기적으로는 큰 영향이 없는 것을 확인할 수 있습니다. 물론 박진영씨는 5년이 지난 시점에서 큰 수익을 보았지만, BW 발행으로 JYP Ent.의 주가가 상승했다고 보기는 어려운 것이죠. 결과적으로 BW 발행을 통해 JYP Ent.는 투자자에게 신주인수권을 주면서 3%의 저렴한 이자로 자금조달을 할 수 있었고, 투자자는 채권의 이자수익과 신주인수권 행사를 통한 자본이득을 볼 수 있었습니다.

3. 전환사채(CB)에 대해서 알아보자

전환사채(CB)는 회사가 돈을 빌리면서 일정 기간이 경과한 후 채권소유자의 청구에 따라 보유한 채권을 주식으로 전환할 수 있는 권리를 부여한 채권입니다. **주식으로 전환하기 전까지는 채권의 성격이지만, 전환하게 되면 채권은 사라지고 주식이 됩니다.** 투자자의 경우 기업의 주가가 불안할 때 채권으로 보유하면서 이자수익을 얻을 수 있고, 주가가 상승할 경우 주식으로 전환하여 시세차익을 얻을 수 있습니다. 또한, 기업도 주가가 상승하여 주식으로 전환되면 자연스럽게 자기자본이 확충되는 이점이 있습니다.

그럼 전환사채(이하 CB)와 관련된 사례도 한번 알아볼까요?

▶ **키움증권의 CB 발행 예시**

회사명	키움증권
채권종류	CB(전환사채)
발행결정	2017년 07월 14일
발행일	2017년 07월 18일
만기일	2022년 07월 18일
발행금액	1,470억
표면이율	1%
행사가	105,247원
전환 시작일	2018년 7월 18일

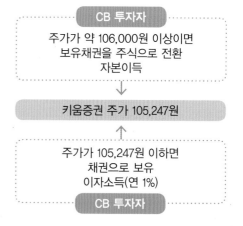

키움증권은 2017년 7월 14일 1,470억 규모의 CB 발행 결정을 공시했습니다. CB 발행 직후에는 주가가 하락했지만 이후 2018년 5월에 키움증권의 주가는 13만원 이상 상승했습니다. 하지만 전환 시작일이 2018년 7월 18일 이후였기 때문에 주가가 전환가보다 높아도 CB를 주식으로 전환할 수 없었죠. 키움증권의 주가는 2018년 5월 이후 계속해서 하락하였고, 2018년 7월 18일 이후에는 10만원을 넘지 못했습니다. 그 때문에 CB 투자자들은 채권을 보유하면서 연 1%의 이자만 받고 있죠. 만약 키움증권의 주가가 전환가인 105,247원보다 상승한다면, CB 투자자들은 채권을 주식으로 전환할 것입니다.

그럼 CB 발행 시기에 키움증권 주가 흐름을 살펴볼까요? CB 발행 결정을 발표하기 전 키움증권의 주가는 큰 변동이 없었습니다. 하지만 CB가 발행된 직후 급격하게 하락하는 모습을 보였죠. CB 발행 금액이 1,470억원으로 상당히 커서 투자자들이 부정적으로 인식했기 때문입니다. 하지만 주가는 4개월 뒤 CB 발행 이전 수준으로 복귀했죠.

▶ **키움증권의 CB 발행 당시 주가 흐름**

CB 발행이 단기적으로는 주가에 영향을 주었지만, 중장기적으로는 큰 영향이 없는 것을 볼 수 있습니다. 키움증권은 투자자에게 전환권을 주면서 1%의 저렴한 이자로 자금을 조달할 수 있었습니다. 또한, 투자자는 키움증권의 주가가 낮은 상황에서 채권으로 보유하면서 이자를 받을 수 있었습니다. 향후 주가가 전환가 이상이 된다면 채권을 주식으로 전환하여 자본수익을 볼 수도 있겠죠.

4. 교환사채(EB)에 대해서 알아보자

교환사채(EB)는 전환사채와 비슷합니다. 예전에는 전환 가능한 주식이 자기주식이 아닌 다른 기업의 주식으로 제한되었으나, 2001년 말부터는 자기주식을 대상으로 교환사채 발행이 가능해지면서 전환사채와의 경계가 모호해졌습니다.

교환사채(이하 EB)와 관련된 사례도 알아보도록 하죠.

롯데쇼핑은 2018년 3월 15일 3,036억 규모의 EB 발행 결정을 공시했습니다. 교환가는 85,840원이고, 교환대상 주식은 롯데하이마트입니다. 롯데쇼핑이 EB를 발행하지만, 교환의 대상은 롯데하이마트 주식이죠.

▶ **롯데쇼핑의 EB 발행 예시**

회사명	롯데쇼핑
채권종류	EB(교환사채)
교환주식	롯데하이마트
발행결정	2018년 03월 15일
발행일	2018년 04월 04일
만기일	2023년 04월 04일
발행금액	3,036억
표면이율	0%
만기이율	0.5%
행사가	85,840원
교환 시작일	2018년 5월 14일

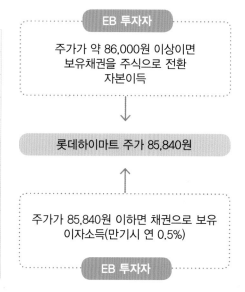

롯데쇼핑 주가는 EB 발행 결정을 공시할 시기에도 소폭 상승했었고, EB 발행 이후에도 소폭 상승했죠. 그런데 약 4개월 뒤, 주가는 EB 발행 결정을 발표하기 이전 주가로 돌아갔습니다. 롯데하이마트의 주가도 EB 발행 후에 소폭 상승했으나, 이후 횡보하는 모습을 보였습니다.

횡보

횡보는 주가가 크게 상승하거나 하락하지 않는 모습을 말합니다. 주가 움직임의 변동폭이 크지 않아 캔들 차트가 마치 옆으로 선을 긋는 모양과 같을 때를 말하죠.

▶ 롯데쇼핑의 EB 발행 당시 주가 추이

2018년 3월 15일
EB 발행결정 공시

2018년 4월 4일
EB 발행

▶ 롯데하이마트의 EB 발행 당시 주가 추이

2018년 3월 15일
EB 발행결정 공시

2018년 4월 4일
EB 발행

롯데쇼핑의 EB를 매수한 투자자들은 롯데쇼핑의 주가가 아닌 롯데하이마트의
주가에 관심을 갖게 되었습니다. 롯데하이마트의 주가가 교환가인 85,840원
이상 상승해야 채권을 주식으로 교환해서 이익을 볼 수 있었기 때문이죠.

EB 발행이 롯데쇼핑 주가를 소폭 상승시키기는 했지만, 중기적으로 주가는
다시 원래대로 돌아왔습니다. 롯데쇼핑은 자기주식이 아닌 롯데하이마트
주식을 담보로 EB를 발행하면서 이자율 0%에 자금을 조달했습니다. 투자자는
이자율이 0%인 채권을 보유하여 수익이 없었지만, 이후에 롯데하이마트의
주가가 상승한다면 자본이익을 볼 수 있는 것이죠.

5. 주식 관련 회사채 발행은 주가에 호재일까? 악재일까?

일반적으로 주식과 관련된 회사채 발행은 향후 채권이 주식으로 바뀌어 매도물량이 될 수 있다는 측면에서 주가에 부정적입니다. 하지만 발행금액이나 발행대상, 전환비율, 전환가에 따라서 긍정적으로 작용할 때도 있습니다. 또한, 시장상황에 따라 회사채 발행 소식에 주가가 상승하기도 하고, 하락하기도 하죠. 따라서 회사채 발행을 단순히 호재나 악재로 구분하기보다는 공시제도 내용을 확인해서 향후 기업에 어떤 영향을 줄지 판단해야 합니다.

공시제도

기업의 영업실적, 재무상태, 합병, 증자 등 중요 정보를 이해관계자에게 정기·수시적으로 공개하도록 하여 투자자 스스로 자유로운 판단과 책임 하에 투자 결정을 하도록 하는 제도입니다. 주식시장에 상장된 기업들은 법에 따라 의무적으로 공시를 해야 합니다. 공시내용은 전자공시시스템(http://dart.fss.or.kr/), 증권사 HTS(MTS) 등에서 확인 가능합니다.

6. 주식 관련 회사채 발행과 주가의 관계

F사의 사례를 통해 주식 관련 회사채 발행이 주가에 어떻게 영향을 주는지 알아볼게요.

▶ **F사의 CB, EB 발행과 주가 움직임(2015년 12월~2016년 8월)**

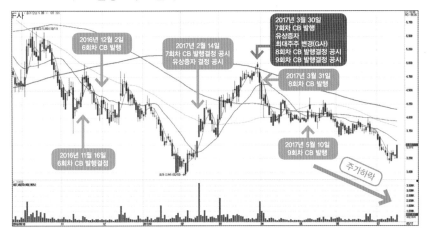

▶ F사의 CB, EB 발행과 주가 움직임(2016년 10월~2017년 7월)

위의 차트에서 알 수 있듯이 2016년 상반기에는 CB와 EB를 발행하면서 주가가 급등하는 모습을 보여 주었습니다. 하지만 2016년 하반기부터는 CB를 발행해도 주가는 계속 하락했죠. 2017년 4월에 대주주가 G사로 바뀌는 시점까지만 주가가 반등하고 이후에는 지속해서 하락세를 보입니다. 이처럼 CB, EB 발행이 주가에 긍정적으로 영향을 줄 때도 있지만, 부정적인 영향을 주는 때도 있습니다.

특히 2017년 3월 30일처럼 주식 관련 사채가 발행되는 날은 조심해야 합니다. 2017년 2월 14일 7회차 CB를 발행한다는 공시와 함께 주가가 급등했죠. 7회차 CB 발행일인 3월 30일 주가는 정확히 고점을 찍고 하락했습니다. 일반적으로 세력들은 주식 관련 사채의 발행을 수월하게 하려고 발행일까지 주가를 상승시키는 경우가 많습니다. 발행이 확정되면 더는 주가 관리를 할 이유가 없으므로 상승했던 주가는 하락하는 경우가 많죠. 보유 종목이 주식 관련 사채 발행을 공시하고 주가가 상승한다면, 사채 발행일이 매도 시점인 경우가 많습니다.

주의해야 할 리픽싱(Refixing)!!

▶ F사의 CB, EB 발행 정리

회차	발행결정일	발행일	만기일	사채	발행금액	전환가	리픽싱일	주가평균	*리픽싱
1	2015.12.17	2015.12.18	2018.12.18	CB	100억	3,130	2016.02.18	2,732	2,940
2	2016.02.22	2016.02.24	2018.02.24	CB	50억	2,880			
3	2016.03.14	2016.03.22	2019.03.22	EB	98억	2,800			
4	2016.04.15	2016.04.19	2019.04.19	CB	22억	4,620	2017.07.19	3,362	3,850
5	2016.07.22	2016.07.25	2019.07.25	CB	100억	6,530	2018.07.25	2,840	2,915
6	2016.11.16	2016.12.02	2019.12.02	CB	60억	4,445	2017.02.02	3,208	3,370
7	2017.02.14	2017.03.30	2020.03.30	CB	215억	3,457	2018.03.30	3,395	3,450
8	2017.03.30	2017.03.31	2020.03.31	CB	122억	4,902	2018.01.02	3,405	3,490
9	2017.03.30	2017.05.10	2020.05.10	CB	149억	4,127	2018.08.10	2,970	3,008
10	2018.01.22	2018.01.22	2021.01.22	CB	70억	3,487	2018.07.23	2,951	3,016

리픽싱이란, 주식 관련 사채를 발행할 때 정한 전환가격이 현재 주가보다 월등히 높아 전환가격을 조정해주는 것입니다. 위의 표에서 볼 수 있듯이 주가가 전환가보다 낮아지면 전환가를 조정해주는 경우죠. 일반적으로 전환가가 리픽싱된다는 것은 주가가 많이 하락했음을 뜻합니다. 채권보유자의 관점에서 리픽싱이 이루어지면 주가가 더 하락하기 전에 채권을 주식으로 전환하여 이익을 실현하려는 유인이 커집니다. 이 때문에 리픽싱이 되면, 채권이 주식으로 바뀌어 매도가 급격히 늘어날 가능성이 크고, 이미 하락한 주가가 추가하락하는 경우가 많습니다. 이렇게 리픽싱이 이루어진 채권을 보유한 종목은 주식으로 전환될 물량이 얼마나 남았는지 확인하고 매수해야 합니다.

고수의 꿀팁!

주식 관련 회사채(BW, CB, EB)와 실전매매

일반적으로 주식 관련 회사채(BW, CB, EB 등) 발행이 주가에 부정적인 이유 중 하나는 기업의 신용 문제입니다. 기업의 신용도가 주식 관련 회사채 발행으로 자금을 모아야 할 정도로 부실할 가능성이 있는 것이죠. 실제로 재무적 구조가 튼튼한 기업이 아닌 경우가 많습니다. 투자 초보자라면 특별한 경우가 아닌 이상 이런 종목은 피하는 게 좋습니다.

이것만은 꼭! 증자는 무엇인가? 감자는?

1. 유상증자와 무상증자

▶ 유상증자, 무상증자 정리

	유상증자	무상증자
자금원천	자금납입	자본잉여금
배정방식	주주배정	주주배정
	일반공모	
	제3자 배정	
주가 변동	단기 하락	단기 상승

기업이 회사의 자본금을 늘리기 위해 주식을 추가로 발행하는 것을 증자라고 합니다. 증자 방식에는 유상증자와 무상증자가 있죠. 쉽게 말하면 유상증자는 돈을 받고 주식을 추가로 발행하는 것이고, 무상증자는 돈을 받지 않고 주식을 추가로 발행하는 것입니다.

유상증자는 기업이 주식을 추가로 발행할 때 기존 주주나 새로운 주주에게 돈을 받고 파는 방식입니다. 추가로 발행할 주식을 주주에게 배정하는 방식으로는 주주배정 방식, 일반공모 방식, 제3자 배정방식이 있습니다. 먼저 주주배정 방식은 기존 주주에게만 신주를 배정하는 것입니다. 일반공모 방식은 불특정 다수의 일반 투자자를 대상으로 청약을 통해 신주를 배정하는 것이죠. 마지막으로 제3자 배정방식은 특정인을 지정하여 신주를 발행하는 것입니다. 기업은 이 세 가지 방식 중 한 가지를 고르거나 두 가지 이상을 섞어서 사용할 수 있습니다.

일반적으로 유상증자는 단기 주가에 악영향을 줍니다. 유상증자 후 사업이 잘 진행되어 순이익이 늘어날 수는 있지만, 단기적으로는 주식 가치가 희석되어 기업가치는 떨어진다고 봅니다. 하지만 주가가 상승 국면일 때는 주가 상승의 요인이 되기도 하죠. 향후 기업가치 상승에 대한 기대가 높아 주식이 늘어나도 하락 가능성이 상대적으로 낮기 때문입니다. **특히 제3자 배정방식의 경우 신주를 배정하는 대상이 대기업이거나 사업적으로 긍정적인 주체일 때는 주가가 상승합니다.**

유상증자에 대한 내용은 좌측의 QR코드를 통해 영상을 확인하여 더 쉽게 이해하실 수 있습니다.

그럼 유상증자와 주가의 관계에 대해 알아보겠습니다.

▶ **대우조선해양의 유상증자 사례**

회사명	대우조선해양
배정방식	제3자 배정 방식
신주 수량	913,102주
신주 발행가액	40,350원
증자금액	36,843,665,700원
유상증자결정	2018년 02월 20일
신주 상장일	2018년 04월 02일

대우조선해양은 2018년 2월 20일 약 370억 가량의 유상증자 결정을 공시했습니다. **제3자 배정방식**으로 우리은행과 회사채 투자자가 참여했죠.

유상증자 결정 발표 이후 대우조선해양의 주가는 상승하는 모습을 보였습니다. 하지만 신주 상장일이 다가오자 소폭 하락했죠. 신주 상장일에 신규 상장되는 주식이 시장에서 바로 매도되는 것에 대한 우려 때문이었습니다. 하지만 이런 우려와 달리 신주 상장일 이후에 주가는 소폭 상승하면서 횡보하는 모습을 보였습니다.

▶ 대우조선해양의 유상증자 사례

2018년 2월 20일
유상증자 결정 공시

2018년 4월 2일
유상증자 신주 상장

무상증자는 기업이 주식을 추가로 발행하여 기존 주주에게 공짜로 나눠주는 방식입니다. 주식을 공짜로 나눠주면 자본금이 늘어나죠. 자본금과 관련된 내용은 PART 6에서 배울 내용이지만 미리 개념만 알려드리겠습니다. 기업의 자기자본에는 자본금과 자본잉여금이 있습니다. 자본잉여금이 여유가 있으면 무상증자를 할 수 있습니다. 무상증자를 통해 자본잉여금이 자본금으로 바뀌어 자본금이 늘어나게 되죠. 기존 주주는 보유주식 수가 늘어나는 효과가 있고, 기업은 재무구조가 탄탄하다는 이미지를 얻을 수 있습니다.

일반적으로 무상증자는 단기 주가에 긍정적인 영향을 줍니다. 일반 주주들은 주식 수량이 공짜로 늘어나는 기분이기 때문에 긍정적으로 받아들이고, 재무관점에서도 자금 사정이 안정적이라는 이미지가 생기기 때문이죠. 하지만 무상증자도 주식시장 상황에 따라 악재로 작용하기도 합니다. 주식의 유통 물량이 늘어나 주가의 탄력성이 떨어지기 때문이죠.

무상증자와 주가의 관계도 사례를 통해 알아보도록 하겠습니다.

▶ **원익머트리얼즈의 무상증자 사례**

회사명	원익머트리얼즈
신주 수량	6,304,000주
증자 전 주식총수	6,304,000주
액면가액	500원
1주당 신주배정 주식수	1주
신주배정 기준일	2018년 10월 01일
무상증자 결정일	2018년 09월 06일
신주 상장일	2018년 10월 18일

원익머트리얼즈는 2018년 9월 6일에 기존 주식 1주당 신주 1주를 배정한다는 무상증자 결정을 공시했습니다. 보유하고 있던 자본잉여금이 약 690억이었기 때문에 충분히 무상증자를 할 수 있었죠. 기존 자본금은 31.52억이고, 무상증자를 통해 자본잉여금 중 31.52억을 (6,304,000주×500원) 자본금으로 전환했습니다. 무상증자 후 자본금은 총 63.04억으로 31.52억이 증가했죠.

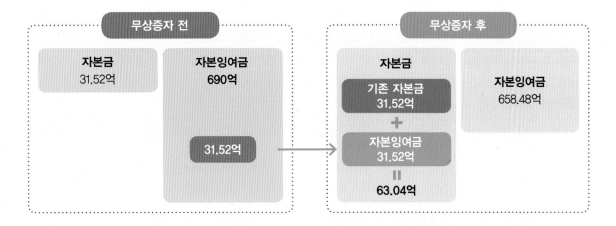

무상증자 결정 발표 후 원익머트리얼즈의 주가는 소폭 하락하는 모습을 보였습니다. 무상증자 발표에 대한 기대감으로 주가가 상승했지만, 공시로 무상증자 결정이 확인되자 이익을 실현하려고 매도했기 때문이죠. 신주 상장일인 2018년 10월 18일 이후에도 주가가 소폭 상승하기는 했지만, 결국엔 하락하였습니다.

▶ **원익머트리얼즈의 무상증자 사례**

2. 유상감자와 무상감자

증자에 대해 배웠으니, 이번에는 감자에 대해 알아보겠습니다. 감자는 증자의 반대 개념으로 자본금을 줄이는 방법입니다. 사업 내용의 축소 등 불필요해진 기업의 재산을 주주에게 환원하기 위해서 행해지는 유상감자와 회계상으로 자본금을 줄여 자본잠식을 해결하기 위한 무상감자로 나뉩니다.

유상감자는 기업의 규모보다 자본금이 지나치게 많다고 판단될 경우 자본금 규모를 적정하게 줄이는 방법입니다. 기업은 감자를 통해 자본금을 줄인 만큼 이에 대한 대가를 주주에게 지급하죠. 감자를 통해 기업가치를 향상하고, 투자자금의 회수도 가능하죠. 하지만 매각이나 합병을 쉽게 하기 위해 기업의 규모를 줄일 때도 유상감자가 활용됩니다.

기업의 적자가 계속될 경우 자본잠식이 발생할 수 있습니다. 이때 자본금 규모를 줄여 회계상 손실을 줄이는 것이 무상감자죠. 그래서 무상감자를 형식상 감자라고도 합니다. 자본금이 줄어드는 만큼의 감자차익이 발생하여 손실을 줄이게 됩니다. 그러면 재무구조가 개선되고, 주식 수가 줄어들어 주가 상승도 기대할 수 있게 되죠. 하지만 주주 입장에서는 아무런 보상도 받지 못하고 보유 주식 수가 줄어드는 것이기 때문에, 기업의 재무상태에 대한 불신으로 주가에 부정적인 경우가 많습니다.

자본잠식

기업이 적자가 계속되면서 보유하고 있는 자금이 계속 감소하여 자본금까지 바닥나는 상황입니다.

유상감자와 주가의 관계를 실제 사례를 통해 알아볼까요?

▶ **G사의 유상감자 사례**

회사명	G사
감자주식 수	13,043,478주
1주당 액면가	1,000원
감자 전 자본금	65,040,543,000원
감자 후 자본금	51,997,065,000원
감자 전 발행주식 수	63,737,067주
감자 후 발행주식 수	50,693,589주
감자비율	21.15%
유상소각대금(1주당)	2,300원
유상감자 결정일	2017년 06월 27일
신주 상장일	2018년 02월 20일

G사는 2017년 6월 27일 전체 발행주식의 21.15%를 1주당 2,300원에 소각하는 유상감자를 결정했습니다. 자본금을 적정수준으로 줄여 경영의 효율성을 높이겠다는 이유 때문이었죠. G사는 이미 2002년부터 7차례의 유상감자를 시행해 자본금을 4,000억원대에서 1,000억원대로 줄인 상태였습니다.

G사는 6월 27일 주식시장 종료 이후 매수가 2,300원의 유상감자 결정을 공시했기 때문에 다음날인 28일에는 주가가 상한가로 마감했습니다. 그다음 날도 급등하는

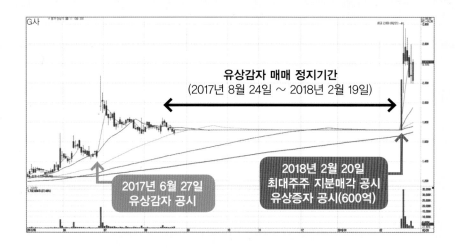

유상감자 매매 정지기간
(2017년 8월 24일 ~ 2018년 2월 19일)

2017년 6월 27일
유상감자 공시

2018년 2월 20일
최대주주 지분매각 공시
유상증자 공시(600억)

모습이었죠. 2018년 2월 20일 거래가 재개되는 날에는 최대주주가 지분을 전량 매각한다는 공시와 600억원 규모의 유상증자 소식에 상한가를 기록했습니다. 일반적으로 유상증자는 단기 주가에 부정적인 영향을 미치지만, 제3자 배정방식으로 인해 회사의 주인이 바뀐다는 기대감이 있었기 때문이죠.

G사는 그동안 꾸준한 유상감자를 통해 자본금을 4,000억원대에서 500억원대로 줄였고, 결국 회사를 매각했습니다. 유상감자를 회사의 자본금을 줄여 쉽게 매각하려는 용도로 사용한 것으로 보이는 부분입니다.

다음으로 가장 피해야 하는 무상감자 사례를 알아볼게요.

▶ 무상감자

회사명	G사
감자주식 수	52,662,165주
1주당 액면가	500원
감자 전 자본금	29,256,758,000원
감자 후 자본금	2,925,675,500원
감자 전 발행주식 수	58,513,516주
감자 후 발행주식 수	5,851,351주
감자비율	90%
소각대금(1주당)	없음
무상감자 결정일	2017년 03월 09일
신주 상장일	2017년 05월 16일

▶ 유상증자

회사명	G사
배정방식	제3자 배정 방식
신주 수량	804,362주
신주 발행가액	3,730원
증자금액	3,000,270,260원
유상증자결정	2017년 05월 10일
신주 상장일	2018년 05월 25일

G사는 2017년 3월 9일 90% 무상감자를 공시했습니다. 주식 10주가 1주가 된다는 뜻이죠. G사의 주식은 4월 27일부터 매매거래정지에 들어갔고, 5월 10일에 유상증자를 발표합니다. 무상감자를 통해 자본잠식을 해소하고, 유상증자를 통해 자본을 확충하는 전형적인 사례죠.

주가 움직임은 매우 처참했습니다. 이미 무상감자 발표 전에 급락했고, 유상증자 후에도 제대로 된 반등 없이 횡보하다 하락하는 모습이었죠.

자본잠식인 기업은 무상감자 이후 유상증자를 하는 경우가 많습니다. 손쉽게 재무건전성을 회복할 수 있기 때문이죠.

아래 그림처럼 자본금이 300억원인 회사가 결손금으로 인해 자본이 30억원이 되면 자본잠식 상태입니다. 하지만 1/10의 무상감자를 하게 되면 자본금 30억원만 남기고, 나머지 270억원은 자본잉여금으로 편입됩니다. 단지 회계상으로 이루어지는 일이죠. 실제 돈의 유출입은 없지만, 자본금이 30억으로 줄면서 자본잠식이 해소됩니다. 이런 상황에서 유상증자까지 하게 되면 자본이 60억원으로 손쉽게 재무개선이 가능하게 되죠. 영업손실이 크고 지속되는 기업들은 이런 경우가 많으니 투자 시 주의해야 합니다.

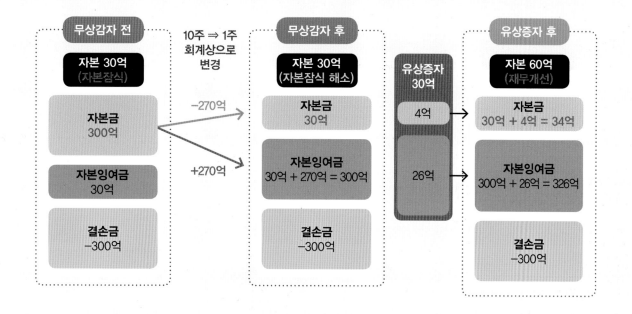

감자가 주가에 미치는 영향을 알아보겠습니다.

일반적으로 유상감자는 단기 주가에 긍정적입니다. 기업의 전체 주식 수가 감소하여 주식의 가치가 높아지기 때문이죠. 주주는 주식 감소 비율만큼 현금으로 돈을 받고, 기업은 자기자본 대비 매출액 증가로 재무지표도 좋아집니다. 하지만 기업의 자본금이 줄어드는 만큼 안정성 측면에서는 부정적입니다.

무상감자는 주가에 부정적입니다. 대부분 무상감자를 하는 기업들은 재무구조가 부실한 경우가 많기 때문이죠. 무상감자 이후에 주가가 강세를 보이더라도 투자를 하지 않는 것이 안전합니다.

▶ **증자와 감자의 단기 주가 영향**

	유상증자	무상증자	유상감자	무상감자
예상주가	단기 하락	단기 상승	단기 상승	하락!!!

지금까지 증자와 감자에 대해서 알아봤습니다. **무상감자를 한 기업은 가장 피해야 할 대상입니다. 하지만 유상증자와 무상증자, 유상감자를 단순히 호재와 악재로 구분하기는 힘듭니다.** 공시내용을 확인해서 증자 또는 감자의 비율, 시기, 금액 등을 파악해야 하죠. 또한, 주가의 흐름과 주식시장 상황을 분석해야 올바른 투자를 할 수 있습니다.

PART 05 에서는 …

지금까지 주식과 주식시장에 대해서 알아보았습니다. 자신의 투자성향에 대해서 알아보는 시간도 가졌죠. 그럼 이제 본격적으로 주식을 직접 매매해봐야겠죠? 주식을 매매하기 위해서는 증권계좌가 필요하고 주식매매 프로그램인 HTS를 사용하는 방법도 알아야 합니다. 본격적인 투자에 앞서 주식을 매매하는 방법에 대해 알아봅시다!

PART

05

주식은
어떻게 매매할까?

CHAPTER 01 증권사를 고르고 계좌를 개설해보자!

– 박네모, 김세모, 고수님이 입장하셨습니다. –

박네모

고수님! 이제는 진짜 주식을 매매할
준비가 다 된 것 같은데요.

김세모

빨리 매매하고 싶어서 몸이 근질근질해요...

고수

이제 슬슬 본격적으로 투자를 해볼 때가 됐네요!
증권사를 고르고 계좌부터 만들어봅시다!

1. 증권사를 선정하자!

주식투자를 하기 위해 첫 번째로 해야 할 일은 계좌를 개설하는 것입니다.
그렇다면 계좌를 개설하기 위해서 가장 먼저 해야 할 일은 무엇일까요?

먼저 증권사를 선택해야 합니다. 우리나라에는 굉장히 많은 증권사가
존재합니다. 키움증권, 미래에셋대우, KB증권, KTB투자증권 등이 있죠.
이렇게 많은 증권사 중 주거래를 진행할 증권사를 선택해야 하는데요,
아무래도 각 증권사별 수수료를 비교하여 선택하는 경우가 많습니다.

각 증권사별 수수료는 다음과 같습니다. 거래금액이 100만원일 때의
수수료이므로 확인하시고 증권사를 고르는 데 참고하시면 좋습니다.

수수료

증권사에서 주식을 매매하면 거래
에 대한 수수료가 발생합니다. 수
수료는 각 증권사마다 모두 다르고
매매 방법에 따라서도 다릅니다.

▶ 각 증권사별 수수료

2018년 12월 31일 기준(단위: 원)

은행개설계좌	증권사지점개설계좌				은행개설계좌			
	오프라인	온라인			오프라인	온라인		
		HTS	ARS	스마트폰		HTS	ARS	스마트폰
유진투자증권	5,000	2,500	2,000	1,500	5,000	150	2,000	150
SK증권	5,000	2,500	2,500	2,500	5,000	150	2,500	2,500
유안타증권	5,000	2,500	1,970	1,000	5,000	140	1,970	1,000
유화증권	4,490	790	2,490	–	4,490	790	2,490	–
미래에셋대우	4,900	1,400	1,400	1,400	4,900	140	140	140
골든브릿지투자증권	4,480	2,380	2,000	1,250	4,480	2,380	2,000	1,250
대신증권	4,972	2,372	1,973	1,973	4,972	110	1,973	110
교보증권	4,990	1,990	2,490	1,990	4,990	1,990	2,490	640
NH투자증권	4,970	2,440	2,470	2,470	4,970	140	2,470	140
한양증권	4,973	2,173	1,992	1,000	4,973	2,173	1,992	1,000
신영증권	4,492	992	2,492	992	4,492	992	2,492	141
메리츠종합금융증권	4,981	2,881	1,981	2,881	4,981	2,881	1,981	2,881
KB증권	–	2,573	9,865	1,973	–	150	1,500	1,200
한화투자증권	4,970	2,470	1,970	1,500	4,970	2,470	1,970	1,500
현대차증권	4,981	3,081	2,481	1,981	4,981	3,081	2,481	1,981
DB금융투자	4,992	1,992	1,992	1,992	4,992	232	1,992	232
하이투자증권	4,972	2,372	2,472	2,372	4,972	2,372	2,472	2,372
부국증권	4,500	1,000	2,000	1,000	4,500	1,000	2,000	1,000
한국투자증권	4,973	3,273	2,473	3,273	4,973	142	2,473	142
하나금융투자	4,970	2,970	2,970	2,970	4,970	140	140	140
리딩투자증권	5,000	240	1,400	–	5,000	240	1,400	–
키움증권	3,000	150	1,500	150	3,000	150	1,500	150
이베스트투자증권	4,800	150	1,000	150	3,000	150	1,000	150
도이치증권	4,000	–	–	–	–	–	–	–
코리아에셋투자증권	4,900	1,000	–	–	–	–	–	–
흥국증권	4,900	–	–	–	–	–	–	–
IBK투자증권	5,000	1,000	2,500	1,000	5,000	1,000	2,500	1,000
케이프투자증권	6,000	3,000	–	900	6,000	150	–	150
토러스투자증권	4,992	2,492	–	–	–	–	–	–
케이티비투자증권	4,990	150	–	150	–	–	–	–
바로투자증권	4,973	–	–	–	–	–	–	–
비엔케이투자증권	4,492	1,992	–	1,500	4,492	142	–	1,500

주식을 거래하면 수수료만 발생하는 것이 아니라 세금 또한 발생합니다. 주식 거래와 관련된 세금은 아래 표를 참고하시기 바랍니다.

▶ **주식거래 관련 세금**　　　　　　　　　　　　　　　　　　　　2018년 12월 기준

구분	내용	거래세율			
		상품	증권 거래세	농특세	계
증권 거래세	* 주식을 매도하였을 경우에 부과하는 세금 * 거래소, 코스닥시장을 통하여 주식매도 　시 거래금액의 0.3%를 징수 * 매매차익에 대해서는 별도의 세금이 　부과되지 않음	거래소 상장주식	매매대금 0.15%	매매대금의 0.15%	0.3%
		코스닥 상장주식	매매대금 0.3%	–	0.3%
배당 소득세	각종 배당금액의 15.4% (소득세 14% + 지방소득세 1.4%) – 소득세 14%, 지방소득세는 소득세액의 10%				
이자 소득세	각종 예수금, 채권 등에 대한 이자금액의 15.4% (소득세 14% + 지방소득세 1.4%) – 대주주, 법인, 비상장주식, 외국인, 비실명, 장기보유주식 등의 경우에는 별도 　적용되므로 거래지점에 문의				

증권사를 선정하는 데 있어 수수료만큼 중요한 것들이 있습니다. 고객센터 대응이 실시간으로 이루어지는지, HTS화면이 나의 눈에 적합하게 보여지는지 등의 요소들을 종합적으로 고려하여 나에게 맞는 증권사를 선정하는 것이 중요하죠.

여기서 주의해야할 점은 신용거래 이자율이 높은 증권사를 사용하는 것은 지양하는 것이 좋다는 점입니다. 신용거래는 반드시 피해야 하지만 어쩔 수 없이 하게 된다면 이자율이 높은 증권사를 이용하는 것은 매우 위험하죠. 각 증권사별 신용거래 이자율을 확인하고 높은 이자율을 책정한 증권사는 가급적 피하는 것이 좋습니다.

▶ 각 증권사별 신용거래 이자율

2018년 12월 기준(단위: %)

회사명	기간								연체 이자율
	1~15일	16~30일	31~60일	61~90일	91~120일	121~150일	151~180일	180일 초과	
케이프투자증권	8.5	8.5	8.5	8.5	8.5	8.5	8.5	8.5	12.0
한양증권	7.5	7.5	8.5	9.5	9.5	9.5	9.5	9.5	11.0
유진투자증권	7.5	8.0	9.0	9.5	11.0	11.0	11.0	11.0	12.0
SK증권	7.5	7.5	8.5	9.5	11.0	11.0	11.0	11.0	12.5
키움증권	7.5	9.0	9.0	9.0	9.5	9.5	9.5	9.5	9.7
메리츠종합금융증권	7.5	7.9	8.5	8.9	9.9	9.9	9.9	9.9	12.9
흥국증권	7.5	7.5	7.5	7.5	8.0	8.0	8.0	8.5	12.0
코리아에셋투자증권	7.4	7.9	8.4	8.9	–	–	–	–	12.0
한국투자증권	7.4	7.9	8.4	8.8	8.8	8.8	8.8	8.8	10.0
부국증권	7.0	8.0	9.0	9.0	9.5	9.5	–	–	9.9
IBK투자증권	7.0	8.0	8.5	9.0	9.5	9.5	9.5	9.5	9.9
토러스투자증권	7.0	7.0	8.0	9.0	12.0	12.0	–	–	13.0
비엔케이투자증권	7.0	7.0	8.0	9.0	10.0	10.0	10.0	10.0	10.0
삼성증권	7.0	7.5	7.9	8.6	9.3	9.3	9.3	9.3	9.0
골든브릿지투자증권	7.0	8.0	9.0	10.0	11.0	11.0	–	–	14.0
KB증권	6.5	7.0	7.5	8.0	8.7	8.7	8.7	8.7	9.9
한화투자증권	6.5	7.0	7.5	8.0	8.5	8.5	8.5	8.5	11.0
하나금융투자	6.5	6.5	7.0	7.0	7.5	7.5	7.5	7.5	10.0
하이투자증권	6.0	7.5	8.0	9.0	9.9	9.9	9.9	9.9	12.0
대신증권	6.0	6.5	7.0	7.5	8.0	8.0	8.0	8.0	9.5
미래에셋대우	6.0	6.3	6.6	6.9	7.2	7.2	7.2	7.2	9.9
유화증권	6.0	6.0	6.5	6.5	7.0	7.0	–	–	14.0
DB금융투자	5.9	6.9	7.9	8.9	9.9	11.0	11.0	–	14.0
교보증권	5.9	6.9	7.9	8.9	9.9	9.9	9.9	10.9	12.0
NH투자증권	5.9	7.2	8.2	8.4	8.4	8.4	8.4	8.4	11.0
현대차증권	5.5	6.0	8.0	8.0	9.0	9.0	9.0	11.0	14.0
이베스트투자증권	4.5	9.5	10.5	11.5	11.5	11.5	11.5	11.5	12.0
신한금융투자	4.4	6.5	7.5	8.0	8.0	8.0	8.0	8.0	9.5

2. 증권계좌! 직접 함께 만들어 봅시다!

나에게 맞는 증권사를 선정했다면, 해당 증권사에서 증권계좌를 개설해야겠죠? 계좌를 개설하는 방법에는 크게 두 가지가 있습니다. 은행이나 증권사에 직접 방문하여 개설하거나, 비대면 계좌개설을 이용하는 방법이 있죠.

본 책에서는 비대면 계좌개설을 이용한 방법을 소개해드리겠습니다. **비대면 계좌개설이 다른 방법에 비해 장점이 많기 때문이죠.** 간단하게 집이나 직장에서 계좌를 개설할 수 있기 때문에 굳이 오프라인 영업점을 방문하지 않아도 된다는 점이 가장 큰 장점입니다.

비대면 계좌개설을 위해서는 스마트폰, 신분증, 공인인증서가 필요합니다.

이 세 가지가 준비되었다면 스마트폰의 앱스토어나 구글플레이에서 계좌개설 어플을 다운로드 받아 실행합니다. '증권계좌'라는 단어로 검색하면 여러 증권사의 어플이 검색되니 참고해주세요.

비대면 계좌개설은 우측의 QR코드를 통해 영상을 확인하여 쉽게 따라하실 수 있습니다.

CHAPTER 02

HTS와 MTS에 대해서 알아보자!

#HTS
#MTS

– 박네모, 김세모, 고수님이 입장하셨습니다. –

박네모

주식을 매매하려면 컴퓨터에 HTS를 설치해야
한다던데... 설치만 하면 되는 건가요?

김세모

저는 컴퓨터 말고 스마트폰으로
매매를 하고 싶어요! 가능한가요?

고수

컴퓨터나 스마트폰으로 둘 다 주식을 매매할 수
있습니다! 이용하는 방법을 알려드릴게요!

1. 주식을 거래하는 방법을 알아봅시다

주식을 거래하는 방법은 다양합니다. 증권사를 직접 방문하여 매매하거나
ARS, HTS, MTS를 이용하는 방법이 있죠. 과거에 HTS나 MTS가 보편화되기
전까지는 주로 증권사에 직접 방문하거나 ARS를 이용한 방법을 사용했지만
요즘에는 대부분의 투자자가 HTS, MTS를 이용하여 매매합니다. 편리할 뿐만
아니라 급변하는 주가 움직임에 신속한 대응이 가능하기 때문이죠.

각 방법마다 매매수수료도 모두 다릅니다.

키움증권을 기준으로 말씀드리면 오프라인 매매수수료는 0.3%, ARS 매매
수수료는 0.15%, HTS와 MTS를 이용한 매매수수료는 0.015%입니다. 이처럼
매매수수료 측면에서도 HTS나 MTS를 이용한 매매가 훨씬 유리하기 때문에
대부분 이 방법을 선호하죠.

PART 5. 주식은 어떻게 매매할까?   **105**

2. HTS, MTS는 무엇일까?

주식을 매매하는 데 필요한 HTS와 MTS가 무엇인지 알아볼까요?

HTS는 Home Trading System의 줄임말로 투자자가 PC를 이용하여 주식을 거래할 수 있도록 제작된 소프트웨어입니다. HTS의 등장으로 투자자는 주식을 거래하기 위해 직접 증권사 객장에 나가거나 전화 주문을 내지 않아도 되게 됐죠.

MTS는 Mobile Trading System의 줄임말로 스마트폰을 통해 주식을 거래할 수 있도록 제작된 어플입니다. 투자자들은 MTS를 이용해 장소에 구애받지 않고 언제 어디서나 주식을 거래할 수 있게 되었습니다.

HTS, MTS 설치부터 매수, 매도와 관련된 내용을 우측의 QR코드를 통해 영상을 확인하여 쉽게 따라하실 수 있습니다.

유튜브 연결하기

⭐ HTS, MTS
관련 영상 확인!

HTS·MTS
설치부터
매수/매도까지

QR코드로
영상 보는 법
p.10을 참고!

3. HTS와 MTS 살펴보기!

먼저 HTS에 대해서 간단히 살펴보도록 하겠습니다. 이 책에서는 키움증권 HTS와 MTS를 이용한 거래방법을 다룰 예정이니 다른 증권사 HTS나 MTS 어플을 이용하시는 분들은 참고만 해주세요.

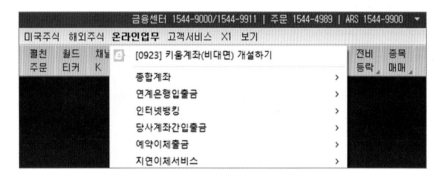

우선 HTS 상단의 메뉴 중 '온라인업무'에서 입출금관련 메뉴를 통해 거래할 금액을 증권계좌에 입금해야 합니다.

그 후에는 HTS를 사용하는 데 편리하도록 필요한 메뉴들을 HTS화면에 배치해야 합니다. 가장 필요한 메뉴를 우선 배치해 보겠습니다.

① 현재가

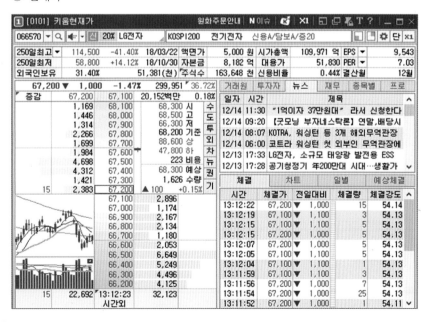

먼저 현재가 창을 띄워놓아야 합니다. 현재가 창에서는 해당 종목이 얼마에 거래되고 있는지, 호가가 어떻게 움직이는지에 대한 확인이 가능하죠. HTS 화면 좌측 상단의 검색 창에 원하는 창을 검색하면 됩니다.

② 차트

다음에는 차트 확인을 위해 차트 창을 띄워놓아야 합니다. 기본 차트를 먼저 띄우고, 좀 더 공부를 한 후 이동평균선과 같은 지표를 설정하는 것이 필요하죠.

③ 관심종목

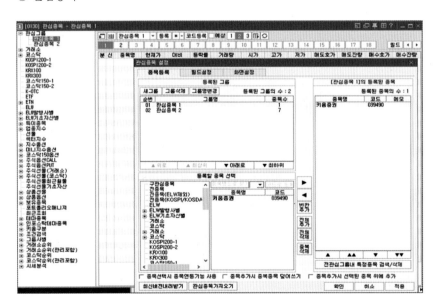

그 후에는 관심종목 창을 띄워 놓는 게 좋습니다. 평소 자기가 관심 있는 종목을 추가하고 수시로 확인하여 매매 타이밍을 잡아야 하기 때문이죠.

그럼 관심주를 등록하는 방법을 알아보겠습니다. 먼저 화면 좌측 상단의 검색 창에 '관심종목'을 검색하여 창을 띄웁니다. 관심종목 메뉴에서 '등록' 버튼을 누르면 관심종목 설정 창이 나옵니다. 화면 중간 부분에 종목을 검색할 수 있는 검색 창이 있고, 검색 창에서 주식명을 입력한 후 검색 창 우측의 '▶'버튼을 누르면 우측에 종목명이 담기는 것을 볼 수 있습니다. 그 후에 확인을 누르면 관심종목이 설정됩니다.

고수의 꿀팁!

고수의 관심종목 창 설정 방법

관심종목 창은 나의 스타일대로 변경 가능합니다. 투자의 고수는 관심종목 창을 어떻게 설정하고 사용할까요? 고수는 관심종목 창의 필드 값을 다음과 같이 변경해서 사용하죠.

분	신	종목명	현재가	N일봉H	등락률	거래량	체결량	메모
					철도			
실		푸른기술	20,150	┼	0.75	218,971	1	

[종목명]과 [현재가]는 당연히 포함되어야 하고 그 다음에 [L일봉H]가 나오면 좋습니다. [L일봉H]가 나오면 굳이 차트를 확인하지 않아도 그날의 일봉을 한 번에 확인할 수 있죠. 그 다음 전날 대비 주가가 몇% 변동했는지를 확인하기 위해 [등락률]을 띄워 놓습니다. 매매 시 필수 확인사항인 [거래량]과 [체결량]을 그 다음에 설정하죠. 투자를 본격적으로 하다 보면 관심종목 개수가 늘어납니다. 이때 각 종목에 [메모]를 해놓으면 각 종목을 관심종목에 설정한 이유를 한 번에 기억할 수 있죠.

그럼 필드 값을 위와 같이 설정하려면 어떻게 해야 할까요?

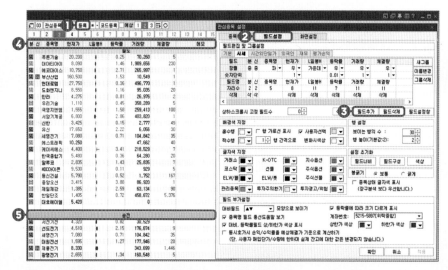

① 먼저 [등록]버튼을 누르면 관심종목 설정 창이 열립니다.
② 관심종목 설정 창에서 '필드설정' 메뉴를 누릅니다.
③ 필드추가와 필드삭제를 통해 원하는 필드를 설정합니다.
④ 이렇게 하면 관심종목 창에서 각 종목별로 원하는 필드 값을 한 눈에 볼 수 있습니다.
⑤ 하나의 관심종목 창 안에서 종목을 그룹별로 나눌 수도 있습니다. 만약 위 그림에서 대호에이엘까지는 '철도'로 구분하고, 서전기전부터 '송전'으로 구분하고 싶다면, 서전기전 종목에서 마우스 우클릭 후 '빈칸추가'를 누릅니다. 이렇게 한 후 빈칸이 생기면 해당 빈칸에서 마우스 우클릭 후 '빈칸메모 입력'을 누르고 텍스트를 입력하면 됩니다.

다음으로 MTS에 대해서 간단하게 살펴보겠습니다. HTS와 마찬가지로 키움증권 MTS어플인 영웅문s를 기준으로 설명해드리겠습니다.

먼저 MTS 화면 왼쪽 하단의 '주식' 버튼을 터치합니다.

좌측 메뉴에서 '업무' 버튼을 터치하면 입출금 관련 메뉴를 통해 보유하신 증권계좌로 주식 거래에 사용할 금액을 입금할 수 있습니다.

입금이 완료되면 메인 화면에서 하단의 '주문' 버튼을 터치합니다. 원하는 수량과 가격을 입력한 후 매수/매도하면 거래가 완료됩니다.

MTS는 HTS에서 제공하는 기능을 모두 제공하지는 않습니다. 비교적 간단한 기능만 제공하는 것을 유의해야 하죠. MTS는 HTS에서 제공하는 전문적인 기능을 활용할 수 없다는 단점이 있지만, 언제 어디서나 실시간으로 거래가 가능하다는 점에서 매우 유용합니다.

CHAPTER 03 커피값으로 주식 직접 매수, 매도해보기

– 박네모, 김세모, 고수님이 입장하셨습니다. –

박네모

주식을 사려면 얼마만큼의 자금이 필요한가요?

김세모

백만원 정도는 있어야 하지 않나요?

박네모

주식을 사고 파는 방법이 궁금해요.

고수

주식은 커피값만 있어도 살 수 있습니다.

주식을 사고, 파는 방법을 알려드릴게요!

1. 커피값으로 직접 매매해보자!

주식계좌도 은행계좌와 똑같습니다. 입출금이 가능하고, 이자도 받을 수 있죠. 단지 주식계좌는 주식을 사고팔 수 있다는 차이만 있습니다. 은행계좌에 돈을 입금하고 체크카드로 물건을 사듯이 주식도 주식계좌에 돈을 입금해야 살 수 있죠. 입금액엔 제한이 없습니다. 만원만 입금해도 주식을 살 수 있죠.

은행 인터넷뱅킹으로 주식계좌에 돈을 입금할 때는 입금은행을 증권회사로 선택하고 주식계좌번호를 입력하여 이체할 수 있습니다.

▶ **은행 인터넷뱅킹 시 은행선택 예시**

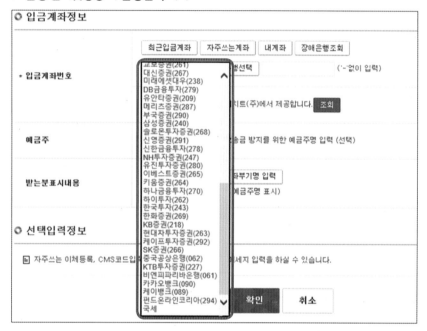

HTS에서도 은행계좌와 주식계좌 간 입금과 출금을 할 수 있습니다.

▶ **HTS 홈 ▶ ① 온라인업무 ▶ ② 연계은행입출금 ▶ ③ 연계은행입출금(TR-0801) ▶**
④ 이체금액확인

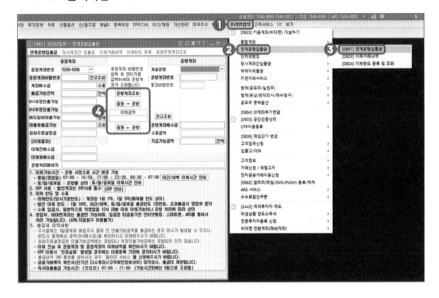

이제 주식 사는 법을 알려드릴게요. 주식시장은 말 그대로 시장입니다. 시장에서 물건을 사려면 파는 사람과 가격을 흥정한 뒤 서로 만족하는 가격일 때 거래가 이루어지죠. 주식도 마찬가지입니다. 사고 싶은 종목이 있으면 주식시장에 사고 싶은 가격을 알리고, 그 가격에 팔려는 사람이 있어야 거래가 이루어집니다.

주식시장에 사고 싶은 가격을 알리는 것을 매수 주문이라 하고, 팔고 싶은 가격을 알리는 것을 매도 주문이라고 하죠. 매수 주문과 매도 주문의 가격이 같으면 거래가 이루어지고, 이것을 주문체결이라 합니다.

매수 주문방법은 아주 쉽습니다. HTS나 MTS 메뉴에서 주식 주문 메뉴를 열면 여러 가지 주문 창들이 나오죠. 하지만 기본적인 구성은 비슷해서 하나의 사용법만 알면 주문에 큰 무리가 없습니다.

▶ HTS 홈 ▶ ① 주식주문 ▶ ② 키움주문(5단)[TR-0302] ▶ ③ 계좌번호 확인, 비밀번호입력

[0302] 키움주문(5단)

TR-0302 주문 창은 매수, 매도, 정정/취소 주문이 가능합니다.
④ 매수 주문화면
⑤ 매도 주문화면
⑥ 정정/취소 주문화면
⑦ 주문확인화면(주문내역, 체결내역 등 주문정보 확인)

HTS 홈 메뉴에서 ① 주식주문 ② [0302]키움주문(5단) 클릭하면 주문 창이 나옵니다. 주문 창에서 ③ 주문을 내려는 주식계좌번호가 맞는지 확인하고, 주식계좌 비밀번호 숫자 4자리를 입력하면 주문 준비가 끝납니다.

그럼 본격적으로 주식 매수 주문방법을 알아보도록 하겠습니다.

▶ 키움주문(5단)[TR-0302]▶ 매수 주문방법

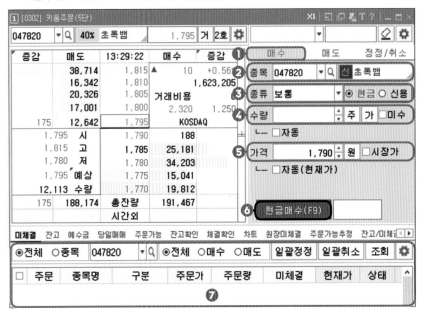

① 주식 주문화면에서 가장 먼저 확인할 것은 매수 주문과 매도 주문 여부입니다. 고수들도 매수와 매도 주문을 반대로 내는 경우가 있죠. 그래서 주문을 내기 전에 매수와 매도 여부를 꼭 확인하는 습관이 필요합니다.

② 종목란에 매수하려고 하는 종목 이름을 입력합니다. 모든 종목은 종목코드라는 고유의 6자리 번호가 있습니다. 비슷한 이름을 가진 종목이 있기 때문에 주문 실수를 하지 않으려면 종목코드를 알아두는 게 좋죠.

③ 종류란은 주문방법을 선택하는 메뉴로 보통을 선택하면 됩니다. **종류란에서 반드시 확인해야 하는 것은 현금에 체크되어 있는지 신용에 체크되어 있는지 여부입니다.** 현금에 체크되어 있으면 내 돈으로 주식을 사겠다는 의미지만, 신용에 체크되어 있으면 대출을 받아 주식을 사겠다는 의미기 때문이죠.

④ 수량란에는 매수하고 싶은 만큼의 주식 개수를 입력합니다. 보통 사려고 하는 주식의 개수를 '주'로 말합니다. 주식을 1개만 산다면 1주, 주식을 10개 산다면 10주라고 하죠. 수량은 매수하고 싶은 만큼 입력하면 됩니다. 수량란 밑에 자동이 체크되어 있으면 매수 가능한 수량이 자동 입력됩니다.

수량란에서는 미수 체크 여부를 꼭 확인해야 합니다. 미수가 체크되어 있으면 본인이 가지고 있는 돈을 초과해서 수량이 입력되기 때문이죠. 처음 화면을 열면 미수가 체크되어 있으므로 체크를 꼭 해제해야 합니다. **처음 주문을 낼 때 가장 많이 하는 실수가 미수 체크입니다.**

⑤ 가격란에는 매수하고 싶은 가격을 입력합니다. 현재 주식의 가격을 입력해도 되고, 더 낮거나 높은 가격을 입력해도 되죠. 시장가는 주문한 수량을 무조건 시장가에 체결시키는 주문입니다. 가격 밑에 자동을 체크하면 지정가 주문을 낼 때 현재가로 가격이 자동 입력됩니다.

⑥ **마지막으로 현금매수 버튼을 누르면 주식매수 주문이 주식시장에 접수됩니다.** 접수한 매수 주문의 가격과 수량에 해당하는 매도 주문이 주식시장에 있다면 주문이 체결됩니다.

⑦ 주문 확인란에서는 주문내역을 확인할 수 있습니다. 체결된 주문은 잔고 화면에 표시되고, 체결되지 않은 주문은 미체결화면에 표시되죠. **잔고화면에 종목명과 수량이 표시되면 주식이 매수된 것입니다.**

다음으로 주식을 매도하는 방법을 알아보도록 하겠습니다.

▶ 키움주문(5단)[TR-0302]▶매도 주문방법

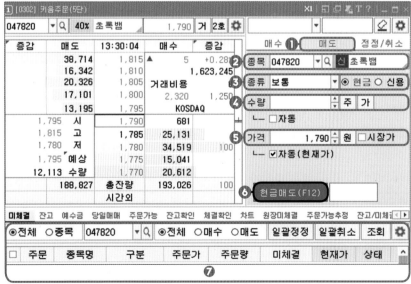

① TR-0302 주문 창에서 매도를 클릭하면 주식 매도 주문 창으로 전환됩니다. 참고로 주문 확인란의 잔고화면에서 매수한 종목을 더블클릭하면 주식 매도 주문 창으로 전환됩니다. 이때 보유하고 있는 수량 전부가 ④에 자동입력되니 주의해야 하죠.

② 종목란에서 매도하려는 종목명을 확인합니다.

③ 종류란은 주문방법을 선택하는 메뉴로 보통을 선택하면 됩니다. **종류란에서는 매수한 수량을 현금으로 매도할지, 신용으로 매도할지 선택할 수 있습니다.**

④ 수량란에는 매도하려는 주식의 수를 입력할 수 있습니다. 10주를 보유하고 있다면 1주만 매도 주문을 낼 수도 있고, 10주 모두 매도 주문을 낼 수도 있죠. 일반적으로 보유하고 있는 주식을 한 번에 매도하는 것보다 나눠서 매도하는 것이 수익면에서 유리합니다. 수량란 아래의 자동을 체크하면 보유하고 있는 수량 모두가 자동입력됩니다.

⑤ 가격란은 매도하려는 주식의 현재 가격으로 입력할 수도 있고, 더 높거나 낮게 입력할 수도 있습니다. 가격란 아래의 자동을 체크하면 종목의 현재가가 자동으로 입력됩니다.

⑥ 마지막으로 현금매도 버튼을 누르면 주식매도 주문이 주식시장에 접수됩니다. 주식시장에 접수한 매도 주문의 가격과 수량에 해당하는 매수 주문이 있다면 주문이 체결됩니다.

⑦ 매도 주문이 체결되지 않으면 잔고화면에 종목과 수량이 그대로 남아 있고, 미체결화면에 표시됩니다. 체결된 주문은 잔고화면에서 사라지죠. **잔고화면에서 종목명이 사라지면 주식이 모두 매도된 것입니다.**

마지막으로 정정/취소 주문방법을 알아보도록 하겠습니다. 매수 주문이나 매도 주문이 체결되지 않았다면 이미 접수한 주문을 정정하거나 취소할 수 있습니다. 정정이나 취소도 주식시장에 접수해야 하므로 정정 주문, 취소 주문이라고 합니다.

▶ **키움주문(5단)[TR-0302]▶정정/취소 주문방법**

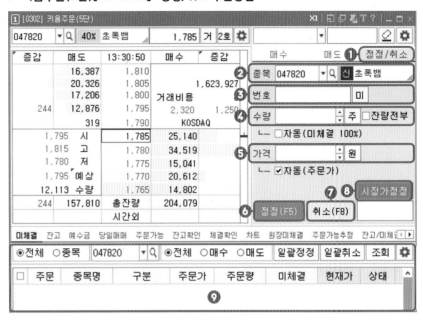

① TR-0302 주문 창에서 정정/취소를 클릭하면 주문 정정/취소 창으로 전환됩니다. 주문을 정정하거나 취소하는 중간 과정은 같고, 마지막에 ⑥ 정정이나 ⑦ 취소 실행 버튼으로 주문형태가 결정됩니다. 참고로 주문확인란의 미체결화면에서 체결되지 않은 주문을 더블클릭하면 정정/취소 주문 창으로 전환됩니다. 이때 ② 종목과 ③ 번호, ④ 수량은 자동으로 입력됩니다.

② 종목란에는 정정/취소할 주문의 종목명을 입력합니다.

③ 번호란에는 정정/취소할 주문번호를 입력합니다. 주식시장에 접수되는 모든 주문은 고유의 주문번호를 부여받습니다. ⑨ 주문번호는 주문확인란의 미체결화면에서 확인 가능합니다.

④ 수량란에서는 주문한 수량 전부를 정정/취소할 수도 있고, 일부만 정정/취소할 수도 있습니다. 잔량전부를 체크하면 기존 주문의 수량이 모두 선택되고, 일부만 정정/취소하려면 잔량전부를 체크하지 않은 상태에서 원하는 수량만큼 입력하면 되죠.

⑤ 가격란에는 원하는 정정 가격을 입력하면 됩니다. 가격 아래 자동을 선택하면 현재가로 정정할 수 있습니다. 취소 주문은 가격이 필요없기 때문에 입력하지 않아도 되죠.

⑧ 시장가정정 버튼을 누르면 가격란에 가격을 입력하지 않아도 시장가로 정정 주문이 체결됩니다.

⑥ 정정 버튼을 누르면 기존 주문이 정정되고, ⑦ 취소 버튼을 누르면 기존 주문이 취소됩니다.

▶ HTS 홈▶① 주식주문▶② STOP/감시주문▶③ 주식StopLoss[TR-0621]

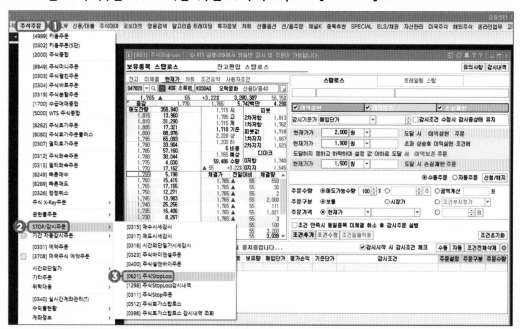

시시각각 변하는 주가를 계속 보고 있을 수 없다면, 주식StopLoss 주문을 활용하면 됩니다. 이익실현, 이익보존, 손실제한을 사용하면 주가가 원하는 조건을 만족할 때 자동으로 주문이 실행되도록 설정할 수 있습니다.

2. 매매 규칙을 지키자

주식시장에는 시장참여자가 지켜야 하는 규칙이 있습니다. 많은 투자자가 참여하기 때문에 거래를 위한 최소한의 규칙이 필요하죠.

주식시장의 첫 번째 규칙은 주문 체결순서와 관련된 것입니다. 주식시장에 접수된 주문은 가격우선, 시간우선, 수량우선 순서로 체결됩니다.

가격우선
• 매수 ▶ 가장 높은 가격
• 매도 ▶ 가장 낮은 가격

시간우선
• 먼저 접수된 주문 먼저 체결

수량우선
• 같은 가격의 주문이 같은 시간에 접수될 경우 더 많은 수량을 접수한 주문 먼저 체결

주식시장의 두 번째 규칙은 거래 시간과 관련된 것입니다. 거래 시간은 주문을 접수받는 호가접수시간과 실제로 주문이 체결되는 매매거래시간으로 나뉩니다.

▶ **주식시장 거래 시간**   2018년 12월 기준

구분		매매거래시간	호가접수시간
정규시장		09:00~15:30	08:00~15:30
시간외시장	장 개시전(전일종가)	07:30~08:30	07:30~08:30
	장 종료후(당일종가)	15:40~16:00	15:30~16:00
	장 종료후(단일가)	16:00~18:00	16:00~18:00

정규시장은 오전 9시부터 오후 3시 30분까지 열립니다. 호가접수시간인 오전 8시부터 주문 접수는 가능하지만, 주문 체결은 오전 9시 이후부터 되죠. 이처럼 주문만 받고 체결은 되지 않는 시간을 동시호가 시간이라고 합니다. 정규시장의 동시호가 시간은 장 시작 전과 장 마감 시 두 번 있습니다. 장 시작 전 동시호가 시간은 그날 시작하는 주가를 결정하고, 정규시장이 마감되기 10분 전인 오후 3시 20분부터는 장 마감 전 동시호가 시간으로 그날 마감하는 주가를 결정합니다.

정규시장의 거래 시간 이외에 주식이 거래되는 시장을 시간외시장이라고 합니다. 시간외시장은 장 개시 전과 장 종료 후로 나뉘고, 장 종료 후 시장은 다시 당일 종가 시장과 단일가 시장으로 나뉩니다.

장 개시 전 시간외시장은 오전 7시 30분부터 오전 8시 30분까지 1시간 동안 열립니다. 이 시간에는 거래가격이 전일 종가로 정해져 있고, 수량만 원하는 대로 주문이 가능합니다.

장 종료 후 종가 시장은 오후 3시 30분부터 오후 4시까지 30분간 열립니다. 이 시간에도 거래가격이 당일 종가로 정해져 있고, 수량만 원하는 대로 주문이 가능합니다.

장 종료 후 단일가 시장은 오후 4시부터 오후 6시까지 2시간 동안 열립니다. 이 시간에는 가격과 수량은 원하는 대로 주문할 수 있지만, 10분 간격으로 주문이 체결됩니다.

고수의 꿀팁!

고수들의 주문시간

AM 8:00
> 미국 시장 및 전일 뉴스 정리, 장 시작 준비

AM 8:55
> **동시호가 점검**(진짜 예상가는 이 시간에 형성됨)

AM 9:00
> **실제 매매 시간**(진짜 주식이 움직이는 시간)
> 메이저세력(외국인, 기관)들은 이미 당일 시장에 대한 거래
> 계획이 있기 때문에 이 시간에 하루의 시장 움직임이 결정됨

AM 10:30
> 휴식시간 ~

PM 14:00
> **실제 매매 시간**(실제 주식이 움직이는 시간)
> 메이저세력들이 하루를 마감하는 매매를 하는 시간
> 당일 거래를 마무리하고 내일 거래를 준비

PM 15:30
> 선물 마감 상황을 체크

PM 15:45
> 시장 정리 및 내일 시장 준비

HTS나 MTS에서도 기업을 검색하면 재무제표를 확인할 수 있습니다. 또한, 재무비율, 투자지표, 업종분석 등 기본적 분석과 관련된 다양한 정보를 손쉽게 확인할 수 있죠. 재무제표를 보려고 직접 기업 홈페이지를 들어가거나, 전자공시시스템(http://dart. fss.or.kr)을 활용하는 것보다 빠르고, 편리합니다.

주식시장의 세 번째 규칙은 주문가격과 관련된 것입니다. 주문가격은 호가라고 하죠. 매수 주문의 가격을 매수호가라 하고 매도 주문의 가격을 매도호가라고 합니다.

▶ **호가단위**   2018년 12월 기준

기준가	호가단위	
	코스피	코스닥
1,000원 미만	1원	
1,000원 이상 ~ 5,000원 미만	5원	
5,000원 이상 ~ 1만원 미만	10원	
1만원 이상 ~ 5만원 미만	50원	
5만원 이상 ~ 10만원 미만	100원	100원
10만원 이상 ~ 50만원 미만	500원	
50만원 이상	1,000원	

주가가 1,000원 미만이면 호가단위가 1원이라 999원, 532원 등으로 주문 가격을 접수할 수 있지만, 1,000원 이상 5,000원 미만이 되면 호가단위가 5원이므로 1,001원, 4,994원 등으로 주문 가격을 접수할 수 없습니다. 일정한 호가단위가 없으면 너무 다양한 가격의 주문이 접수되어 체결비용이 많이 들게 됩니다.

주식시장의 네 번째 규칙은 주문방법과 관련된 것입니다. 주문방법에는 보통, 시장가, 조건부지정가, 최유리지정가, 최우선지정가, 조건부여 주문이 있죠. 주문 창에서 종류란을 클릭하면 주문방법을 변경할 수 있습니다.

▶ **주문방법 변경 예시**

일반적으로 사용하는 보통 주문은 **가격을 지정하여 주문을 접수하는 지정가 주문을 말합니다.** 주문가격을 주가보다 높게 지정할 수도 있고, 낮게 지정할 수도 있죠. 매수 주문은 주가가 지정가 이하일 때 체결되고, 매도 주문은 주가가 지정가 이상일 때 체결됩니다. 예를 들어 주가가 1만원일 때 매수 주문을 10,100원으로 지정하여 접수하면 바로 체결이 되겠지만, 9,900원으로 지정하여 접수하면 주가가 9,900원 이하로 떨어져야 체결이 됩니다. 반대로 주가가 1만원일 때 매도 주문을 9,900원으로 지정하여 접수하면 바로 체결이 되겠지만, 10,100원으로 지정하여 접수하면 주가가 10,100원 이상으로 올라야 체결이 되죠.

시장가 주문은 주문가격을 지정하지 않고 수량만 지정하는 방법입니다. 가격에 상관없이 원하는 수량을 매수하거나 매도할 때 사용하죠. 원하는 수량을 전량 체결하기 때문에 매도물량이나 매수물량이 부족하면 체결가가 예상보다 높거나 낮게 되는 위험이 있습니다.

▶ **호가 창 예시**

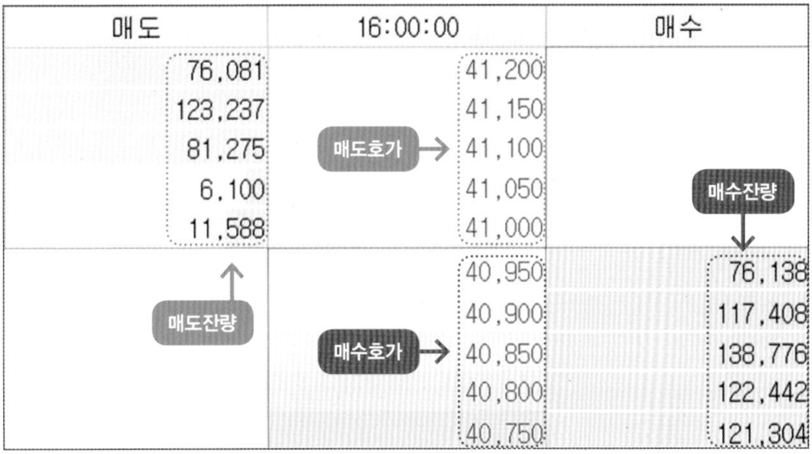

매도	16:00:00	매수
76,081	41,200	
123,237	41,150	
81,275	매도호가 → 41,100	
6,100	41,050	매수잔량
11,588	41,000	
	40,950	76,138
	40,900	117,408
매도잔량	매수호가 → 40,850	138,776
	40,800	122,442
	40,750	121,304

위의 그림은 호가 창입니다. **일반적으로 매수와 매도 호가는 가운데 두고 매수 잔량은 오른편에 매도잔량은 왼쪽에 있습니다. 호가 옆에 있는 숫자가 그 호가에 주문을 낸 수량을 말하죠.** 위 그림에서 40,950원에 매수하려고 주문을 넣은 수량은 총 76,138주입니다. 41,000원의 매도호가에는 11,588주의 매도잔량이 있는 거죠.

만약 지정가로 2만주를 41,000원에 매수 주문 접수하면, 현재 41,000원에 11,588주의 매도잔량이 있으므로 11,588주는 매수 체결이 되지만 나머지 8,412주는 체결되지 않습니다. 반면 시장가로 2만주를 매수 주문 접수하면, 41,000원에 접수된 11,588주뿐만 아니라 41,050원에 접수된 6,100주까지 모두 체결되고 아직 2만주에서 모자란 2,312주는 41,100원에 있는 매도잔량에서 체결됩니다. 즉, 시장가로 매수하면 가격에 상관없이 주문 접수된 수량이 모두 채워질 때까지 체결되는 것이죠.

일반적으로 지정가 주문 방법이 많이 사용되고, 급하게 매매해야 할 때 시장가 주문방법을 사용합니다. 이외에 조건부지정가, 최유리지정가, 최우선지정가 방법이 있지만, 실제 투자에서 잘 사용하지는 않습니다.

조건부지정가

정규매매 시간에는 지정가 주문과 같지만, 주문이 체결되지 않는 경우 장 마감 10분 전인 장 마감 전 동시호가 시간에 시장가 주문으로 변경됩니다.

최유리지정가

수량만 변경할 수 있고, 매수는 현재 가장 낮은 매도호가로 매도는 현재 가장 높은 매수호가로 주문가격이 정해집니다.

최우선지정가

수량만 변경할 수 있고, 매수는 현재 가장 높은 매수호가보다 한 호가 높게, 매도는 현재 가장 높은 매도호가보다 한 호가 낮게 주문가격이 정해집니다.

고수의 꿀팁!

▶ **호가 창 예시**

매도 잔반이 적음 = 주가 하락

증감	매도	11:05:21	매수	증감
4,280		1,840		
6,483		1,835		
7,442		1,830		매수잔량
4,655		1,825		
8,822		1,820		
		1,815	5,970	2
		1,810	26,095	
매도잔량		1,805	14,035	
		1,800	22,417	
		1,795	28,821	
88,252		총잔량	193,564	2
		시간외	34,853	17,439

증감	매도	11:05:55	매수	증감
	2,714	35,200		
	12,601	35,150		
	11,773	35,100		매수잔량
	4,195	35,050		
3	6,397	35,000		
		34,950	752	
		34,900	192	
매도잔량		34,850	76	
		34,800	1,705	8
		34,750	318	
3	65,252	총잔량	4,751	8
		시간외		

매수 잔반이 적음 = 주가 상승

매도잔량과 매수잔량을 보고 주가의 상승과 하락을 예측할 수 있습니다. 매수잔량이 많으면 주가가 하락할 가능성이 크고, 매도잔량이 많으면 주가가 상승할 가능성이 크죠. 잔량은 잔반이라고 생각하면 쉽습니다. 맛있는 음식은 남김없이 싹 먹기 때문에 잔반이 없지만, 맛없는 음식은 잔반이 많이 남죠. 이처럼 주가가 상승하는 경우에는 매수하려는 사람이 많으므로 매수 잔반이 적고, 주가가 하락할 때는 매도하려는 사람이 많으므로 매도 잔반이 적습니다.

3. 내 사전에 미수매매, 신용매매는 없다!!

부동산 갭투자를 아시나요? 갭투자에서는 집값이 1억원이라면 내 돈 3천만원에 은행 돈 7천만원을 빌려서 매수합니다. 만약 집값이 1억 3천만원으로 올라서 판다면 3천만원의 수익이 발생하지만, 집값이 7천만원으로 떨어져서 판다면 3천만원의 손실이 발생하죠. 집값이 오르면 큰 이익을 보지만, 집값이 떨어지면 큰 손실을 보게 됩니다. 이처럼 타인의 돈을 빌려서 하는 투자를 레버리지(Leverage) 투자라고 합니다.

주식시장도 레버리지 투자가 가능합니다. 은행에서 집을 담보로 돈을 빌려주듯 주식시장에서는 증권사가 주식을 담보로 돈을 빌려줍니다. **대표적인 레버리지 투자방법에는 미수매매와 신용매매가 있습니다.**

▶ **레버리지 투자 예시**

미수매매는 증거금에 기반을 둡니다. 은행에서 집을 담보로 돈을 빌려줄 때 집의 형태나 위치에 따라 돈을 빌려주는 비율이 다릅니다. 같은 가격의 집이라도 집값의 80%까지 대출을 해주는 경우가 있고, 50%만 대출해 주는 경우가 있죠. 주식도 마찬가지입니다. 종목마다 돈을 빌려주는 비율이 다릅니다. 삼성전자, POSCO같은 대형주들은 많은 돈을 빌려주지만, 부실한 기업은 돈을 빌려주지 않는 경우도 있죠. 이렇게 **주식마다 돈을 빌려주는 비율을 증거금율이라고 합니다.** 증거금율이 20%이면 주식을 매수할 때 자기 돈 20%만 있으면 80%는 증권사가 빌려주겠다는 뜻입니다. 증거금율이 100%면 자기 돈이 100% 있어야 주식 매수가 가능하고 증권사에서는 돈을 빌려주지 않는다는 뜻이죠.

미수매매가 위험한 점은 증권사에서 돈을 3일만 빌려준다는 것입니다. 주식은 매수한 날을 포함해서 3일 뒤에 결제가 됩니다. 홈쇼핑에서 돈은 결제시 지급해도 상품은 배송 후에 받는 것과 비슷하죠. 미수매매 시 증권사는 주식을 매수할 때 돈을 빌려주고 3일 뒤 돈이 결제될 때 빌려준 돈을 갚으라고 합니다. **돈을 갚지 못하면 주식을 강제로 매도해서 빌려준 돈을 회수하죠. 이것을 반대매매라고 합니다.** 주가가 올랐다면 큰 피해는 없겠지만, 주가가 하락했다면 강제로 큰 손실을 보게 됩니다.

신용매매는 증권사에서 대출을 받아 주식을 매수하는 거래입니다. 보통 대출 기간이 3개월에서 6개월 정도이고, 연간 7% ~ 10% 정도의 높은 이자를 받죠. 신용매매도 미수매매처럼 대출 기간에 돈을 갚지 못하면 증권사에서 강제로 주식을 매도하여 빌려준 돈을 회수합니다. 주가가 하락하여 손실인 상황에서 대출 만기가 되면 어쩔 수 없이 주식이 매도되어 큰 손실을 보게 되죠.

▶ **레버리지 투자 위험성 예시**

증거금율		20%	30%	50%	100%
100만원 보유 시 투자가능 금액		500만원	333만원	200만원	100만원
레버리지 비율 (총 투자금액÷내 돈)		5.0배	3.3배	2.0배	1.0배
주가 20% 상승 시	수익금액	100만원 수익	66만원 수익	40만원 수익	20만원 수익
	계좌에 남는 돈	200만원	166만원	140만원	120만원
주가 20% 하락 시	손실금액	100만원 손실	66만원 손실	40만원 손실	20만원 손실
	계좌에 남는 돈	0원	34만원	60만원	80만원

위의 표처럼 자기 돈이 100만원 있을 때 증거금율이 20%인 종목은 500만원까지 매수할 수 있습니다. 주가가 오르면 큰 수익을 보겠지만, 20%만 하락해도 돈을 모두 잃게 되죠. 고수들은 아무리 확실한 기회가 와도 모든 돈을 투자하지 않습니다. 주식투자는 확률입니다. 10번 수익을 내도 1번의 손실로 모든 돈을 잃을 수 있죠. 한꺼번에 많은 돈을 벌기 위해 레버리지 투자를 하기 보다는, 꾸준히 수익을 내는 것이 더 중요합니다.

Rule No. 1 : Never lose money.
Rule No. 2 : Never forget rule No. 1

-Warren Buffett

워런 버핏의 투자원칙은 두 가지입니다. 첫째는 돈을 잃지 않는 것이고, 둘째는 첫째 사항을 지키는 것이죠. 주식투자는 이익을 많이 내기보다 손실을 내지 않는 것이 중요합니다. 100만원을 투자하고 20% 손실이 발생하면, 80만원이 됩니다. 그런데 다시 원금을 회복하려면 얼마의 수익이 나야 할까요? 80만원에서 20%의 수익이 나도 96만원밖에 되지 않습니다. 이처럼 주식투자는 수익을 내는 것도 중요하지만 손실을 줄이는 위험 관리가 훨씬 중요합니다.

위기를 기회로 만드는 계좌관리의 중요성

― 박네모, 김세모, 고수님이 입장하셨습니다. ―

김세모

인생 한방 아닌가요?
주식으로 한방에 돈을 벌어야죠!!

박네모

저는 조금씩 꾸준히 버는 법을 알고 싶어요.

고수

주식은 위험 관리가 중요합니다. 한 번에 많은
금액을 벌려면 그만큼 손실이 커지죠.

위험 관리의 첫 번째 단계는 현금관리입니다.

1. 이익과 손실을 좌우하는 계좌관리

가장 좋은 종목은 현금이라는 말이 있습니다. 주식계좌에 현금이 있어야 좋은
투자기회가 생겼을 때 투자할 수 있고, 예상하지 못한 변동에 대비할 수 있죠.
주식투자는 예측이 아니라 대응이 중요합니다. 아무리 주식을 잘하는 사람도
주가가 오를 종목만 매수하는 것은 불가능합니다. 아무리 좋은 종목이라도
주가가 항상 상승할 수는 없죠. 전체 시장이 하락하면 어쩔 수 없이 개별 종목의
주가도 같이 하락합니다. 이럴 때 현금을 보유하고 있어야 주식시장의 예상치
못한 변동에 대응할 수 있습니다.

급등주

주가가 단기에 급격히 상승하는 주식을 말합니다.

테마주

일정한 주제를 가지고 시세가 급등락하는 종목군입니다. (정치 테마주, 전기차 테마주 등)

급등주나 테마주 등 변동성이 큰 종목은 전체 비중의 10% 이내로 투자하는 것이 좋습니다. 변동성이 큰 종목들은 주가가 급격하게 오르기도 하지만 급격하게 떨어지기도 하죠. 이런 종목에 대한 투자 비중이 지나치게 높으면 주가가 많이 상승할 때는 큰돈을 벌겠지만, 주로 반대인 경우가 많습니다. 손실금액이 많아지면 매도도 못하고 그대로 보유하게 되고, 다른 좋은 종목을 찾아내도 매수할 돈이 없게 되는 상황이 발생하죠.

수익금을 다른 계좌에 보관하는 습관도 중요합니다.

아래 표처럼 일상 씨와 오상 씨는 1,000만원을 투자해 20% 수익이 난 후 20% 손실이 발생했지만, 계좌잔고는 서로 다릅니다. 일상 씨는 수익금을 그대로 재투자했고, 오상 씨는 수익금 200만원을 다른 계좌에 옮겼다가 주식계좌에 재입금했기 때문이죠.

▶ **수익금 출금 습관**

	일상	오상
계좌잔액	1,000	1,000
20% 수익	1,200	1,000
20% 손실	960	800
계좌잔액	960	1,000

수익금 출금 → 200 ← 손실시 재입금

주식투자는 계좌관리가 중요합니다. 수익금을 다른 계좌에 보관하는 습관이 처음엔 작은 차이로 보이지만, 시간이 갈수록 큰 차이를 만듭니다.

2. 실전 계좌관리의 비법!! 일단 따라해 보자!!

대부분의 투자자는 1억원이 있다면 1억원을 모두 하나의 주식계좌에 입금하고 주식을 매매합니다. 수익을 보든, 손실을 보든 하나의 계좌에서 계속 매매하죠. 많은 개인 투자자가 이렇게 매매하지만 수익이 난 경우보단 손실이 난 경우가 많습니다. 1억원 모두 주식을 매수하여 현금이 없는 경우가 많고, 수익금을 곧바로 재투자해 손실이 발생하면 그냥 놓아두기 때문이죠. 이 때문에 주식시장의 예상치 못한 변동에 제대로 대응하지 못하는 경우가 많습니다. 그럼 꾸준히 수익 낼 수 있는 계좌관리 비법을 알려드릴게요.

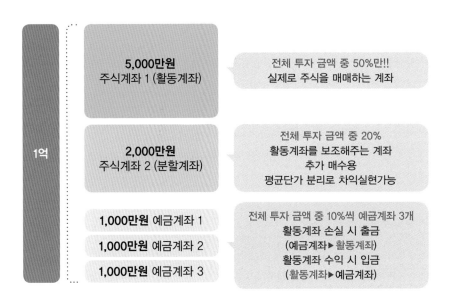

투자금액이 1억원이라면 50%만 활동계좌에서 매매해야 합니다. 활동계좌에서 매수한 종목의 주가가 하락하여 추가 매수할 때는 분할계좌를 이용하는 것이 좋습니다. 예금계좌들은 CMA나 은행 예금으로 보관하다 활동계좌에서 손실이 발생하면 보충해주는 역할을 합니다. 반대로 활동계좌에서 수익이 발생하면 출금하여 예금계좌에 따로 보관하죠.

계좌관리에 대한 상세한 설명은 우측의 QR코드를 통해 영상으로 확인하실 수 있습니다.

주식투자에서 가장 중요한 것은 대응 능력입니다. 아무리 좋은 종목을 완벽한 시점에 매수하더라도 변수는 생길 수 있습니다. 따라서, 언제 발생할지 모르는 변화에 신속히 대응하기 위해 계좌를 나누어 관리해야 합니다.

분할계좌를 이용한 평균단가 분리!!

▶ 평균단가 분리 예시

		1차 매수	2차 매수	평균단가
계좌 1개 이용		10,000	5,000	7,500
계좌 2개 이용	활동	10,000		10,000
	분할		5,000	5,000

하나의 계좌만 사용했을 때 평균단가는 추가 매수가격과 기존 매수가격의 평균이 되어 7,500원이 됩니다. 하지만 분할계좌에서 추가 매수하면 평균단가가 10,000원, 5,000원으로 분리되죠. 만약 주가가 6,000원이 되었을 때, 하나의 계좌만 사용한다면 일부 매도가 힘듭니다. 하지만 활동계좌와 분할계좌로 나누어 사용하면 분할계좌에서 2차 매수한 수량은 편안히 6,000원에 매도해서 수익을 실현할 수 있죠. 계좌를 나누어 사용해야 평균단가가 분리됩니다. 추가 매수는 분할계좌에서 진행해야 수익 실현이 쉽죠.

3. 분할매수, 분할매도 하세요

무림의 고수는 일격필살로 상대를 제압한다고 합니다. 하지만 일반인들은 한 번의 공격으로 상대를 제압할 수 없죠. 주식도 한 번의 매매로 수익을 내기는 어렵습니다. 심지어 주식의 고수도 단 한 번의 매매로 수익을 내기는 힘들죠.

주식은 여러 번 나누어 매매해야 수익이 날 가능성이 큽니다. 주식을 여러 번 나누어 사는 것을 분할매수라고 합니다. 정찰병을 보내서 전방의 상황을 파악하듯, 주식을 매수할 때도 처음엔 적은 금액만 매수하여 상황을 지켜봐야 하죠. 적어도 3번에 걸쳐 분할매수하는 것이 좋습니다. 주식을 팔 때도 분할 매도해야 합니다. 주가가 고점일 때 한 번에 모두 팔면 좋겠지만, 주식을 매도하는 시점이 항상 고점이 될 확률은 낮습니다. 적어도 3번에 걸쳐 분할 매도해야 안정적인 수익 실현이 가능하죠.

▶ **분할매수 분할매도 예시**

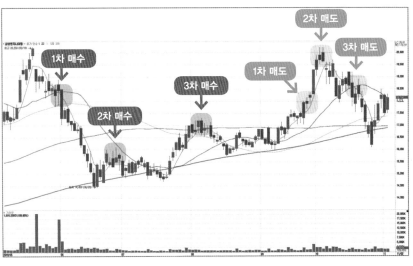

	분할매수	분할매도
1차	18,500원	18,000원
2차	15,500원	19,500원
3차	17,000원	18,500원
평균단가	17,000원	18,666원

만약 위의 차트에서 1차 매수 시점에 주식을 100% 매수한다면 매수가격은 18,500원이 됩니다. 그럼 다시 주가가 18,500원이 될 때까지 약 4개월을 기다려야 이익을 볼 수 있죠. 또는 주가가 오르기 전에 주가 하락을 견디지 못하고 팔았을 수도 있습니다. 이런 위험을 줄이기 위해서는 분할매수가 필요합니다. 1차에 18,500원, 2차에 15,500원, 3차에 17,000원으로 매수하게 되면 평균단가는 17,000원이 됩니다. 2차와 3차 매수가격이 단기 고점이라도 평균매수단가가 낮아지게 되죠. 반대로 주가가 18,000원일 때 한 번에 매도하는 것보다 분할매도를 하면 평균매도단가는 높아지게 됩니다. 이처럼 세 번의 분할매수와 분할매도를 통해 매수단가를 낮추고, 매도단가를 높일 수 있습니다.

고수의 꿀팁!

주가 하락이 예상되면? 공매도 세력이 움직인다!

주식은 싸게 매수해서 비싸게 매도하는 것이 일반적이지만, 공매도(short selling)는 먼저 주식을 빌려서 매도하고 나중에 주식을 매수해서 갚는 방법입니다. 주로 주식을 빌렸다가 갚을 수 있는 상환능력이 검증된 기관이나 외국인들이 이용하죠. 공매도를 통해서 수익을 내려면 주식을 빌려서 비싸게 매도하고 싸게 매수하여 갚아야 합니다. 즉, 주가 하락이 예상될 때 사용하죠.

공매도 물량이 늘어나면 주가가 하락할 가능성이 큽니다. 이 때문에 일반 투자자들은 주식을 매수할 때 공매도 물량을 확인해야 안전하게 투자할 수 있습니다. 종목의 공매도 물량은 거래소 공매도 종합 포털에서 확인 가능합니다. (http://short.krx.co.kr)

공매도를 이용한 투자전략은 우측의 QR코드를 통해 영상으로 쉽고 재밌게 배우실 수 있습니다.

유튜브 연결하기

★ 공매도를 이용한 투자전략 관련 영상 확인!

공매도를 알아야 개미가 돈을 번다?!

QR코드로 영상 보는 법 p.10을 참고!

4. 종목별 비중 관리는 어떻게 해야 할까?

주식투자를 할 때 한 종목만 매수하는 것은 위험합니다. 아무리 좋은 종목도 향후 기업의 실적전망이 나빠지거나 내부적인 경영 문제가 생긴다면 주가가 하락할 수 있기 때문이죠. 이처럼 주가가 개별기업의 문제로 하락할 때 방어하는 방법이 있습니다. 바로 여러 종목에 분산투자하는 거죠. 적어도 3~4개 이상의 종목을 보유하고 있어야 한 종목의 주가가 하락해도 다른 종목이 주가 하락을 보완해 줄 수 있습니다.

아래 표는 일상씨와 이상씨가 각 종목에 투자한 비율을 나타낸 것입니다. 만약 종목1의 주가가 기업 내부 문제로 30% 하락한다면, 일상씨는 전체 계좌의 30% 손실이 발생합니다. 하지만 분산투자를 한 이상씨는 전체 계좌의 9%만 손실이 발생하죠. 이렇듯 분산투자는 미래 손실에 대한 보험이라고도 볼 수 있습니다.

▶ **종목별 투자 비율**

	종목1	종목2	종목3	종목4	계
일상	100% **30% 손실**				100%
이상	30%	30%	20%	20%	100%

9% 손실

수정 피라미드 전략

월가의 투자가들이 사용하는 피라미드 전략을 알려드릴게요. 위의 그림처럼 계좌관리 비법에 따라 자금을 나누고, 활동계좌에서 같은 금액으로 다섯 종목을 매수합니다.

이때 종목 A는 하락하고, 종목 E는 상승했다고 가정하죠. 하락한 종목 A는 분할계좌에서 추가 매수하고, 상승한 종목 E는 예금계좌에서 활동계좌로 자금을 옮겨 추가 매수합니다. 추가 매수한 종목 E의 이익을 실현하면 다시 자금을 예금계좌로 옮기죠. 위의 그림처럼 추가 매수하는 모습이 피라미드 같다고 하여 피라미드 전략이라고 부릅니다.

기존 피라미드 전략은 하락한 종목을 매도하고 상승하는 종목을 추가 매수하지만, 수정 피라미드 전략은 하락한 종목을 적당한 시점에 추가 매수하여 수익을 극대화 할 수 있습니다.

해외주식이 뜨고 있다!!

1. 해외주식에 투자하려면 해외주식계좌를 만들어야 할까?

해외주식을 거래하기 위해 해외 증권사에서 별도의 계좌를 만들 필요는 없습니다. 국내 증권사에서 각 증권사 계좌로 해외주식을 매매할 수 있는 서비스를 제공하기 때문이죠. 증권사별 홈페이지에서 손쉽게 해외주식을 매매할 수 있는 계좌를 만들 수 있습니다.

2. 대표적인 해외주식 미국!!

우리나라 경제는 수출에 대한 비중이 크지만, 미국은 내수소비에 대한 비중이 큽니다. 대표적인 종목이 FANG이죠. 아래 그림에서 보는 것처럼 FANG의 주가는 2015년부터 250%~500% 상승했습니다. 이런 기업들은 미국뿐만 아니라 전 세계적으로 영업활동을 하고 있고, 글로벌 선두주자로 업계를 주도하는 기업들이기 때문에 성장성이 뛰어납니다. 이제는 단순히 국내주식에만 투자하기보다는 해외로 눈을 돌려 위험을 분산하고 투자기회도 늘려야 합니다.

내수소비

자국 시장에서 발생하는 소비를 말합니다. 미국은 국민의 자국 내 소비가 경제에서 큰 부분을 차지합니다.

FANG

FANG은 페이스북(Facebook), 아마존(Amazon), 넷플릭스(Netflix), 구글(Google)의 앞글자를 모아 만든 용어입니다.

▶ **FANG 주가 차트(https://kr.investing.com)**

페이스북 약 250% ($80 ▶ $200)

$200

$80

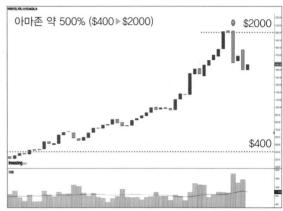

아마존 약 500% ($400 ▶ $2000)

$2000

$400

넷플릭스 약 500% ($80 ▶ $400)

$400

$80

구글 약 250% ($500 ▶ $1250)

$1250

$500

3. 해외주식 정보 얻는 법

해외주식에 대한 정보는 다양한 경로를 통해 얻을 수 있습니다.

① HTS에서 정보 얻기

▶ **HTS 홈**▶① **미국주식**▶② **미국주식 시작하기 [TR-3704]**▶③ **영웅문 W 다운로드**

위의 방법대로 영웅문W를 설치하면 미국주식에 대한 다양한 정보를 얻을 수 있습니다. 매일 업데이트되는 미국 시장에 대한 시황과 종목리포트도 볼 수 있죠.

② 구글 파이낸스 활용하기 (https://www.google.com/finance)

검색창에서 '구글 파이낸스'를 검색하면 아래와 같은 사이트로 연결됩니다.

▶ **구글 파이낸스 메인화면**

위의 그림처럼 메인화면은 일반적인 구글 검색결과와 차이가 없어 보이지만, 금융섹션이 추가로 나타납니다. 이 화면에서 한글로 애플을 검색하면 해당종목과 관련된 정보를 얻을 수 있죠.

▶ **구글 파이낸스 검색화면**

③ 인베스팅 한국 사이트 활용하기 (https://kr.investing.com)

▶ 인베스팅 한국 사이트 메인화면

인베스팅 사이트에서는 미국뿐만 아니라 전 세계 다양한 주식의 정보를 얻을 수 있습니다. 전 세계 주식의 차트와 정보를 얻을 수 있다는 장점뿐만 아니라 위의 그림처럼 한국어 사이트를 별도로 제공하고 있어 투자자에게 편리합니다.

▶ 인베스팅 한국 사이트 미국주식 시세 및 정보

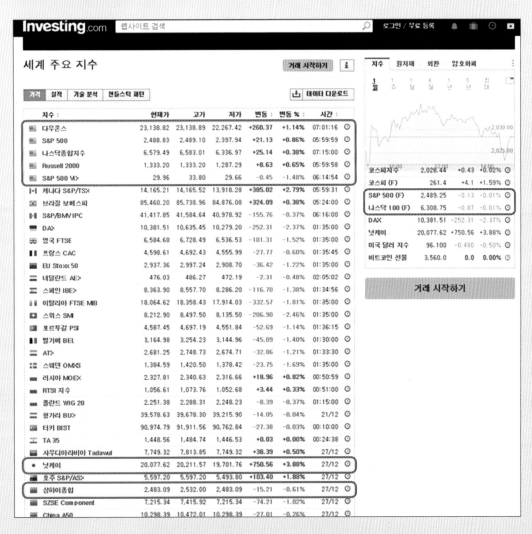

위의 그림처럼 인베스팅 사이트에서 세계 주요 지수를 클릭하면 각국의 증시가 나옵니다. 우리나라 주식시장은 다른 나라의 영향을 많이 받습니다. 그래서 미국뿐만 아니라 중국(상하이 종합), 일본(닛케이) 주식시장의 흐름도 확인해야 합니다. 특히 S&P 500(F) 선물, 나스닥 100(F) 선물은 우리나라 주식시장에서 외국인의 매매에 직접적인 영향을 미치기 때문에 꼭 확인하는 게 좋습니다.

ETF를 활용하자

1. ETF(Exchange - Traded Fund, 상장지수펀드)란?

종목선정이 어려운 초보자는 ETF를 매매하면서 투자 감각을 익히는 훈련을 할 수 있습니다. 일반 투자자들도 ETF 매매를 통해 투자 대상을 확대할 수 있고, 주식시장의 하락에 대비할 수도 있죠. ETF는 펀드(Fund)가 주식시장에 상장된 것입니다. 먼저 펀드에 대해서 알아보겠습니다.

펀드는 쉽게 생각하면 주식을 잘하는 지인에게 돈을 맡겨서 운용하는 것입니다. 지인이 운용을 잘하면 돈을 벌겠지만, 운용을 잘못하면 손실을 보겠죠. 이처럼 많은 사람의 돈을 모아서 운용을 잘하는 사람이 총대를 메고 운용하여 수익을 나누어 갖는 것이 펀드입니다.

투자자가 펀드에 가입하게 되면, 하나의 계좌에 돈을 모아서 펀드매니저가 운용합니다. 펀드매니저가 운용한 성과에 따라서 돈이 늘어날 수도 있고, 줄어들 수도 있죠. 펀드를 운용하는 방법에 따라 국내주식형 펀드, 국내채권형 펀드, 중국주식 펀드 등 다양한 펀드가 있습니다. 은행, 증권회사 등 금융기관이나 인터넷에서 펀드에 가입할 수 있죠.

주식투자가 본인의 판단에 따라 주식을 사고파는 직접 투자라면, 펀드는 펀드매니저에게 돈을 맡기는 간접 투자입니다. 펀드의 장점은 가입자가 크게 신경 쓰지 않아도 펀드매니저가 알아서 내 돈을 운용해준다는 점입니다. 또한, 주식 이외에 채권이나 원유 등 직접 투자하기 어려운 투자상품을 적은 돈으로 투자할 수 있죠. 하지만 펀드매니저의 능력에 따라 운용성과가 달라지고, 주식형 펀드의 경우 70% 이상 주식을 보유해야 해서 시장 하락기에는 어쩔 수 없이 손실이 생깁니다.

ETF(Exchange Traded Fund, 상장지수펀드)는 펀드가 주식시장에 상장되어 거래되는 것입니다. 이 때문에 주식시장에서 ETF를 매수하여 보유하고 있으면 펀드에 가입한 것과 같고, 매도하면 펀드를 환매한 것과 같죠. 일반적으로 기준지수와 비슷한 움직임을 보이는 인덱스펀드(Index Fund)가 많습니다.

환매

펀드에 가입했다가 해지하는 것을 환매라고 합니다. 펀드에 가입한다는 것은 실제로는 펀드를 매수한다는 의미죠. 반대로 펀드를 해지한다는 것은 펀드를 매도한다는 의미라 환매라고 부릅니다.

기준지수

ETF가 모방하려는 기준이 되는 지수를 기준지수라고 합니다. 코스피를 모방하는 ETF는 코스피 지수가 기준지수가 되고, 원유 가격을 모방하는 ETF는 원유가격이 기준지수가 되죠.

인덱스펀드(Index Fund)

지수연동형 펀드로 기준지수의 움직임을 모방하는 펀드입니다. 예를 들어 종합주가지수가 1% 상승하면 펀드 수익률도 1% 상승하고, 종합주가지수가 1% 하락하면 펀드 수익률도 1% 하락하죠. 하지만 지수 움직임을 모방하기 때문에 지수와 100% 똑같이 움직이지는 않습니다. ETF도 펀드처럼 운용 방법에 따라 다양한 종류가 있습니다.

액티브펀드(Active fund)

펀드매니저가 적극적으로 운용하는 펀드입니다. 펀드매니저가 투자 비중을 능동적으로 조절하면서 기준지수 대비 초과 수익을 달성하려고 하죠. 예를 들어 펀드매니저가 삼성전자보다 LG전자의 주가가 상승할 가능성이 크다고 본다면 삼성전자를 팔고 LG전자를 많이 살 수 있습니다. 만약 전체 주식시장은 하락하는데 LG전자만 상승한다면 전체주식시장보다 더 큰 수익이 발생하죠. 초기 펀드 시장에서는 액티브펀드가 인기였지만, 최근에는 기준지수를 따라가는 인덱스펀드가 성장하는 추세입니다.

펀드는 펀드매니저가 운용할 수 있는 범위에 따라 액티브펀드(Active Fund)와 인덱스펀드(Index Fund)로 나눌 수 있습니다. 액티브 펀드는 펀드매니저의 능력이 많이 반영되어 기준 지수보다 수익이 많이 나기도 하지만 적게 날 수도 있죠. 반면 인덱스펀드는 기준지수 움직임을 그대로 따라갑니다. ETF 초기에는 인덱스펀드만 상장 가능했지만, 최근 액티브펀드의 상장도 가능해졌습니다.

▶ ETF 종류

종목코드	종목명	기초지수명
233740	KODEX 코스닥 150 레버리지	코스닥 150
251340	KODEX 코스닥150 선물인버스	코스닥 150
122630	KODEX 레버리지	코스피 200
252670	KODEX 200선물인버스2X	코스피 200 선물지수
069500	KODEX 200	코스닥 200
114800	KODEX 인버스	코스피 200 선물지수
091160	KODEX 반도체	KRX 반도체
091170	KODEX 은행	KRX 은행
091180	KODEX 자동차	KRX 자동차
292140	TREX 중소형가치	MKF 중소형 가치
098560	TIGER 방송통신	KRX 방송통신
114260	KODEX 국고채3년	MKF 국고채지수(총수익)

종목코드	종목명	기초지수명
245710	KINDEX 베트남VN30(합성)	VN30 Index(PR)
256440	KINDEX 인도네시아MSCI(합성)	MSCI Indonesia Index
105010	TIGER 라틴35	BNY Latin America 35 ADR
261920	KINDEX 필리핀MSCI(합성)	MSCI Philippines IMI Index
099140	KODEX China H	Hang Seng China H
133690	TIGER 미국나스닥100	NASDAQ 100
133680	TIGER 원유선물Enhanced(H)	S&P GSCI Crude Oil Enhanced Index ER
132030	KODEX 골드선물(H)	S&P GSCI Gold Index(TR)
137610	TIGER 농산물선물Enhanced(H)	S&P GSCI Agriculture Enhanced Index(ER)
138920	KODEX 콩선물(H)	S&P GSCI Soybeans Index(TR)
225800	KOSEF 미국달러선물	미국달러선물지수
292560	TIGER 일본엔선물	엔선물지수

위의 표에서 종목명은 ETF의 이름이고 기초지수명은 해당 ETF가 모방하려는 지수의 이름입니다. 예를 들어 KODEX 코스닥 150 ETF는 코스닥150지수의 움직임을 따라가죠. KINDEX 베트남VN30 ETF는 베트남 종합주가지수의 움직임을 따라갑니다.

ETF 투자를 통해 국내 주식시장뿐만 아니라 베트남, 인도네시아 등 해외 주식시장에도 투자할 수 있습니다. 또한, 금이나 원유, 콩 등 상품 시장이나, 미국 달러, 일본 엔화 등 외환 시장에도 투자할 수 있죠.

ETF의 가장 큰 장점은 적은 비용으로 지수를 매수할 수 있다는 것입니다. ETF는 기준지수의 움직임을 따라가기 때문에 단 1주만 매수해도 지수 전체를 매수한 효과가 있죠. 하지만 지수를 모방하는 펀드기 때문에 기준지수의 가격을 100% 반영하지 못한다는 단점이 있습니다. 즉, 기초자산이 1% 상승한다고 ETF가 정확히 1% 상승하지는 않는다는 거죠. 하지만 어느 정도 가격변화를 따라갑니다.

ETF를 매매할 때는 거래량이 많은 종목을 선정해야 합니다. 거래량이 많지 않은 종목들은 기준지수와 가격 차이가 크게 발생할 수 있죠.

코스닥150지수

국내 코스닥 시장에 상장되어 있는 주식 중 시장대표성과 많은 거래량을 기준으로 선정한 150개 종목을 선정한 후 산출한 지수입니다. 코스닥 종합지수와 비슷한 움직임을 보이죠.

2. 대표적인 ETF 투자방법

▶ 중요 ETF 정리

ETF명	종목코드	기초지수	배수
KODEX코스닥150레버리지	233740	KOSDAQ150	지수 2배
KODEX코스닥150선물인버스	251340	KOSDAQ150 (추정)	지수 반대로(-1배)
KODEX레버리지	122630	KOSPI200	지수 2배
KODEX200선물인버스2X	252670	F-KOSPI200	지수 반대로(-2배)
KODEX200	069500	KOSPI200	지수 그대로(1배)
KODEX200인버스	114800	F-KOSPI200	지수 반대로(-1배)

기관이나 외국인 투자자들은 운용자금이 커서 파생상품으로 투자의 위험을 줄일 수 있지만 일반 투자자들이 파생상품을 활용하기는 힘들죠. 하지만 위의 ETF를 사용하면 투자 위험을 줄일 수 있습니다.

배수가 2x인 ETF는 기준지수가 1% 상승할 때 약 2% 상승합니다. 반대로 배수가 -1x인 인버스 ETF의 경우 지수가 1% 하락하면 약 1% 상승하죠. 코스피나 코스닥 전체시장이 바닥권으로 보이는데 개별 종목을 선정하기 어렵다면 배수가 2x인 ETF를 매수하면 되죠. 반면 시장 전체의 하락위험이 예측된다면 지수와 반대로 움직이는 ETF를 매수하면 됩니다.

3. 적립식 피라미드 전략

ETF는 기초지수의 움직임을 따라가는 펀드이기 때문에 가격변화가 크지 않은 경우가 많습니다. 단기투자보다는
적립식으로 투자하는 것이 안전하죠.

▶ **적립식 피라미드 전략**　　　　　　　　　　　　　　　　　　　　　　　　　　　　(단위: 만원)

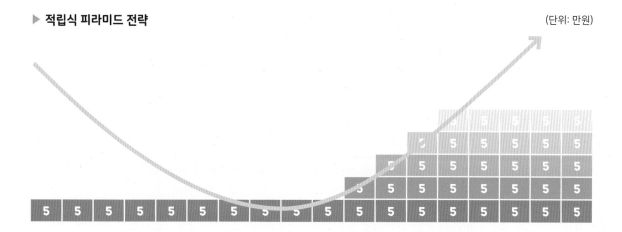

위의 그림처럼 매월 5만원씩 꾸준히 ETF를 매수합니다. 지수가 하락한 이후 상승할 때 매수 금액을 매월 늘리면
평균매수 금액이 하락하는 효과가 있습니다. 매수한 ETF의 수익률이 10 ~ 15% 수준이 되면 매도하여 수익을 확정
합니다. 지수가 바닥권을 탈출할 때 매수 금액을 증대시키는 적립식 피라미드 전략입니다.

ETF도 펀드기 때문에 펀드를 투자할 때도 이 방법을 사용할 수 있습니다. 일반적으로 최근 수익률이 좋은 펀드에
투자하는 경우가 많습니다. 하지만, 역으로 생각하면 이런 펀드들은 주가가 많이 오른 고점 부근인 상황과 비슷합니다.
오히려 최근 수익률이 부진한 펀드가 주가의 저점 부근일 수 있죠. 최근 수익률이 부진한 펀드를 위와 같은 적립식
피라미드 전략으로 투자하면 상대적으로 좋은 성과를 기대할 수 있습니다.

PART 06 에서는 …

이제 주식을 매매하기 위한 기본적인 준비를 마쳤습니다. 그럼 어떤 종목을 매매해야 할까요? 주식시장은 크게 코스피(KOSPI)시장과 코스닥(KOSDAQ)시장으로 구분됩니다. 코스피시장에만 약 788개 이상의 종목이 상장되어 있고, 코스닥시장에도 약 1,322개 이상의 종목이 상장되어 있죠. 수많은 종목 중 자신과 잘 맞는 종목을 매매해야 수익을 낼 가능성이 큽니다. 기본적 분석을 통해 자신의 투자성향에 맞는 종목을 선정하는 방법을 알려드릴게요!

PART

06

본격적인 투자를 위한
종목 분석 방법

어떤 종목을 사야 할까?

김세모

주가가 상승하는 종목을 따라서 사면 되나요?

박네모

수익이 나는 종목을 찾는 방법이 있을까요?

김세모

사람들이 많이 얘기하는 종목을 사면 되지 않을까요?

고수

좋은 종목을 찾는 것은 투자의 기본입니다.

본인의 투자성향에 맞는 종목을 고르는 방법을 알려드릴게요!

1. 어떤 종목을 사야 할까?

같은 옷이라도 누가 입느냐에 따라서 달라 보입니다. 자신에게 맞는 옷이 따로 있는 거죠. 옷을 살 때는 입어보고, 마감 상태도 보고, 가격도 보면서 자신과 잘 어울리는지 고민한 후에 구매하게 되죠. 하지만 아무리 비싸고, 유행하는 옷이라도 자신에게 어울리지 않으면 나중에 후회하기 마련입니다. 주식 종목도 자신의 투자성향에 맞게 선택해야 수익을 내고 후회하지 않을 가능성이 높습니다.

자신의 투자성향에 맞는 종목을 선택하려면 우선 자신을 잘 알아야 합니다. 단거리 선수가 장거리 경기에 출전하면 좋은 성적을 내지 못하겠죠. 이처럼 자신의 투자성향에 적합한 종목을 선정하는 것이 중요합니다. 종목을 선택하는 방법은 크게 기본적 분석과 기술적 분석으로 분류됩니다.

재무제표

기업의 일정 기간에 발생한 경제 사건과 그 기간 말의 경제 상태를 나타내는 보고서입니다. 기업의 경영성과를 나타내는 보고서로 보통 1년 단위로 작성하고, 재무상태표, 손익계산서, 포괄손익계산서, 자본변동표, 현금흐름표, 이익잉여금처분계산서 등이 포함됩니다.

기본적 분석은 경제 상황 및 기업의 재무제표를 통해 미래의 주가를 예측하는 방법입니다. 중·장기 관점에서 기업을 분석하는 방법으로 안정적인 성향의 투자자에게 적합하죠. 이번 PART 6에서는 재무제표를 활용한 기본적 분석의 대표적인 지표 및 자본잠식, 질적 분석 등 종목선택을 위한 기본적인 점검 사항을 알아보겠습니다.

기술적 분석은 다양한 차트를 기반으로 과거의 주가나 거래량을 통해 미래의 주가를 예측하는 방법입니다. 일반적으로 단기 관점에서 기업을 분석하는 방법으로 공격적인 성향의 투자자에게 적합하죠. 기술적 분석은 매매 타이밍을 잡기 위한 필수적인 분석 방법으로, PART 7에서 자세히 알아보겠습니다.

절대매매 TIP!

PART 4에서 자신의 투자성향을 알아보았다면 이번에는 자신의 투자성향에 적합한 종목 분석법을 알아볼까요?

손절형 투자자와 만족형 투자자는 기본적 분석을 통해 매출이 안정적인 종목을 선정해야 합니다. 이런 기업들은 일반적으로 변동성이 작은 경우가 많기 때문이죠. 그리고 종목에 대한 분석과 함께 경제 상황 분석을 통해 주식시장의 흐름을 보는 안목을 키우는 것도 중요합니다. 하지만 이런 성향의 투자자가 기본적 분석만 해야 하는 것은 아닙니다. **기술적 분석으로 주식의 매매 타이밍을 선정해야 투자의 안정성을 높일 수 있으므로 기술적 분석 또한 필요하죠.**

눈치형 투자자에게는 시장에 빠르게 대응할 수 있는 기술적 분석이 효율적입니다. 단기 낙폭 과대 종목이나 급등주를 매매하거나, 철저한 분석을 통해 테마주를 매매하는 것도 나쁘지 않죠. 때에 따라서는 단타매매를 통해 수익을 올리는 것도 좋습니다. 물론 기본적 분석을 통해 경제 상황에 대한 분석은 전제되어야 합니다.

*단기 낙폭 과대 종목

단기간에 일반적인 주식 종목의 주가 하락 비율 이상으로 주가가 하락한 종목을 말합니다. 이러한 종목은 돌발 악재 등으로 주가가 고점 대비 큰 폭으로 하락했을 경우 반등 가능성이 크죠.

고수익형 투자자는 기본적 분석과 기술적 분석이 모두 중요합니다. 먼저 기본적 분석으로 경제 상황 및 기업의 내재가치를 충분히 분석하여 저평가된 종목을 선정해야 합니다. 더불어 기술적 분석으로 매매 타이밍을 잡는 것도 필요합니다.

고수의 꿀팁!

기본적 분석 VS 기술적 분석

투자자마다 기본적 분석을 선호하는 경우도 있고, 기술적 분석을 선호하는 경우도 있습니다. 두 가지 방법 중 어느 것이 우월하다고 하기는 어렵지만, **기본적 분석을 통해 경제 상황과 기업의 내재가치를 파악하고, 기술적 분석을 통해 매매 타이밍을 잡는 것이 일반적입니다.** 핵심 포인트는 아무런 분석도 하지 않고 주식을 매매하는 것을 지양하고, 경제 상황 및 기업의 내재가치를 확인하고 주가 흐름을 분석한 후에 투자해야 한다는 점입니다.

기본적 분석으로 종목 고르기

#하향식분석
#상향식분석

— 박네모, 김세모, 고수님이 입장하셨습니다. —

김세모

> 경제상황 분석이 너무 어려운데,
> 종목부터 분석하면 안 되나요?

박네모

> 경제상황에 맞는 산업을 분석하고
> 종목을 선정해야 하는 것 아닌가요?

고수

> 기본적 분석에서는 두 가지 방법이 모두 사용됩니다.

> 경제상황부터 분석하는 방법을 하향식 분석,
> 종목부터 분석하는 방법을 상향식 분석이라고 하죠.

1. 하향식 분석과 상향식 분석

내재가치

기업이 가지고 있는 본질적인 가치를 의미합니다. 재무제표를 바탕으로 기업의 매출, 영업이익, 순익 등을 분석하여 산출되죠.

저평가

기업의 주가가 내재가치보다 낮으면 '저평가되었다'라고 합니다. 반대로 기업의 주가가 내재가치보다 높으면 '고평가되었다'라고 하죠.

기본적 분석은 재무제표를 바탕으로 기업의 내재가치를 평가하고, 주가는 기업의 내재가치에 수렴한다고 전제합니다. 이에 따라 현재 주가가 내재가치보다 낮으면 향후 주가가 오를 것을 기대하여 주식을 매수합니다. 반대로 주가가 내재가치보다 높으면 주가 하락을 기대하여 주식을 매도하죠.

기본적 분석의 장점은 저평가된 종목을 매수하여 주가의 단기 변동에 흔들리지 않고 중·장기적으로 수익을 낼 가능성이 높다는 것입니다. 하지만 주가가 내재가치에 도달할 때까지 얼마나 걸릴지 알 수 없다는 단점이 있습니다.

하향식 분석(Top Down)　　상향식 분석(Bottom Up)

순서

경제 분석
산업 분석
기업 분석

기업 분석
산업 분석
경제 분석

기본적 분석은 다시 하향식 분석과 상향식 분석으로 나뉩니다. 하향식 분석(Top Down)은 경제상황을 분석한 후에 유망한 산업을 찾고, 기업의 내재가치를 분석하는 방법입니다. 상향식 분석(Bottom up)은 기업의 내재가치를 분석한 후에 그 기업이 속한 산업이 유망한지 분석하고, 그 산업이 경제상황에 적합한지 분석하는 방법입니다. 두 방법은 방향성의 차이는 있지만, 경제상황과 재무제표를 기반으로 기업을 평가한다는 측면에서는 동일합니다.

그렇다면 재무제표를 보고 주가가 저평가된 것을 어떻게 판단할 수 있을까요? 주가의 저평가 여부는 ROE(자기자본이익률), EPS(주당순이익), PER(주가수익비율), PBR(주가자산비율), EV/EBITDA 등 다양한 지표를 활용하여 판단할 수 있습니다. 이 지표는 'CHAPTER 4'에서 배우도록 하고, 우선 재무제표에 대해 공부해보도록 합시다!

재무제표에 대해서 알아보자

— 박네모, 김세모, 고수님이 입장하셨습니다. —

김세모

재무제표가 뭔가요?

박네모

재무제표를 보면 기업이
저평가되었는지 알 수 있는 건가요?

김세모

재무제표가 없으면 어떡하죠?

고수

상장기업은 법적으로 분기마다
재무제표를 발표해야 합니다.

재무제표에 대해서 자세히 알려드릴게요!

공시(제도)

기업의 중요 정보(영업실적, 재무상태, 합병, 증자 등)를 이해관계자들에게 정기·수시적으로 공개하는 제도입니다. 이는 투자자 스스로 자유로운 판단과 책임하에 투자 결정을 하도록 하기 위함입니다. 주식시장에 상장된 기업들은 의무적으로 공시를 해야 하죠. 공시내용은 전자공시시스템(http://dart.fss.or.kr/), 증권사 HTS 및 MTS 등에서 확인 가능합니다.

금융감독원

금융기관에 대한 검사·감독업무 등의 수행을 통하여 건전한 신용 질서와 공정한 금융거래 관행을 확립하고 예금자 및 투자자 등 금융수요자를 보호할 목적으로 설립된 특수 법인입니다.

1. 재무제표? 왜 봐야 할까?

주식시장에 상장된 기업들은 법적으로 재무상태, 경영성과, 현금흐름 등을 공시해야 하는 의무가 있습니다. 금융감독원은 투자자 보호를 위해 공시를 하지 않거나, 불성실한 기업에 제재를 가합니다. 따라서 기업들은 회계사의 감사를 받은 재무제표를 반드시 공시해야 하죠. 이 **재무제표를 통해 기업의 현재 경영상황 및 미래까지 예측할 수 있습니다.** 재무제표에는 기본적으로 **재무상태표, 손익계산서, 현금흐름표 등이 있습니다.**

2. 재무상태표에서 꼭 확인해야 할 것

재무상태표는 일정 시점에서 기업의 자산, 부채, 자본 등 재산 상태를 나타낸 표입니다. 이 표를 통해 일정 시점에 기업이 어떤 형태의 자산에 얼마를 투자했는지(자산), 기업이 갚아야 할 빚은 얼마인지(부채), 회사 설립을 위해 주주들은 얼마를 투자하였는지(자본)를 알 수 있죠. 결과적으로 **자산은 자기 돈과 빌린 돈의 운용현황입니다.** 즉, 자산은 자본과 부채의 합이 되죠. **(자산 = 자본 + 부채)**

자산
기업이 수익창출 목적으로 보유한 모든 재산을 말합니다. (현금 등)

부채
자산취득이나 비용지출에 필요한 자금을 타인으로부터 빌린 것을 말합니다. (매입채무, 미지급금, 차입금 등)

자본
주주로부터 조달한 돈(자기자본)을 말합니다. (자본금, 이익잉여금 등)

고수의 꿀팁!

HTS에서 재무제표를 확인하는 방법

HTS나 MTS에서도 기업을 검색하면 재무제표를 확인할 수 있습니다. 또한 재무비율, 투자지표, 업종분석 등 기본적 분석과 관련된 다양한 정보를 손쉽게 확인할 수 있죠. 기업의 재무제표를 보려고 직접 기업 홈페이지를 들어가거나, 전자공시시스템(http://dart.fss.or.kr)에서 찾는 것보다 빠르고, 편리합니다.

▶ **HTS화면 TR-0919 // 홈▶투자정보▶기업분석▶기업분석(0919)**

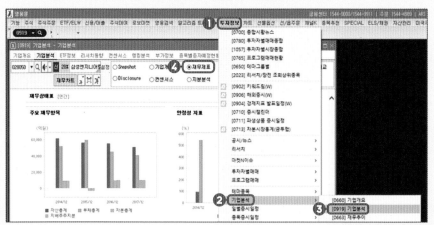

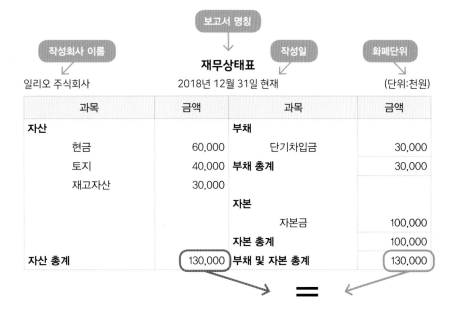

① 자산

자산은 유동자산과 비유동자산으로 분류됩니다. **1년 이내에 현금화할 수 있는 자산을 유동자산이라 하고, 1년 이내에 현금화하기 어려운 자산을 비유동자산이라고 하죠.**

현금, 단기예금, 유가증권 등이 대표적인 유동자산입니다. **기업이 유동자산을 많이 보유하고 있다면 부도 위험이 낮다고 볼 수 있습니다.** 유동자산은 현금화가 수월하여 필요할 때 언제든 현금으로 사용할 수 있기 때문이죠. 하지만 인출이 자유로운 금융상품은 보통 수익률이 낮기 때문에 자산의 수익성 측면에서는 부정적일 수 있습니다.

건물, 토지, 장비 등은 대표적인 비유동자산입니다. 대부분 기업활동에 필수적인 요소들입니다. 하지만 1년 이내에 현금화가 어려우므로 **비유동자산 비중이 지나치게 높으면 부도 위험이 커집니다.**

② 부채

부채는 쉽게 말해 빌린 돈입니다. 재무상태표를 보면 기업이 어떻게 자금을 조달했는지 알 수 있습니다. **부채 항목에서 먼저 봐야 할 부분은 부채비율입니다.** 부채비율은 총자본 대비 총부채의 비율입니다. **부채비율이**

낮을수록 안정적인 회사라고 볼 수 있죠.

$$부채비율 = \frac{총부채}{총자본} \times 100$$

 절대매매 TIP!

▶ **부채비율**   2017년 12월 31일 기준(단위:억)

	현대차	기아차	GS건설	현대건설
총부채	1,034,421	254,333	104,569	99,590
총자본	747,574	268,612	32,397	84,729
부채비율	138.37%	94.68%	322.8%	117.54%

적정 부채비율은 산업에 따라 달라집니다. 현대차의 부채비율은 138.37%이지만 다른 업종인 GS건설보다 안정적인 회사라고 할 수는 없습니다. 오히려 같은 업종의 기아차보다 부채비율이 높아 안정성은 떨어진다고 볼 수 있죠. 적정 부채비율은 산업마다 다릅니다. **절대적인 부채비율을 비교하기보다는 같은 업종 내에서 상대적인 부채비율을 비교해야 하죠. 같은 업종에 비해 유독 부채비율이 높은 기업이 있다면 매매할 때 피하는 것이 좋습니다. 또한 우리나라에서는 부채비율이 200%가 넘지 않는 것이 좋습니다.**

부채비율 다음으로 확인해야 할 부분은 유동부채입니다. 부채도 1년을 기준으로 유동부채와 비유동부채로 분류합니다. 1년 이내에 갚아야 하는 부채는 유동부채, 1년 후에 갚아도 되는 부채를 비유동부채라고 하죠. **유동부채가 유동자산보다 커지면 기업의 부도 위험이 매우 커집니다.**

 절대매매 TIP!

기업의 부도 위험을 알아보는 대표적인 지표로 유동비율이 있습니다.

$$유동비율 = \frac{유동자산}{유동부채} \times 100$$

유동비율이 100% 이하이면 부도 위험이 커집니다. 즉, 기업의 유동부채가 유동자산보다 크다는 것입니다. 이는 1년 이내에 갚아야 하는 빚을 1년 이내에 현금화 할 수 있는 유동자산 모두를 활용해도 빚을 갚지 못한다는 뜻이죠. 산업 및 경기변동에 따라 적정 유동비율의 차이는 있지만, **일반적으로 200% 이상이면 안전하다고 평가합니다.**

▶ **유동비율 사례**   2017년 12월 31일 기준(단위:억)

	H사	Y사	현대차	신라젠
총유동자산	106	104	173,104	1617
총유동부채	781	151	81,161	152
유동비율	13.57%	68.87%	213.28%	1063.82%
부도위험	매우 높음	높음	낮음	매우 낮음

위의 표는 각 기업의 유동비율을 나타낸 표입니다. 현대차와 신라젠은 유동비율이 200% 이상으로 부도 위험이 낮습니다. 하지만 H사와 Y사의 경우 유동비율이 100% 이하로 부도위험을 가지고 있죠. 이런 종목들은 매매를 피하는 것이 좋습니다.

③ 자본

자본은 주주로부터 조달한 돈입니다. 자본은 자본금, 자본잉여금, 이익잉여금 등으로 구성되죠. **자본 항목에서 먼저 살펴봐야 할 부분은 자본잉여금입니다.** 액면가에 발행주식 수를 곱하면 자본금이 됩니다. 그럼 액면가가 1,000원인 주식이 상장할 때 상장가가 5,000원이 되었다면 자본금은 어떻게 될까요? 상장가 5,000원 중 액면가에 해당하는 1,000원은 자본금이 되지만, 나머지 4,000원은 자본잉여금이 됩니다. **자본잉여금은 회사의 손실을 보전하거나 자본금으로 전환할 때만 사용할 수 있습니다.**

액면가

주식회사가 처음 주식을 발행할 때 1주당 가격을 정해야 합니다. 주식에서 액면가는 1주당 가격을 뜻합니다. 액면가(1,000원)에 발행주식수(100,000주)를 곱하면 발행주식 총액(1억원)이 되며, 주식은 자본금만큼 발행하므로 발행주식 총액이 곧 그 회사의 자본금이 됩니다.

자본 항목에서 이익잉여금도 살펴볼 필요가 있습니다. 이익잉여금은 기업의
영업활동을 통해 발생한 당기순이익 중 배당을 하지 않고 회사에 누적된 돈
입니다. 이익잉여금과 자본잉여금의 합을 자본금으로 나눈 것이 유보율입니다.
산업에 따라 적정 유보율은 차이가 있지만, **일반적으로 유보율이 높은 기업은
안정된 기업이라고 판단**할 수 있습니다.

당기순이익

일정 기간 기업이 창출한 순이익입
니다. 기업의 매출에서 각종 비용을
제외한 순수한 이익이죠.

$$유보율 = \frac{이익잉여금 + 자본잉여금}{자본금} \times 100$$

▶ **유보율 예시**

2017년 12월 31일 기준(단위:억)

	NAVER	동부제철	휴젤	우리기술
이익잉여금	45,555	−7,068	1,792	−339
자본잉여금	15,079	6,887	5,069	207
자본금	165	1,808	22	418
유보율	36,747.88%	N/A	31,186.36%	N/A

위의 표에서처럼 NAVER와 휴젤은 유보율이 매우 높아 안정된 기업이라고 평가됩니다. 하지만
동부제철과 우리기술은 이익잉여금 손실이 커서 유보율이 음수로 계산되기 때문에 의미가 없죠. 실제로
2017년 두 기업의 주가는 하락추세를 보였습니다. 이렇게 유보율이 낮거나 의미 없는 기업은 종목선정 시
피하는 게 좋습니다.

3. 손익계산서에서 꼭 확인해야 할 것

손익계산서는 일정 기간 기업의 이익과 손실 등을 나타낸 표입니다. 매출,
비용, 손익(이익과 손실)으로 구성되죠. 생산한 제품이나 매입한 상품을
얼마나 판매하였으며(매출) 그와 관련된 원가는 얼마이고(비용), 얼마를
벌었는지(손익)를 알 수 있습니다. 그리고 기업의 효율성, 성장 지속 여부,
배당가능이익의 규모, 향후 수익 및 현금흐름의 창출능력 등을 분석할 수
있습니다.

손익계산서에서 가장 먼저 봐야 할 부분은 매출액입니다. 단순 매출액의 크기보다는 전년(YoY) 혹은 전분기(QoQ) 보다 얼마나 증가 또는 감소했는지가 중요하죠. 일반적으로 매출액은 꾸준히 증가하는 것이 좋습니다. 특별한 경우를 제외하고 매출액이 일시적인 증가 후 급격히 감소하거나, 분기 매출이 급격히 감소한다면 기업의 성장성에 문제가 있는 것으로 평가합니다.

▶ 매출액증가율과 주가 흐름

2017년 12월 31일 기준(단위:억)

	매출액 증가율(%)				주가 흐름
	2014/12	2015/12	2016/12	2017/12	
더존비즈온	5.2	15.7	12.1	16.3	상승추세
현대중공업	−2.6	−12.3	−51.9	−30.6	하락추세
더블유게임즈	57.3	71.8	27.1	105.2	상승추세
태웅	0.3	−11.2	−11.9	−5.5	하락추세

매출액증가율은 투자에 중요한 지표가 됩니다. 기업의 매출증가율이 주가 흐름과 동행하는 경우가 많기 때문이죠. 더존비즈온과 더블유게임즈와 같이 매출액이 증가하는 기업은 주가 상승 가능성이 크고, 현대중공업이나 태웅과 같이 매출액이 감소하는 기업은 주가 하락 가능성이 큽니다. 특히 매출증가에 따른 추가 비용지출이 많지 않은 소프트웨어 관련주의 경우 매출액 증가율과 주가가 밀접하게 움직입니다. **따라서 매매할 종목을 선정할 때 매출이 꾸준히 증가하는 기업이 좋습니다.**

고수의 꿀팁!

YoY와 QoQ의 의미!!

YoY(Year on Year) : 전년(전년 동기) 대비 증감률
QoQ(Quarter on Quarter) : 전 분기 대비 증감률

증권 관련 리포트나 뉴스에서 YoY, QoQ와 같은 부호를 볼 수 있습니다. 수치를 비교하려는 기준으로 특정 시기보다 얼마나 증가했는지를 나타내는 부호입니다. 10%(YoY)는 전년 대비 10% 증가했다는 의미이고, 10%(QoQ)는 전 분기 대비 10% 증가했다는 의미입니다. 단순히 10% 증가라는 수치보다는 전년, 전 분기의 동일시기 대비 증감을 파악하여 해석할 수 있는 능력이 중요합니다.

다음으로 영업이익을 확인해야 합니다.

매출이 꾸준히 증가한다고 해도 매출원가가 높아지거나 판매관리비가 증가하면
영업활동이 제대로 되지 않은 것이죠. 이처럼 **영업이익을 확인하면 기업이
흑자인지 적자인지 알 수 있습니다.** 또한, 영업이익이 전년, 전분기보다 얼마나
증가 또는 감소했는지 그 추이도 확인해야 합니다. 이 추이를 통해 향후 수익성
전망을 알 수 있죠.

> **영업이익 =** 매출액 - 매출원가 - 판매관리비

절대매매 TIP!

▶ **영업이익 예시**

%		2014/12	2015/12	2016/12	2017/12
더존비즈온	매출액 증가율	5.2	15.7	12.1	16.3
	영업이익 증가율	11.8	41.2	32.5	34.6
현대차	매출액 증가율	2.2	3	1.8	2.9
	영업이익 증가율	−9.2	−15.8	−18.3	−11.9

위의 표에서 볼 수 있듯이 더존비즈온은 매출액이 증가하면서 영업이익도 같이 증가하는 모습을 볼 수
있습니다. 하지만 현대차는 매출액이 소폭 증가하지만, 영업이익은 감소하는 것을 볼 수 있죠. 이처럼
매출액이 증가해도 영업이익이 감소할 수가 있으므로 종목을 선정할 때 매출액증가율뿐만 아니라
영업이익증가율도 함께 확인해야 합니다.

마지막으로 당기순이익을 확인해야 합니다.

> **영업이익 =** 매출액 − 매출원가 − 판매관리비

> **경상이익 = 영업이익** + 영업외수익 − 영업외비용

> **당기순이익 = 경상이익** + 특별이익 − 특별손실 − 법인세

당기순이익은 기업의 모든 수익에서 모든 비용을 제외한 순이익입니다. 기업이 순수하게 영업활동을 통해 발생하는 손익은 영업이익으로 알 수 있지만, 영업외 활동을 통한 손익 및 법인세까지 모두 제외한 최종 손익은 당기순이익을 통해서 확인할 수 있습니다. **당기순이익과 영업이익의 비교를 통해 수익의 원인이 영업적인 부분인지, 비영업적인 부분인지 판단할 수 있죠.**

▶ **당기순이익과 영업이익 예시 (2017년 기준)**

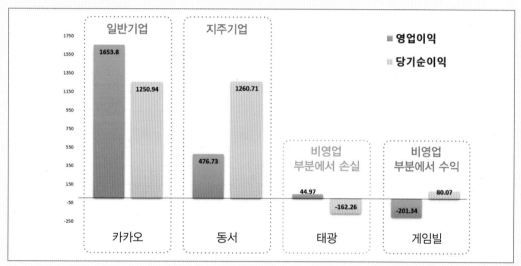

위의 그래프에서처럼 영업이익과 당기순이익을 비교하면 기업의 손익이 영업 부분에서 발생했는지, 비영업 부분에서 발생했는지 알 수 있습니다. 일반적인 기업은 영업이익이 당기순이익보다 크죠. 하지만 지주기업은 자체 영업활동보다는 자회사에서 받는 배당금 등이 많으므로 당기순이익이 더 큽니다.

기업에 따라 영업활동은 수익이지만 영업 외 부분에서 손실이 발생하는 때도 있고, 손실이지만 영업 외 부분에서 수익이 나는 경우도 있습니다. 이런 종목을 매매할 때는 영업활동 이외의 부분에서 어떻게 손익이 발생했는지를 확인해야 합니다.

4. 현금흐름표에서 꼭 확인해야 할 것

현금흐름표는 일정 기간 기업의 현금 유입과 유출을 나타낸 표입니다. 기업의 현금이 어떻게 조성되었고, 얼마나 쓰였으며, 현재 얼마의 현금을 가졌는지 보여주죠.

▶ **현금흐름표의 기본 구조**

+ 영업현금흐름 (유입 − 유출)

+ 투자현금흐름 (유입 − 유출)

+ 재무현금흐름 (유입 − 유출)

= 현금의 증가 및 감소(총유입 − 총유출)

기업의 영업활동을 통해서 발생한 현금의 유출입을 **영업현금흐름이라고 합니다. 영업현금흐름이 양(+)의 값이면 기업의 영업이 잘되어 현금이 늘어났다는 의미죠.** 감가상각비 등 현금 유출입이 없는 항목은 제외하기 때문에 기업의 주영업능력을 평가하는 지표가 됩니다.

기업이 유가증권이나 고정자산을 구매하거나 처분함으로써 발생하는 현금 유출입을 투자현금흐름이라고 합니다. **일반적으로 영업활동이 잘되는 기업**은 신규설비투자를 늘리거나 수익성이 높은 유가증권을 구매하기 때문에 **투자현금흐름이 음(−)의 값을 갖습니다.** 반면 영업활동이 부진하여 현금이 부족한 기업은 투자현금흐름이 양(+)인 경우가 발생합니다. 유가증권이나 유형자산을 매각하여 현금을 만들기 때문이죠. **투자현금흐름은 유가증권이나 고정자산의 매매상황에 따라 값이 양(+) 또는 음(−)으로 달라지기 때문에 발생원인이 무엇인지 분석해 보는 것이 중요합니다.**

기업이 채권자나 주주와의 자금조달 거래를 통해 발생한 현금 유출입을 재무현금흐름이라고 합니다. 재무현금흐름이 양(+)의 값이라는 것은 돈을 빌리거나 유상증자 등으로 현금이 들어왔다는 의미입니다. 반면 음(−)의 값이라면 돈을 갚았거나 배당금을 지급해서 현금이 빠져나갔다는 의미죠. **일반적으로 재무현금흐름이 양(+)의 값이면 빚을 갚지 못하고 있다는**

의미이므로 주가에 부정적일 가능성이 큽니다.

▶ 현금흐름표 간단 요약

+ 영업현금흐름 : 영업이 잘 되어 현금이 늘어남
− 영업현금흐름 : 영업이 안 되어 현금이 줄어듬

+ 투자현금흐름 : 영업활동이 부진하여 현금 부족. 증권/자산을 매각해 현금 만듬
− 투자현금흐름 : 영업활동이 잘 되어 신규설비투자를 늘리거나 유가 증권을 구매함

+ 재무현금흐름 : 돈을 빌리거나 유상증자 등으로 현금이 들어옴
− 재무현금흐름 : 돈을 갚았거나 배당금을 지급해서 현금이 빠져나감

앞에서 살펴본 것처럼 현금흐름표에서 **영업현금흐름은 양(+), 재무현금흐름은 음(−)의 값을 보이는 기업이 정상적이고 안정적이라고 평가됩니다.** 투자현금흐름은 기업상황에 따라 달라질 수 있죠. 현금흐름표 분석은 재무상태표와 손익계산서에서 확인하기 어려운 기업의 유동성 및 채무 지급능력, 미래현금흐름 등의 정보를 알 수 있어서 더욱 중요해지고 있습니다.

지금까지 재무제표에 대해서 알아보았습니다. 재무제표로 가장 쉽게 주식을 분석하는 방법은 좌측 QR코드의 영상으로 더 명쾌하게 확인하실 수 있습니다.

유 튜 브
연결하기

★ 재무제표로 주식을
분석하는 방법
관련 영상 확인!

재무제표로
#가장쉽게
#주식분석 하는법은?

QR코드로
영상 보는 법
p.10을 참고!

대표적인 기본적 분석 지표

— 박네모, 김세모, 고수님이 입장하셨습니다. —

김세모

주가가 싼 주식을 사면 나중에
더 많이 오르는 것 아닌가요?

박네모

LG화학은 40만원이고, 셀트리온은 20만원,
골드퍼시픽은 1,500원이던데, 어떤 종목을
사야 하나요?

김세모

골드퍼시픽은 1,500원이라고?? 그렇게
싸면 사야 하는 거 아닌가요??

고수

단순히 주가만 보고 주가 수준을
평가할 수는 없습니다.

재무제표를 활용한 주식의 가치평가
방법을 알려드릴게요!

1. 경영실적이 좋은 종목을 찾으려면 ROE!!

기업의 목적은 이윤추구입니다. 돈 잘 버는 기업이 좋은 회사죠. 주가는
기업가치를 반영하기 때문에 돈을 잘 버는 기업의 주가가 돈을 못 버는
기업보다 높은 것이 일반적입니다. 그렇다면 돈 잘 버는 기업의 기준은
무엇일까요? 1,000만원을 투자하여 100만원을 버는 기업과 1억원을 투자하여
100만원을 버는 기업이 있다고 가정해봅시다. 일반적으로 1,000만원을
투자하여 100만원을 버는 기업이 돈을 더 잘 번다고 볼 수 있을 것입니다.

이렇게 기업이 보유한 자본으로 이익이 얼마나 났는지 알아보는 지표가 ROE(Return On Equity, 자기자본이익률)입니다. ROE는 기업의 수익성을 알기 위한 대표적인 지표죠.

$$ROE = \frac{당기순이익}{자기자본} \times 100$$

ROE는 높을수록 좋습니다. ROE가 높을수록 투자한 자본에 비해 이익을 많이 냈다고 볼 수 있기 때문이죠. 1,000만원을 투자해서 100만원의 이익을 낸 기업은 ROE가 10%겠지만, 1억원을 투자해서 100만원의 이익을 낸 기업은 ROE가 1%입니다.

하지만 재무제표로 확인하는 ROE는 과거 실적 기준이므로 ROE가 높고 낮음이 이미 주가에 반영된 경우가 많습니다. **따라서 주가 전망을 위해서는 예상 ROE가 중요합니다.** 기업의 과거 실적 및 실적 증가치, 시장상황 등을 고려해 미래의 실적을 추정하고, 예상 ROE를 구할 수 있습니다. 이때, 시간이 지나면서 예상 실적이 바뀔 수 있다는 점을 주의해야 합니다.

절대매매 TIP!

2017년 기준	LG화학	셀트리온	골드퍼시픽
당기순이익(억)	19,453	3,994	−10
자기자본(억)	161,685	24,246	60
ROE	12.03%	16.47%	−16.67%

위 표에서 ROE만 비교하면 셀트리온이 LG화학보다 장사를 잘했다고 볼 수 있습니다. 하지만 셀트리온과 LG화학은 업종이 다릅니다. 의약품을 판매하는 기업과 화학제품을 판매하는 기업의 수익률은 차이가 있죠. 이 때문에 ROE는 **같은 업종 내에서 비교해야** 올바른 판단을 할 수 있습니다.

일반적으로 ROE가 높아지면 주가는 상승할 가능성이 크고, 낮아지면 하락할 가능성이 큽니다. 아래 차트에서 볼 수 있듯이 ROE가 높아지면서 주가도 상승하고, ROE가 낮아지면서 주가도 하락하는 모습을 볼 수 있죠. 하지만 ROE가 높은 기업이라고 해도 주가가 기업의 내재가치에 비해 지나치게 높을 때는 주의해야 합니다. 주가가 지나치게 높은지 아닌지의 여부는 이어서 배울 PER(주가수익비율)과 PBR(주가순자산비율)을 통해서 확인할 수 있습니다.

ROE를 분석하여 좋은 종목 사는 법은 우측 QR코드의 영상으로 더 쉽게 알아보실 수 있습니다.

▶ HTS화면 TR-0604 // 홈▶차트▶재무차트(0604)

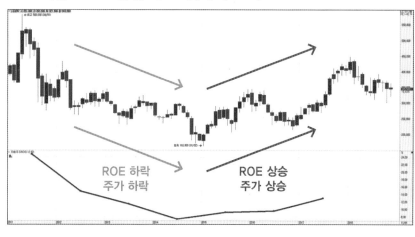

QR코드로 영상 보는 법 p.10을 참고!

고수의 꿀팁!

ROE는 15% 이상을 꾸준히 유지해야 투자대상!!

가치투자의 대가 워런 버핏은 **ROE가 꾸준히 15% 이상을 유지할 수 있는 기업에 투자하는 것을 추천했습니다.** 즉, 주주들의 투자금으로 사업을 하여 15% 이상의 순이익이 생기는 기업은 장기적으로 꾸준한 주가가 상승할 가능성이 크기 때문이죠. **ROE는 재무비율의 수익성 비율로 투자할 때 반드시 확인해야 합니다.**

HTS에서 기본적 분석 지표를 확인하는 방법

기본적 분석 지표를 이해하기 위해서는 직접 계산해 보는 것이 도움이 됩니다. 하지만 지표의 의미를 이해하고 있다면 주식투자를 할 때마다 재무제표를 보고 계산할 필요는 없습니다. 이미 HTS에 기업의 투자지표들이 계산되어 있기 때문이죠. 지표를 계산하는 것보다 그 의미를 알고 해석하는 능력이 중요합니다.

▶ **HTS화면 TR-0919 // 홈▶투자정보▶기업분석▶기업분석(0919)▶투자지표**

IFRS 연결		2014/12	2015/12	2016/12	2017/12	2018/09
Per Share						
EPS	(원)	11,745	15,602	17,336	24,854	17,277
BPS	(원)	164,485	176,007	188,807	211,079	222,034
Multiples						
PER		15.41	21.06	15.06	16.30	
PSR		0.59	1.20	0.93	1.23	
PBR		1.10	1.87	1.38	1.92	1.65
EV/EBITDA		5.84	7.72	5.84	7.14	

위 그림은 LG화학의 투자지표입니다. 2014년부터 2017년까지 EPS와 BPS가 꾸준히 상승했고, 주가도 2014년 30만원대에서 2017년 40만원대까지 상승했습니다.

2. 기업 내재가치와 주식시장에서 평가받는 기업의 가치를 비교할 땐 PER!

기업의 내재가치와 주식시장에서 평가받는 기업의 가치를 비교할 수 있는 대표적인 지표로 EPS(Earnings Per Share, 주당순이익)와 PER(Price Earning Ratio, 주가수익비율)이 있습니다.

$$\text{EPS(주당순이익)} = \frac{\text{당기순이익}}{\text{총발행주식수}}$$

EPS는 주식 한 주당 얼마의 순이익이 발생했는지 알아보는 지표입니다. 주식이 10주인 기업이 1년 동안 100만원의 수익을 냈다면, EPS는 10만원이 됩니다. 1년에 한 주당 10만원을 벌었다고 생각하면 되죠. EPS는 기업의 수익성을 알아보는 대표적인 지표입니다.

절대매매 TIP!

2017년 기준	LG화학	셀트리온	골드퍼시픽
당기순이익(억)	19,453	3,994	−10
총주식수(주)	78,281,143	125,456,133	17,136,344
EPS(원)	24,850	3,184	−58

위의 표에서처럼 LG화학의 주식 한 주는 1년 동안 24,850원을 벌었고, 셀트리온의 주식 한 주는 1년 동안 3,184원을 벌었습니다. 반면 골드퍼시픽 주식 한 주는 58원의 손해를 봤죠. 이때 어떤 주식을 매매하는 것이 좋을까요? 먼저 골드퍼시픽처럼 당기순이익이 적자인 기업은 피하는 게 좋습니다. 일반적으로, 적자인 기업은 외국인이나 기관이 매수하기 힘들기 때문이죠. 다음으로 LG화학이 셀트리온보다 EPS는 높지만 두 기업의 주가를 비교해야 더 정확한 분석을 할 수 있습니다.

EPS를 주가와 비교하면 PER(주가수익비율)이 됩니다. **PER은 기업의 주가가 기업이 버는 돈의 몇 배인지를 알아보는 지표입니다.** PER 수치가 낮을수록 주가가 당기순이익에 비해 저평가되어 있고, 높을수록 고평가되어 있다고 할 수 있죠.

$$PER(주가수익비율) = \frac{주가}{EPS(주당순이익)}$$

앞의 예시처럼 EPS가 10만원인 기업의 주가가 10만원이라면 PER은 1배가 되고, 주가가 100만원이라면 PER은 10배가 됩니다. 반대로 생각하면 PER이 1배면 주식 한 주가 1년만 벌면 주가만큼 번다는 의미고, PER이 10배면 주식 한 주가 10년을 벌어야 주가만큼 번다는 의미죠. 즉, **PER은 주가와 수익을 비교해서 주가가 수익의 몇 배인지를 알 수 있는 수익성 지표입니다.** PER이 높으면 주가가 기업의 수익보다 높게 거래되고 있다는 의미로 고평가, PER이 낮으면 주가가 기업의 수익보다 낮게 거래되고 있다는 의미로 저평가라고 합니다.

절대매매 TIP!

2017년 기준	LG화학	셀트리온	골드퍼시픽
당기순이익(억)	19,453	3,994	−10
총주식수(주)	78,281,143	125,456,133	17,136,344
EPS(원)	24,850	3,184	−58
주가(원) (2017.12)	405,000	221,100	2,748
PER(배)	16.30	69.45	N/A

LG화학의 PER은 16.30배가 나왔습니다. EPS 24,850원 대비 주가가 약 16배 정도 된다는 뜻이죠. 셀트리온의 PER은 69.45배가 나왔습니다. EPS 3,184원 대비 주가가 약 70배 정도 된다는 뜻입니다. 즉, EPS 기준으로 LG화학은 16년, 셀트리온은 70년 정도 돈을 벌어야 주가만큼 번다는 의미죠. 골드퍼시픽은 적자이기 때문에 PER을 산출할 수 없습니다. 단순히 PER을 기준으로 본다면 LG화학이 셀트리온보다 저평가된 것으로 보입니다. 하지만 **PER을 비교할 때는 동종 업종으로 비교해야 합니다. 업종마다 적정 PER이 다르기 때문이죠.**

▶ 업종 평균 PER

업종	평균 PER	업종	평균 PER	업종	평균 PER
제조업	9.58	전기전자	6.81	금융업	7.93
음·식료품	11.56	의료정밀	5.81	은행	6.57
섬유·의복	8.05	운수장비	33.34	증권	7.82
종이·목재	38.01	유통업	10.04	보험	10.62
화학	9.60	건설업	8.66	서비스업	26.00
의약품	90.11	운수창고업	28.92	통신업	9.74
비금속광물	11.96	철강금속	9.75	기계	53.60

출처: 한국거래소 시장데이터(http://marketdata.krx.co.kr)

LG화학이 포함된 화학업종의 평균 PER은 9.60배입니다. LG화학의 PER은 15.68배로 업종평균 PER보다 높습니다. 즉, LG화학의 주가가 고평가되어 있다고 볼 수 있죠. 반면 셀트리온이 포함된 의약품업종의 평균 PER은 90.11배입니다. 셀트리온의 PER은 69.22배로 업종평균 PER보다 낮습니다. 즉, 셀트리온의 주가는 저평가되어 있다고 볼 수 있죠. 이처럼 LG화학과 셀트리온을 기업 자체의 ROE나 EPS만으로는 제대로 평가하기가 힘듭니다. **기업의 PER을 업종평균 PER과 비교해야 주식시장에서 평가받는 기업의 가치를 알 수 있죠.**

▶ 저평가된 주식을 찾아가는 과정

2017년 기준	LG화학	셀트리온	골드퍼시픽	의식의 흐름
주가(원) (2017.12)	405,000	221,100	2,748	골드퍼시픽이 제일 싼 주식인데??
ROE(%)	12.03	16.47	−16.67	셀트리온이 제일 영업을 잘하는데??
EPS(원)	24,850	3,184	−58	LG화학 1주가 순이익이 더 많네???
PER(배)	15.68	69.22	N/A	LG화학이 저평가 된 것 같은데???
업종평균 PER(배)	9.60	90.11	69.79	LG화학 고평가!! 셀트리온은 저평가!!

PER은 주가 수준을 평가하는 유용한 지표지만 맹신해서는 안 됩니다. PER 기준으로만 저평가된 주식에 접근하면 위험하죠. PER이 주가를 EPS(주당순이익)로 나누는 구조이기 때문입니다. EPS가 같을 때 주가가 낮으면 PER은 낮게 나옵니다. 그런데 주가는 복합적인 이유로 움직이죠. 만약 기업의 성장가능성이 낮거나, 부도와 같은 위험계수가 높아지면 주가는 하락합니다. 또한, 우리가 알지 못하는 이유로 주가가 하락했을 수도 있죠. 주가가 하락하면 PER은 낮게 나오고, 저평가된 것으로 착각할 수 있습니다. 따라서 PER이 낮은 경우 기업이 실제로 저평가되었는지, 외적인 요소 때문인지를 분석해야 합니다.

고수의 꿀팁!

시가총액과 당기순이익 비교법(feat. PER)

시가총액을 가지고도 간단하게 기업의 가치를 평가해 볼 수 있습니다. 바로 **시가총액과 당기순이익을 비교해 보는 방법**이죠.

시가총액은 주가와 총발행주식수의 곱으로 산출됩니다. 삼성전자의 2017년 당기순이익은 약 42조이고 시가총액이 약 268조입니다. 시가총액이 당기순이익의 약 6.4배 정도이죠. 이는 삼성전자의 가치를 주식시장에서는 순이익의 약 6.4배 정도로 본다는 의미입니다. 기업의 시가총액과 당기순이익으로 주식시장에서 평가받는 기업의 가치를 손쉽게 알 수 있습니다. 이 개념이 바로 PER입니다.

▶ **시가총액 공식**

$$\text{시가총액} = \text{주가} \times \text{총발행주식수}$$

$$\text{PER} = \text{주가} \div \text{EPS} = \text{주가} \div \dfrac{\text{당기순이익}}{\text{총발행주식수}} = \text{주가} \times \dfrac{\text{총발행주식수}}{\text{당기순이익}} = \dfrac{\overset{\text{시가총액}}{\downarrow}\text{주가} \times \text{총발행주식수}}{\text{당기순이익}}$$

저PER주의 오해

저PER주는 주식시장이 폭락하거나 가치주 열풍으로 많은 투자자가 저PER주를 찾을 때가 투자하기 적합한 시점입니다. 하지만 저PER주를 신뢰하다 보면 몇 가지 오류에 빠질 수 있습니다.

❶ 저PER주는 성장성에 대한 고려가 빠져 있습니다. 똑같은 당기순이익에서 주가가 낮으면 PER이 낮아지죠. 이때 주가가 낮은 이유가 성장성이 낮아서라면 향후 주가 상승은 기대하기 힘듭니다.

❷ 지나치게 저평가된 기업만 찾게 됩니다. 저평가된 기업을 찾고 더 저평가된 기업을 찾는 오류를 범할 수 있는 거죠. 이렇게 되면 다양한 기업 중 투자 가능한 기업이 줄어들어 투자기회를 잃을 수 있습니다.

❸ 능동적으로 대응하는 매매가 불가능합니다. 주식투자는 타이밍이 중요합니다. 저평가된 종목을 찾더라도 뉴스나 수급 상황을 고려하여 매매 타이밍을 잡아야 하죠. 하지만 저PER주만 고집하다 보면 주식시장의 변화에 대응하지 못할 수 있습니다.

❹ 실제 개별기업의 PER은 계산이 어렵습니다. PER을 구하기 위해서는 EPS부터 구해야 하지만 EPS에 사용하는 순이익의 기준을 정하는 것부터가 어렵죠. 자사주나 우선주를 총발행주식수에 포함해야 하는지 아닌지도 논란이 있습니다. 이 같은 이유로 같은 기업의 PER이 증권사마다 다르게 계산되는 경우가 많습니다.

❺ 예상 PER 계산은 더 어렵습니다. 이미 발표된 재무제표를 기준으로 미래의 재무제표를 추정해야 예상 PER을 계산할 수 있기 때문이죠. 미래 재무제표 추정을 위해서는 기업의 영업환경뿐만 아니라 대외 환경까지 현재와 비슷하다는 가정을 해야 합니다. 이 가정이 변한다면 추정 자체의 의미가 없어질 수 있죠.

3. 기업이 영업을 얼마나 잘하는지 알고 싶을 땐 EV/EBITDA!!

PER은 기업의 가치를 평가하는 유용한 지표입니다. 하지만 기업의 부채와 실제 현금흐름이 포함되지 않았기 때문에 실질적인 기업의 가치를 평가하기에는 부족한 부분이 있습니다. 이런 문제점을 보완해 주는 지표가 EV/EBITDA(이브이에비타)입니다.

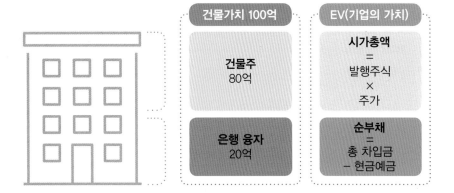

EV/EBITDA(이브이에비타)는 기업의 가치가 영업이익의 몇 배인가를 측정하는 기준입니다. 먼저 EV(Enterprise Value, 이브이)는 기업가치를 뜻합니다. 기업의 시가총액과 순부채의 합이죠. 100억원의 건물을 사려고 하는데, 건물에 은행 융자가 20억원 있다고 가정하겠습니다. 건물을 사려면 100억원 중 80억원은 건물주에게 지급하지만, 20억원은 은행에 지급해야 합니다. 이처럼 기업의 가치를 평가할 때 건물주에게 지급하는 80억원이 시가총액에 해당하는 부분입니다. 은행에 지급하는 20억원이 순부채에 해당하는 부분이죠. 기업은 자기자본뿐만 아니라 타인자본(부채)을 가지고 영업활동을 합니다. 그래서 **기업의 가치를 평가하려면 시가총액과 순부채를 합해야 하죠.**

EBITDA(Earnings Before Interest rate, Tax, Depreciation & Amortization, 에비타)는 실제 기업의 영업실적만으로 기업을 평가하는 지표입니다.

▶ EV/EBITDA

$$\text{EV/EBITDA} = \frac{(\text{시가총액} + \text{순부채})}{(\text{영업이익} + \text{감가상각비 등 비현금성 비용} + \text{제세금})}$$

결국 EV/EBITDA는 기업이 자기자본과 타인자본을 이용하여 어느 정도의 **현금흐름을 창출할 수 있는지 나타내는 지표입니다.** 이 비율이 높을수록 기업이 벌어들이는 이익(EBITDA)에 비해 기업가치가(EV) 높게 평가되고 있다는 것이죠. PER과 마찬가지로 수치가 낮으면 저평가, 높으면 고평가로 볼 수 있습니다.

2017년 기준	LG화학	금호석유	한화케미칼	코오롱인더
EV(억)	309,404	48,132	86,456	44,338
EBITDA(억)	43,305	4,805	11,919	3,990
EV/EBITDA(배)	7.14	10.02	7.25	11.11

위 표에서 보는 것처럼 LG화학의 EV/EBITDA는 7.14배로, 같은 화학 업종인 금호석유, 한화케미칼, 코오롱인더스트리보다 낮습니다. LG화학은 EV/EBITDA를 기준으로 동종업계에서 저평가되어 있다고 볼 수 있죠.

▶ 엔터주의 EV/EBITDA 비교표

ENT	비교항목	2014/12	2015/12	2016/12	2017/12
SM Ent.	PER	117.05	41.03	153.03	174.42
	EV/EBITDA	15.67	15.7	13.8	25.68
YG Ent.	PER	34.08	26.2	25.92	30.98
	EV/EBITDA	28.51	27.9	13.74	17.91
JYP Ent.	PER	18.41	48.87	20.01	29.21
	EV/EBITDA	16.28	23.42	10.35	21.39

위의 표에서 엔터주들을 PER로만 평가한다면 SM Ent.은 너무나 고평가되어 있습니다. 하지만 EV/EBITDA로 보면 2014년, 2015년에는 오히려 저평가되어 있죠. 이처럼 PER은 기업의 실제 경영상황을 반영하지 못하는 측면이 있습니다. EV/EBITDA를 같이 확인해야 기업의 가치를 올바르게 평가할 수 있죠. 이처럼 PER이 과도하게 높은 종목을 매매할 때는 EV/EBITDA를 함께 확인해야 가치평가의 왜곡을 피할 수 있습니다.

EV/EBITDA는 기업이 보유한 현금으로 수익을 얼마나 냈는지 알 수 있는 유용한 지표입니다. 하지만 기업가치(EV)를 산정할 때 자회사 투자분을 반영했는지, 시가총액에 자기주식을 제외했는지 또는 비영업 자산을 보유하고 있을 때 제대로 평가했는지 등 확인해야 할 부분이 무척 많습니다. 또한, 과도한 투자나 부채 등으로 재무 건전성이 악화된 기업을 가려낼 수 없는 문제점도 가지고 있죠. 따라서 투자의 절대적인 지표로 삼기보다는 PER 등 다른 평가지표들과 함께 사용하는 게 좋습니다.

4. 자산가치가 높은 종목을 찾고 싶을 땐 PBR!!

자산가치로 주가를 평가하는 방법은 PBR(Price Book-value Ratio, 주가순자산비율)입니다. 기업의 주가가 한 주당 자산가치 대비 몇 배인지를 의미하죠. 그럼 한 주당 자산가치란 무엇일까요?

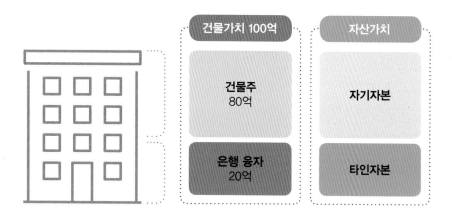

한 주당 자산가치를 알기 위해서는 순자산가치를 먼저 알아야 합니다. 20억의 은행 융자가 있는 100억의 건물을 매도한다면, 건물주는 80억만 받을 수 있고, 은행 융자 20억은 상환해야 합니다. 건물주는 100억의 자산을 가지고 있지만, 순수한 자기자산은 80억인 것이죠. **기업도 마찬가지로 총자산에서 총부채를 빼면 순자산 즉, 기업의 자기자본이 됩니다.**

▶ BPS, EPS

$$\text{BPS(주당순자산)} = \frac{\text{순자산}}{\text{총발행주식수}} \quad VS \quad \frac{\text{당기순이익}}{\text{총발행주식수}} = \text{EPS(주당순이익)}$$

기업의 순자산을 총발행주식수로 나눈 것이 BPS(Book-value Per Share, 주당순자산)입니다. BPS로 주식 한 주당 순자산이 얼마나 배분됐는지 알 수 있죠. 같은 PS(Per Share)지만 EPS는 당기순이익(Earnings), BPS는 순자산(Book-value)을 총발행주식수로 나누는 차이가 있습니다.

$$PBR = \frac{주가}{주당순자산(BPS)}$$

BPS를 주가와 비교하여 기업이 시장에서 얼마만큼의 가치를 인정받고 있는지를 나타낸 지표가 PBR입니다. PBR은 주가가 주당순자산 대비 몇 배인지를 알려줍니다. PBR이 1배 이하라는 의미는, 쉽게 말해서 지금 당장 회사를 청산하고 회사가 가지고 있는 자산을 주주들에게 나눠주는 금액보다 주가가 낮다는 뜻입니다. PBR 수치가 낮을수록 해당 기업의 자산가치도 저평가됩니다.

▶ **제지업종의 PBR 비교**

2017년 기준	무림페이퍼	페이퍼코리아	이건산업	한솔제지
순자산(억)	4,105	613	1,535	52,536
총주식수(천주)	41,609	54,217	9,374	23,803
BPS(원)	9,866	1,130	16,372	21,996
주가(원)	2,445	1,230	9,520	14,000
PBR(배)	0.25	1.09	0.58	0.64
ROE(%)	6.70	−115.20	3.40	8.80
EPS(원)	641	−3,750	570	1,812
PER(배)	3.82	N/A	16.72	7.72

위의 표는 제지업에 해당하는 기업의 PBR과 가치평가 지표를 나타낸 것입니다. BPS는 한솔제지가 21,996원으로 가장 높지만, 주가와 비교해 보면 무림페이퍼의 PBR이 0.25로 가장 저평가되어 있습니다. PBR 기준으로 이건산업이 한솔제지보다 저평가되어 있지만, ROE가 두 배 이상 낮고, PER도 두 배 이상 높죠. 이처럼 매매할 때 단순히 PBR로 저평가 종목을 찾기보다는 ROE와 PER을 같이 확인해야 합니다.

5. 매출가치가 높은 종목을 찾고 싶을 땐 PSR!!

주가가 주당매출액 대비 몇 배인지 알아보는 지표는 PSR(Price Sales Ratio, 주가매출액비율)입니다. 매출액 대비 주가가 저평가되어 있는지, 고평가되어 있는지를 측정하는 지표입니다.

$$\text{SPS(주당매출액)} = \frac{\text{매출액}}{\text{총발행주식수}}$$

$$\text{PSR(주가매출액비율)} = \frac{\text{주가}}{\text{SPS}}$$

PSR이 낮을수록 주가가 저평가되었다고 볼 수 있습니다. 주당매출액이 같을 때 주가가 낮을수록 PSR이 낮게 나오게 되죠. 반대로 같은 주가일 때 주당매출액이 클수록 PSR은 낮게 나오게 됩니다. 매출액은 조작이 어려우므로 PSR은 다른 지표들보다 신뢰도가 높습니다.

 절대매매 TIP!

▶ **제지업종의 PSR 비교**

2017년 기준	무림페이퍼	페이퍼코리아	이건산업	한솔제지
매출액(억)	4,105	5,565	2,987	17,571
총주식수(천주)	41,609	54,217	9,374	23,803
SPS(원)	9,866	10,264	31,863	75,772
주가(원)	2,445	1,230	9,520	14,000
PSR(배)	0.25	0.12	0.30	0.18
PBR(배)	0.25	1.09	0.58	0.64
ROE(%)	6.70	−115.20	3.40	8.80
PER(배)	3.82	N/A	16.72	7.72
EV/EBITDA(배)	7.72	N/A	8.26	8.16

위의 표는 제지업에 속하는 기업들의 PSR과 대표적인 기본적 분석 지표들을 나타낸 것입니다. PSR은 페이퍼코리아가 0.12배로 가장 낮습니다. 하지만 페이퍼코리아의 PBR은 1.09배로 다른 제지업종 기업보다 고평가되어 있습니다. 이익이 적자기 때문에 ROE는 음의 값을 가지고 PER은 의미가 없습니다. EV/EBITDA도 산출이 안 될 정도로 기업의 경영상황이 좋지 않습니다. 종목을 선정할 때 PSR만으로 주식의 가치를 평가하기보다는 다른 지표들을 참고해야 합니다.

CHAPTER 05 내가 고른 종목, 얼마나 위험한지, 가치는 얼마일지 알아보자

1. 재무비율로 종목 선정하기

수박을 살 때 바로 맛을 확인해서 구입하면 좋겠지만 그렇게 할 수 없죠. 그래서 수박을 두드려서 소리가 맑은지, 모양은 타원형으로 반듯한지, 무늬가 선명한지 등을 보고 선택해야 합니다. 종목을 선정할 때도 마찬가지입니다. 기업을 직접 찾아가서 확인해보고, 재무제표의 모든 항목을 분석해보면 좋겠지만, 시간과 노력이 많이 들죠. 그래서 **재무제표의 몇 가지 항목을 분석해서 기업의 가치와 안정성을 평가할 수 있는 재무비율 분석이 유용합니다.**

재무비율은 안정성비율, 성장성비율, 수익성비율, 활동성비율로 구성됩니다. 종목별 재무비율은 HTS를 통해서 확인할 수 있죠.

▶ HTS화면 TR-0919 // 홈▶투자정보▶기업분석▶기업분석(0919)▶재무비율(탭)

2. 기업이 망할지 걱정될 땐 안정성비율을 보자!

안정성비율은 기업이 사업을 진행할 때 부채가 감당할 수 있는 수준인지
확인하는 지표로 레버리지(Leverage)비율이라고도 합니다. 다시 말해 기업이
빚을 얼마나 잘 갚을 수 있는지 보는 지표로서 부도 위험을 점검할 수 있죠.
안정성 비율에는 유동비율, 부채비율, 유보율, 이자보상비율이 있습니다.

CHAPTER 3에서 알아본 유동비율, 부채비율, 유보율은 안정성 비율입니다.
부채비율은 낮을수록(200% 이하), 유동비율과 유보율은 높을수록 안정성이
높죠.

$$부채비율 = \frac{총부채}{총자본} \times 100$$

$$유동비율 = \frac{유동자산}{유동부채} \times 100$$

$$유보율 = \frac{이익잉여금 + 자본잉여금}{자본금} \times 100$$

이자보상비율은 기업이 주된 영업을 통해 벌어들인 영업이익으로 이자를 얼마나 갚을 수 있는지를 나타냅니다. 따라서 비율이 높을수록 안정성이 높고, 부도 가능성을 측정하는 데 매우 중요하게 사용됩니다.

$$이자보상비율 = \frac{영업이익}{이자비용} \times 100$$

▶ 제지업의 안정성비율 비교

2017년 기준	무림페이퍼	페이퍼코리아	이건산업	한솔제지
부채비율(%)	196.7	965.6	186.5	219.8
유동비율(%)	87.9	118.3	67.6	60.8
유보율(%)	294.6	126.0	227.4	339.9
이자보상비율(%)	2.4	N/A	2.5	2.4

위의 표는 제지업의 안정성비율을 나타냅니다. 제지업에 속하는 기업 중 페이퍼코리아는 부채비율이 심각하게 높고, 이자보상비율은 영업이익이 적자라 산출되지 않습니다. 안정성이 매우 낮은 상황이죠. 반면 무림페이퍼는 부채비율이 200% 이하이고, 유동비율, 유보율, 이자보상비율 모두 높아 안정성이 매우 높습니다. 페이퍼코리아는 부도 위험이 크고, 나머지 기업들은 부도 위험이 낮다고 평가하죠. 종목을 선정할 때 무엇보다 안정성을 확인해야 합니다.

3. 빠르게 성장하는 기업을 찾을 땐 성장성비율을 보자!

성장성비율은 기업의 경영성과 또는 재무상태가 전기와 비교했을 때 당기에 얼마나 성장했는지를 보여주는 지표입니다. 일반적으로 매출액증가율과 총자산증가율로 확인합니다. 기업을 분석할 때 사용되는 가장 기초적인 재무비율이죠.

매출액증가율은 매출액이 전기보다 어느 정도 증가하였는지를 나타냅니다. 매출액 대신 영업이익이나 당기순이익을 사용할 수도 있습니다. 영업이익을 사용하면 영업이익증가율, 당기순이익을 사용하면 당기순이익증가율이 되죠. 매출액증가율이 높게 나타나면서 순이익이 증가한다면 기업이 빠르게 성장하고 있는 것을 의미합니다.

$$\text{매출액증가율} = \frac{\text{당기매출액} - \text{전기매출액}}{\text{전기매출액}} \quad \text{또는} \quad \frac{\text{당기매출액}}{\text{전기매출액}} - 1$$

총자산증가율은 총자산이 전기보다 어느 정도 증가하였는지를 나타냅니다. 기업의 외형적인 성장 규모를 측정할 수 있죠.

$$\text{총자산증가율} = \frac{\text{당기총자산} - \text{전기총자산}}{\text{전기총자산}} \quad \text{또는} \quad \frac{\text{당기총자산}}{\text{전기총자산}} - 1$$

절대매매 TIP!

▶ 게임주의 성장성비율 비교

2017년 기준		위메이드	컴투스	더블유게임즈	엔씨소프트
성장성	매출액증가율(%)	1.5	−1.0	105.2	78.8
	총자산증가율(%)	12.4	17.7	128.2	49.4
안정성	부채비율(%)	32.5	10.2	146.4	29.2
	유동비율(%)	344.1	1003.8	34.2	388.9
	유보율(%)	3389.5	12044.7	5066.9	261.28.9
	이자보상비율(%)	1.9	8420.1	4.0	179.6

위의 표는 게임주의 성장성비율과 안정성비율을 나타냅니다. 더블유게임즈가 매출액증가율과 총자산증가율이 가장 높아 성장성이 높은 것으로 평가됩니다. 컴투스는 안정성비율은 높지만, 성장성이 낮은 것으로 볼 수 있죠. 엔씨소프트는 성장성도 뛰어나고 안정성도 높은 것으로 평가됩니다.

4. 기업이 돈을 잘 버는지 보려면 수익성비율을 보자!

수익성비율은 기업이 보유한 자원을 얼마나 잘 활용하여 수익을 냈는지 확인하는 지표입니다. ROE(자기자본이익률), ROA(총자산순이익률), EPS(주당순이익) 등으로 알 수 있습니다. 주가에 직접적인 영향을 줄 수 있는 지표이므로 관심 있게 봐야 하죠.

ROE와 EPS는 대표적인 수익성비율입니다. 이 지표들이 높을수록 기업의 수익성이 높다고 평가되죠. 특히 ROE를 15% 이상 꾸준히 유지하는 기업에 투자하는 것이 좋습니다.

$$ROE = \frac{당기순이익}{자기자본} \times 100$$

$$EPS(주당순이익) = \frac{당기순이익}{총발행주식수}$$

ROA(Return on Assets, 총자산순이익률)는 기업이 보유한 총자산으로 이익을 얼마나 냈는지 알아보는 지표입니다. 비율이 높을수록 수익성이 높다고 **평가되죠**. 일반적으로 ROA가 높고, PER이 낮은 기업은 저평가되었다고 봅니다. 자산을 효율적으로 사용하여 당기순이익이 많이 발생하는데도 불구하고 주가가 낮기 때문이죠.

$$ROA = \frac{당기순이익}{총자산} \times 100$$

 절대매매 TIP!

▶ **게임주의 수익성비율**

2017년 기준		위메이드	컴투스	더블유게임즈	엔씨소프트
수익	ROE(%)	3.3	20.4	9.0	19.1
	EPS(원)	580	11,066	2,027	20,104
	ROA(%)	−0.2	18.4	5.0	15.1
안정	부채비율(%)	32.5	10.2	146.5	29.2
	유동비율(%)	344.1	1003.8	34.2	388.9
성장	매출액증가율(%)	1.5	−1.0	105.2	78.8

위의 표는 게임주의 수익성, 안정성, 성장성비율을 나타냅니다. 컴투스가 ROE 20.4%, ROA 18.4%로 가장 높은 수익성을 보여주고 있지만, 성장성비율인 매출액증가율은 -1.0%로 가장 낮습니다. 컴투스는 게임주 중에서 수익성은 높지만, 성장성이 둔화한 것으로 볼 수 있죠. 엔씨소프트는 수익성, 안정성, 성장성비율이 모두 좋은 것으로 평가됩니다. 종목을 선정할 때 수익성이 높은 기업도 중요하지만, 안정성 및 성장성을 함께 고려해야 합니다.

5. 기업이 보유한 자산을 얼마나 효율적으로 사용하고 있는지 알려면 활동성비율을 보자!

활동성비율은 기업이 특정 자산을 얼마나 효율적으로 사용하고 있는지를 나타내는 지표입니다. 총자산회전율, 재고자산회전율, 매출채권회전율 등이 포함됩니다.

$$총자산회전율 = \frac{매출액}{총자산} \qquad 재고자산회전율 = \frac{매출액}{재고자산} \qquad 매출채권회전율 = \frac{매출액}{매출채권}$$

총자산회전율은 기업이 이익을 내는 데 자산을 얼마나 효율적으로 사용하였는지 나타내는 지표입니다. 비율이 높을수록 자산을 효율적으로 사용하여 매출이 높아졌다고 평가되죠. 하지만 이 비율이 지나치게 높으면 총자산에 대한 투자가 부족하다고 해석할 수 있습니다.

재고자산회전율은 기업이 보유하고 있는 재고자산이 판매되는 속도를 나타내는 지표입니다. 비율이 높을수록 재고자산의 관리가 매우 효율적이라고 평가되죠. 하지만 지나치게 높으면 재고가 부족하다는 의미로 해석할 수 있습니다.

매출채권회전율은 매출채권(외상)을 현금화하는 속도를 나타내는 지표입니다. 매출액은 매출채권과 현금의 합입니다. 비율이 높을수록 매출채권이 적다는 뜻으로 매출채권이 빠르게 현금으로 회수되고 있음을 뜻합니다. 반면 비율이 낮으면 현금 회수가 잘 안 된다는 의미이므로 미래의 수익성이 악화될 가능성이 높습니다.

▶ **제조업의 재무비율**

2017년 기준		에스에프에이	서울반도체	실리콘웍스	LG디스플레이
활동	총자산회전율(%)	1.2	1.0	1.3	1.0
	재고자산회전율(원)	67.4	8.1	11.4	11.8
	매출채권회전율(%)	4.7	3.2	4.9	6.2
안정	부채비율(%)	83.9	81.6	32.0	94.6
성장	매출액증가율(%)	45.5	16.4	13.6	4.9
수익	ROE(%)	29.3	6.7	11.9	13.2

위의 표는 디스플레이 관련 부품 제조업의 재무비율을 나타냅니다. 에스에프에이의 재고자산회전율이 67.4%로 가장 높은 활동성을 보여주고 있습니다. 매출액증가율과 ROE도 가장 높아 성장성 및 수익성도 뛰어나죠. 반면 서울반도체는 타사보다 활동성비율, 수익성비율이 낮습니다.

표의 기업 중 안정성은 실리콘웍스가 가장 높지만, 성장성과 수익성이 조금 부족합니다. 에스에프에이는 부채비율이 200% 이하로 안정성이 있고, 성장성 및 수익성비율도 다른 기업보다 높고 활동성비율도 양호합니다. 위 표의 기업 중 재무비율을 기준으로 종목을 선정한다면 에스에프에이가 가장 적합한 종목입니다.

6. 꼭 확인해야 하는 자본잠식 여부!!!

재무비율은 아니지만, 기업의 자본잠식 여부도 꼭 확인해야 합니다. 자본잠식은 적자가 계속되면서 보유하고 있는 자금이 계속 감소하여 자본금까지 바닥나는 상황입니다. 재무제표에서 자본금보다 자본총계가 작으면 자본잠식 상태죠.

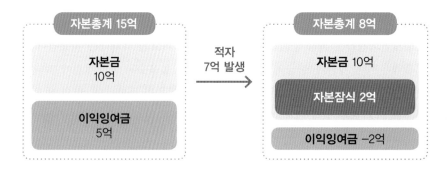

그럼 실제 자본잠식 사례를 알아보겠습니다. 자본잠식의 가장 대표적인 예는 2016년 대우조선해양의 사례입니다. 지금은 자본총계가 정상화되었지만, 2016년에는 자본잠식 상태였죠.

▶ **2018년 대우조선해양 사업보고서**

재무상태표

	제 18 기	2017.12.31 현재	
제 17 기	2016.12.31 현재	
제 16 기	2015.12.31 현재	(단위 : 원)

	제 18 기	제 17 기	제 16 기
자본			
자본금	538,281,440,000	332,884,800,000	1,372,076,840,000
기타불입자본	351,159,359,118	2,808,828,478,411	(14,677,080,363)
신종자본증권	2,284,775,000,000	1,000,000,000,000	
기타자본구성요소	347,326,739,448	426,659,530,596	439,352,369,763
결손금	(777,526,300,561)	(4,329,455,581,680)	(1,381,509,654,957)
자본총계	2,744,016,238,005	238,917,227,327	415,242,474,443
부채와자본총계	11,022,743,788,752	13,483,738,472,309	17,074,991,605,058

대우조선해양의 2016년 자본금은 약 3,328억이었지만, 결손금이 4조 이상 발생하여 자본총계가 약 2,389억인 것을 확인할 수 있습니다. 이렇게 자본총계가 자본금보다 작은 상황을 자본잠식 상태라고 하죠. 종목을 선정할 때 기업의 자본잠식 여부는 꼭 확인해야 합니다. 자본잠식이 계속되면 기업의 부도 가능성이 커지기 때문이죠. 월세를 못 내서 보증금을 계속 까먹는 상황과 비슷합니다.

CHAPTER 06
투자하기 좋은 기업!
재무제표만 보면 알 수 있을까?

김세모

저평가된 주식만 찾으면 돈을 벌 수 있나요?

박네모

저평가된 주식을 살 때 따로
확인해야 하는 것이 있나요?

김세모

재무제표만 보면 되지 않나요?

고수

저평가된 주식을 매수한다고
무조건 수익이 나지는 않습니다.

기업을 분석할 때 숫자로 드러나지
않는 부분도 확인해봐야 하죠.

무엇을 더 고려해야 하는지 함께 알아볼게요.

1. 재무제표에서 확인하기 어려운 기업의 질!!

지금까지 재무제표를 통해서 기업을 평가하는 다양한 지표에 대해 살펴
보았습니다. 이런 지표를 활용하는 방법을 기본적 분석에서는 양적(계량적)
분석이라고 합니다. 하지만 기업을 평가할 때 경영진의 능력, 기업의 이미지 등
숫자로 나타내기 어려운 부분이 있습니다. **이런 부분을 평가하는 것을 기본적
분석에서는 질적(비계량적) 분석이라고 합니다.** 일반적으로 기본적 분석은
양적 분석을 말하는 경우가 많지만, 질적 분석도 매우 중요합니다.

좋은 종목을 고르기 위한 질적 분석 방법 몇 가지를 알아보겠습니다.

① 경영진의 능력

먼저 경영진의 능력을 살펴봐야 합니다. **기업을 이끌어가는 경영진의 능력은 기업의 지속적인 성장에 필수적인 요소이기 때문이죠.** 보통 경영진의 능력을 파악하기 위해서는 뉴스를 통해서 평판을 확인합니다. 또한, 사업보고서 (Business Report)에서도 주요 임원의 경력 사항을 확인할 수 있습니다. 기업의 대표자가 변경될 때도 공시로 약력을 공개하므로 대표이사 변경 사유와 새로운 대표자의 주요 약력도 확인할 수 있죠. 실제로 주식시장에서 대표이사 변경 후에 주가가 상승한 경우도 있습니다.

② 기업의 이미지

기업의 이미지도 중요합니다. SNS가 활성화됨에 따라 소비자들의 의견 공유가 쉬워졌기 때문이죠. **아무리 좋은 상품과 서비스를 제공하는 기업이라고 해도, 기업의 이미지가 좋지 못하면 매출이 늘어나기 힘듭니다.** 게다가 기업의 이미지가 나빠지면 매출이 하락하기 전에 주가가 먼저 하락하기도 합니다. 기업이 이미지 광고를 하는 이유도 여기에 있죠.

③ 브랜드 충성도

소비자들의 브랜드 충성도도 중요합니다. **브랜드에 대한 충성도가 높은 기업은 그만큼 안정적인 매출과 수익성을 확보할 수 있죠.** 애플의 아이폰이나 삼성의 갤럭시 등이 대표적인 예입니다.

④ 주력상품과 매출 비중

기업의 주력상품과 매출 비중을 확인하는 것도 중요합니다. **기업의 주력상품은 무엇이고 그 제품이 지금 잘 팔리고 있는지를 확인해야 하죠.** 오뚜기는 면 제품류의 매출 비중이 32%이고, 삼양식품은 면제품의 매출 비중이 90%입니다. 만약 라면 가격이 상승한다면 매출증가율은 삼양식품이 더 크겠죠.

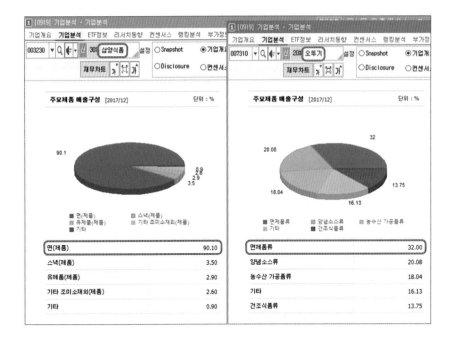

⑤ 뉴스

기업의 뉴스도 확인해야 합니다. 기업의 현재 경영상황이나 이슈를 알 수 있죠.
뉴스는 기자의 의견이 반영될 수 있으므로 사실을 확인하고 주가와의 연관성을
분석하는 것이 중요합니다.

2. 저평가된 기업은 무조건 투자해야 할까?

지금까지 기본적 분석을 알아봤습니다. PER, PBR, ROE 등 대표적인 기본적
분석 지표와 재무비율을 통해 기업의 내재가치 및 안정성을 확인하는 방법을
배웠습니다. 그렇다면 기본적 분석을 통해 선정한 저평가된 기업은 무조건
투자해야 할까요?

기본적 분석은 기업의 주가는 내재가치에 수렴한다는 전제를 바탕으로
이뤄집니다. 그러나 시간의 개념이 모호하죠. 저평가된 종목의 주가가
상승하지 못하는 **가치함정**이 발생할 때도 있습니다. 저평가 종목을 선정하는
대표적인 지표인 PER을 예로 들어보겠습니다.

가치함정(Value Trap)

저평가된 종목의 주가가 내재가치
에 수렴하지 않고, 머물러 있는 상태
입니다. 저평가된 종목을 매수했지
만, 주가가 오르지 않아 이익이 발생
하지 않는 상황을 의미하죠.

업종평균 PER이 3배일 때, 일리오 주식회사의 PER이 1배이면 저평가되어 있다고 봅니다. 하지만 주가가 10,000원으로 같다고 가정할 때, 일리오 주식회사의 당기순이익이 10만원으로 급감하면 PER은 10배가 되어 고평가되었다고 보겠죠. 그럼 주가는 1만원 이하로 하락할 가능성이 클 겁니다. 이처럼 지금 현재 PER 기준으로 저평가되어 있다고 하더라도, 향후 당기순이익이 줄어들면 의미가 없어지게 됩니다.

현재 저평가되어 있는 종목을 찾는 것은 중요합니다. 하지만 과거지표의 추세 및 예상 실적을 바탕으로 한 예상지표의 추세가 긍정적으로 변하는지 확인하는 과정이 필요하죠. 기본적 분석을 통해 저평가된 안전한 종목을 선정하고, 다음 챕터에서 배울 기술적 분석을 통해 매매 타이밍을 잡는 것이 중요합니다.

사업보고서에서
재무제표만 보면 된다고요??

사업보고서는 기업의 종합검진표!!

기본적 분석에서 가장 기초가 되는 정보는 재무제표입니다. 그래서 재무제표만 보면 기본적 분석은 끝난다고 생각하는 사람들이 많습니다. 하지만 재무제표는 사업보고서의 일부분입니다. 재무제표가 정형화된 틀에 맞추어진 기업의 정보를 담고 있다면, 정형화하기 힘든 내용은 사업보고서의 다른 부분에 나와 있죠.

사업보고서는 전자공시시스템(http://dart.fss.or.kr)에서 누구나 볼 수 있습니다. 홈페이지에 접속하여 회사명을 입력하면 바로 확인할 수 있죠.

▶ 전자공시시스템 접속 ▶ 회사명 입력 ▶ 기간설정 ▶ 정기공시 ▶ 사업보고서 ▶ 검색

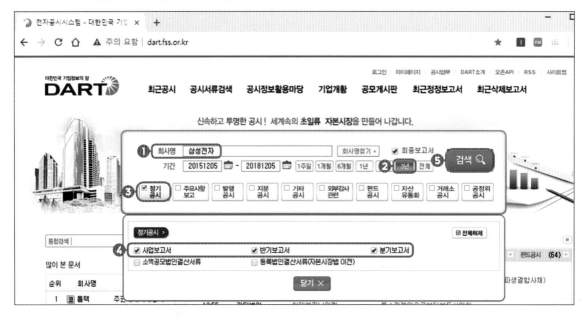

▶ 전자공시시스템 ▶ 회사 사업보고서 검색 결과

| 회사별검색 | | | | 🏠 > 공시서류검색 > 회사별검색 |

전자공시시스템에서는 회사의 사업보고서 이외에도 주요 공시사항에 대한 정보를 볼 수 있습니다. 공시된 정보들은 회사가 인정한 공식적인 사실이기 때문에 애널리스트나 기자들도 참고합니다.

기업별 사업보고서의 목차는 대부분 비슷한 구조로 작성됩니다. 기업의 상황에 따라 봐야 하는 부분이 달라질 수 있지만, 일반적으로 확인해야 할 부분들을 알려드릴게요.

▶ 삼성전자 사업보고서 목차

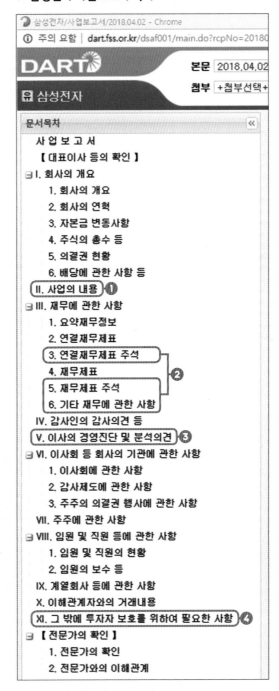

❶ 사업의 내용

사업의 내용에는 기업이 무엇을 하여 돈을 벌고, 시장점유율은 어느 정도이며, 향후 성장 가능성은 어떤지 등이 자세히 나와 있습니다. 또한, 환율변동이나 이자율변동에 대한 기업의 위험관리방법도 나와 있죠. 사실 이 내용이 사업보고서에서 가장 중요한 부분입니다. 기업의 존재 이유인 이윤추구가 어디서 어떻게 진행되고 있는지를 알 수 있고, 앞으로의 전망까지 나와 있기 때문이죠.

❷ 연결재무제표 주석, 재무제표 주석, 기타 재무에 관한 사항

연결재무제표 주석과 재무제표 주석도 중요합니다. 재무제표를 중요하게 생각하는 투자자는 주석까지 보는 경우가 많죠. 주석에는 재무제표의 숫자들이 어떻게 결정되었는지에 대한 정보가 나옵니다. 주석을 잘 분석하면 재무제표에 표현되지 않은 기업 내용을 알 수 있습니다. 신용평가 기관에서는 주석 내용을 바탕으로 매출이나 부채의 질을 평가하죠. 주석에도 표시하지 못하는 내용은 기타 재무에 관한 사항에서 확인할 수 있습니다.

❸ 이사의 경영진단 및 분석의견

이사의 경영진단 및 분석의견에는 경영진이 기업의 현황을 어떻게 판단하고 있는지에 대한 내용이 자세히 나와 있습니다. 이 부분을 통해 경영진이 기업 경영에 있어 중점을 두는 부분이 어디인지, 앞으로 경영전략은 어떠한지를 추정할 수 있죠.

❹ 그 밖에 투자자 보호를 위하여 필요한 사항

그 밖에 투자자 보호를 위하여 필요한 사항에는 공시사항 중 변경된 내용이나 소송과 관련된 내용이 나와 있습니다. 이런 사항들은 이미 주가에 반영된 경우도 있지만, 아직 반영되지 않는 사항도 있을 수 있으니 잘 확인해야 합니다.

사업보고서는 기업의 종합검진표와 같습니다. 기업과 관련된 종합적인 정보를 담고 있죠. 건강검진표의 한 가지 항목만 보고 건강 상태를 평가할 수 없듯이, 사업보고서도 재무제표뿐만 아니라 다른 내용을 종합적으로 활용해야 정확한 기업분석을 할 수 있습니다.

PART 07 에서는 …

야구 경기에서 투수가 던진 공이 타자 앞을 지나가는 데 0.4초가 걸린다고 합니다. 눈 한 번 깜빡이는 속도가 0.15
초라고 하니 세 번 깜빡이면 공이 지나가는 거죠. 타자가 공을 치려면 타이밍이 중요합니다. 투수가 던지는 구종을
미리 선정하고, 정확한 타이밍에 공을 쳐야 안타를 칠 수 있죠. 주식도 타이밍이 중요합니다. 종목을 선정하고, 정확한
타이밍에 매수해야 수익을 낼 수 있죠.

PART

07

주식은 타이밍!
기술적 분석으로 매매 타이밍 잡기

기술적 분석에 대해 알아보기

– 박네모, 김세모, 고수님이 입장하셨습니다. –

김세모

주식은 언제 사야 하나요?

박네모

차트를 봐야 한다던데 차트가 뭔가요?

고수

주식시장을 분석하는 방법에는 기본적 분석과 기술적 분석이 있죠.

주식의 매매 타이밍은 차트를 기반으로 하는 기술적 분석을 통해 알 수 있어요.

1. 주식, 언제 사고 언제 팔아야 할까?

주식투자는 주식을 싸게 매수하여 비싸게 매도해야 수익이 발생합니다. 일반적인 종목은 주가가 하락하고 있다고 해도 경제가 성장한다면 언젠가는 매수가격 이상 상승할 가능성이 크죠. 하지만 종목을 보유하는 동안의 기회비용이 얼마나 발생할지 알 수 없습니다. 또한, 매수한 종목의 주가가 크게 하락했다면 매수가격 이상 상승할 때까지 심리적으로 견디기도 힘들죠.

> **기회비용**
>
> 기회비용은 하나를 선택했을 때 포기해야 하는 다른 가치 중 가장 큰 것을 의미합니다. 종목을 보유하고 있을 때 주가가 하락하여 매도하지 못한다면 다른 종목을 매수하여 수익날 기회를 잃게 되죠.

세상에서 가장 좋은 주식은 주가가 매수가격보다 높아진 주식입니다. 하지만 실제 매매에서 매수 후 주가가 항상 상승하기는 어렵죠. 최저가격인 줄 알고 매수했다가 주가가 더 하락하는 때도 있고, 주가 하락을 기다리다가 아예 매수를 못 하는 때도 있습니다.

매수타이밍만큼이나 매도타이밍도 중요합니다. 오히려 주식을 매수하는 것보다 훨씬 중요하다고 할 수 있죠. 주식을 아무리 저가에 매수했더라도 시기적절한 매도로 이익을 실현하지 못하면 이익을 볼 수 없으니까요. 이처럼 주식투자는 타이밍의 예술이라고 해도 과언이 아닙니다. 이번 PART 7에서는 기술적 분석을 통해 종목선정과 매매 타이밍 잡는 방법에 대해 알려드릴게요.

고수의 꿀팁!

AI의 발전과 기술적 분석의 필요성

과거 가치투자라는 이름으로 기본적 분석이 대세를 이루던 때가 있었습니다. 지금도 많은 개인투자자가 기본적 분석을 신뢰하죠. 기본적 분석은 주가와 이미 알려진 재무제표 등의 정보를 이용한 일종의 차익거래입니다. 2010년 초반까지만 해도 기본적 분석을 이용한 차익거래가 가능했습니다. 하지만 인공지능이 발전하면서 기본적 분석을 이용한 차익거래의 기회가 사라지고 있습니다. AI는 인간이 기본적 분석을 하기 전 이미 투자를 끝내죠. 실제로 월가에서는 PBR 1 이하의 종목이 거의 없는 상황입니다.

기술적 분석도 AI가 대체하고 있지만, 정형화된 기본적 분석과 달리 아직은 기회가 남아 있습니다. 차트는 투자자의 심리가 반영되어 있죠. AI는 과거의 주가 움직임을 기반으로 향후 주가 움직임을 예측하지만, 아직 심리를 해석하지는 못합니다. 이 때문에 차트를 분석하여 자금을 운용하는 차티스트들이 주목을 받고 있죠. AI가 사람의 심리를 해석하고 이용하기 전까지는 기술적 분석의 유용성은 남아 있을 것입니다.

2. 주식시장을 분석하는 또 다른 방법. 기술적 분석

기술적 분석은 과거의 주가나 거래량 등을 이용하여 미래의 주가 변화를 예측하는 분석법입니다. 기본적 분석과 달리 주식의 가격에 기업의 내재가치뿐만 아니라 경제, 정치, 심리적 요소들이 모두 반영되어 있다고 전제합니다.

기술적 분석의 장점은 다양한 시장에 사용할 수 있다는 것입니다. 주식시장뿐만 아니라 파생상품 시장이나 환율시장, 원유시장 등 매수자와 매도자의 거래가 이루어지는 시장은 기술적 분석이 가능하죠. 모든 거래는 심리를 기반으로 합니다. 매도자는 비싸게, 매수자는 싸게 거래하고 싶어하죠. 이런 심리들이 모여서 가격이 형성됩니다. 가격에는 심리뿐만 아니라 거래가 형성되기 위한 많은 정보가 숨어 있습니다. 이 때문에 가격으로 거래되는 다양한 시장에서 기술적 분석이 사용될 수 있습니다.

또한, **기술적 분석은 수치화하기 어려운 다양한 정보를 시각화할 수 있다는 장점이 있습니다.** 시장에 떠도는 소문이나, 투자자의 심리 등 기본적 분석에서 계량화하기 힘든 요소들을 차트에서 나타낼 수 있죠. 실제로 기본적 분석을 배제하고 차트만 분석하는 차티스트가 월가에서 점점 늘어가고 있습니다.

하지만 **기술적 분석은 장기투자에 사용하기 어렵다는 단점이 있습니다.** 과거의 가격이나 거래량 등을 기반으로 미래의 가격을 예측하기 때문에 기간이 길어질수록 신뢰도가 낮아지기 때문이죠.

거래량이 적을수록 표본이 적어 오차가 커진다는 단점도 있습니다. 거래량이 적으면 가격이 조작될 수 있기 때문이죠.

세력

자금을 기반으로 기업의 내부정보나 뉴스 등을 이용하여 주가를 움직이는 사람 또는 집단입니다. 세력은 주가를 급등시키거나 급락시키기도 하죠.

마지막으로 세력이나 뉴스 등에 의해 주가가 예측하지 못한 방향으로 변동될 **수도 있다는 단점이 있습니다.** 세력이나 뉴스로 인한 주가의 급등락은 어떤 분석으로도 예측할 수 없죠.

고수와 하수의 차이는 손절매

매도는 주가가 매수가격보다 상승하여 이익을 실현하는 매도와 주가가 매수가격보다 하락하여 손실을 줄이는 매도가 있습니다. 후자를 흔히 손절매라고 하죠. 주식투자의 고수와 하수를 나누는 경계가 손절매라고 할 만큼 손절매는 중요합니다. 손절매를 잘하기 위해서는 자신만의 원칙이 있어야 합니다. 손실의 하한선을 3%로 하는 자신만의 원칙을 세웠다면, 아무리 좋아 보이는 주식이라도 3% 손실이 발생하면 기계처럼 손절매해야 하죠.

캔들은 기술적 분석의 기본

– 박네모, 김세모, 고수님이 입장하셨습니다. –

김세모

캔들 차트가 뭔가요?

박네모

빨간색과 파란색은 뭐가 다른 건가요?

김세모

위아래로 나온 선들은 뭐죠?

고수

캔들 차트는 기술적 분석의 기본이 되는 차트입니다.

캔들 차트를 해석하는 기본적 용어들을 알려드릴게요!

1. 캔들차트가 뭐예요?

캔들차트(Candle Chart)는 생김새가 마치 양초(Candle)를 모아 놓은 모양이기 때문에 붙은 이름입니다. 캔들을 봉으로 부르기 때문에 봉차트라고도 하죠.

캔들차트의 기본은 봉(Candle)입니다. 봉은 양봉(White Candle)과 음봉(Black Candle)으로 나뉘죠. 양봉과 음봉을 구분하기 위해서는 시가(Open)와 종가(Close)를 알아야 합니다. **시가(Open)는 주식시장이 시작할 때 종목이 처음 거래되는 가격입니다. 반면 종가(Close)는 주식시장이 끝날 때 종목이 마지막으로 거래되는 가격이죠.** 종가가 시가보다 높으면 양봉(white Candle)이라 하고 빨간색으로 나타냅니다. 즉, 하루 동안 가격이 올랐다는 뜻이죠. 반대로 종가가 시가보다 낮으면 음봉(Black Candle)이라 하고 파란색으로 나타냅니다. 하루 동안 가격이 내렸다는 뜻입니다. **양봉과 음봉이 생기는 면적은 봉의 몸통(Real Body)이라고 합니다.**

▶ 양봉과 음봉, 시가와 종가

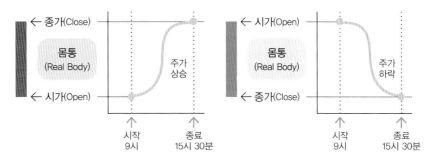

양봉과 음봉의 기준은 당일 시가와 종가입니다. 전일에 비해 주가가 올라도 당일 시가보다 종가가 낮으면 음봉이 됩니다. 반대로 전일에 비교해 주가가 내려도 당일 시가보다 종가가 높으면 양봉이 되죠.

이제 두 가지만 더 알면 봉의 해석은 끝납니다. 바로 장중 최고가와 장중 최저가죠. **하루 동안 주식시장에서 종목이 거래되는 가격 중 제일 높은 가격이 장중 최고가(High)가 됩니다. 반대로 가장 낮은 가격이 장중 최저가(Low)가 되죠.** 봉의 몸통에 위아래로 나온 선은 꼬리(shadow)라고 합니다. 고가를 나타내는 위로 나온 선을 위꼬리(Upper shadow), 저가를 나타내는 아래로 나온 선을 아래꼬리(Lower shadow)라고 하죠.

▶ 양봉과 음봉, 장중 최고가와 장중 최저가

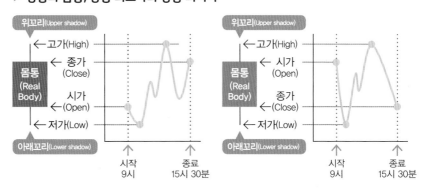

캔들차트는 기간에 따라 일봉(Daily), 주봉(Weekly), 월봉(Monthly)으로 나타냅니다. 하루 동안의 움직임을 하나의 봉으로 나타내면 일봉이 되고, 일주일 동안의 움직임을 하나의 봉으로 만들면 주봉이 됩니다. 즉, 주봉의 시가는 월요일의 시가, 주봉의 종가는 금요일의 종가가 되죠. 장중 최고가와 최저가는 월요일과 금요일 사이에 거래된 가격 중 최고가와 최저가죠. 같은 방법으로 월봉도 만들어집니다. **일반적으로 일봉은 단기 주가 흐름을 예측하기 위해 사용하고, 주봉과 월봉은 중장기 주가 흐름을 예측하기 위해 사용됩니다.**

2. 캔들 보는 법

앞의 내용으로 간단한 문제를 풀어볼까요? ①번~⑧번까지의 봉 모양을 보고, 시가, 종가, 고가, 저가의 위치를 찾아보세요!

▶ **봉 차트 연습문제**

봉의 모양은 기술적 분석에서 아주 큰 의미가 있습니다. 일봉 하나에는 하루 동안 투자자들의 심리가 담겨 있죠. 봉의 모양에 따라 매수세와 매도세가 치열하게 싸웠는지, 평화로웠는지 등을 알 수 있고, 다음날의 가격 변화도 예측할 수 있습니다.

연습문제의 정답을 알려드리겠습니다. 봉을 볼 때는 시가, 종가, 고가, 저가를 찾는 것은 기본이고, 그 의미를 해석할 수 있는 능력이 중요합니다.

① **장대양봉**(White Marubozu)이라고 부르며, 시가와 저가가 같고, 종가와 고가가 같을 때입니다. 주가가 시가 이하로 한 번도 내려가지 않고, 거래가 종료될 때 최고가로 끝났다는 의미죠. 아주 강한 매수심리를 나타내며 추후 주가 상승을 의미하는 봉입니다. **몸통의 길이가 길수록 더욱더 강력한 주가 상승을 의미하죠.** 바닥권에서 장대양봉이 발생한다면 주가가 상승 추세로 전환될 가능성이 큽니다.

바닥권

주가가 일정 기간 하락하여 낮은 위치에 있을 때입니다.

▶ **장대양봉(White Marubozu)**

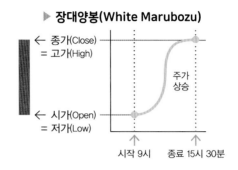

▶ **장대양봉(White Marubozu)의 Bottom area CASE**

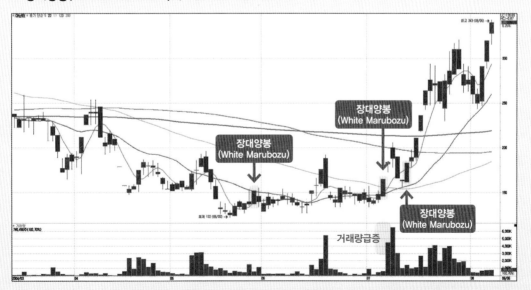

바닥권에서 장대양봉이 출현하면 주가가 상승할 가능성이 큽니다. 이때 장대양봉의 길이가 길고, 거래량이 급증하면 신뢰도가 더 높죠.

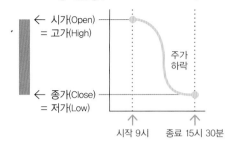

▶ 장대음봉(Black Marubozu)

← 시가(Open)
= 고가(High)

주가
하락

← 종가(Close)
= 저가(Low)

시작 9시   종료 15시 30분

② **장대음봉**(Black Marubozu)이라고 부르며, 시가와 고가가 같고, 종가와 저가가 같을 때입니다. 주가가 시가 이상 한 번도 상승하지 못하고, 거래가 종료될 때 최저가로 끝났다는 의미죠. 아주 강한 매도심리를 나타내며 추후 주가 하락을 의미하는 봉입니다. **몸통의 길이가 길수록 더욱더 강력한 주가 하락을 의미하죠.** 천정권에서 장대음봉이 발생한다면 주가가 하락 추세로 전환될 가능성이 큽니다.

천정권
────────────────
주가가 일정 기간 상승하여 높은 위치에 있을 때입니다.

절대매매 TIP!

▶ **장대음봉(Black Marubozu)의 Top area CASE**

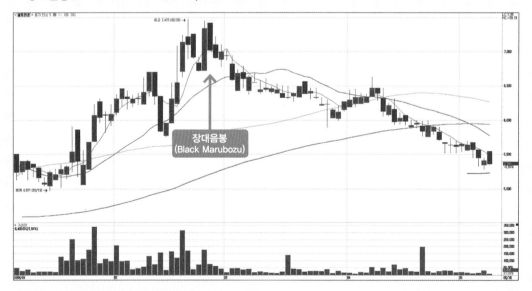

장대음봉
(Black Marubozu)

천정권에서 장대음봉이 발생하면 주가가 하락할 가능성이 매우 큽니다. 장대음봉 이전에 거래량이 급증하면서 하락 시그널이 발생하죠.

③ **역망치형 양봉**(Opening White Marubozu)이라고 합니다. 반대로 역망치형 음봉(Closing Black Marubozu)도 있죠.

역망치형 양봉은 시가와 저가가 같고, 종가보다 고가가 높을 때입니다. 주가가 시가 이하로 하락하지는 않고 상승하는 모습을 보인 후 거래가 종료될 때 고가보다 하락하였다는 의미죠. 위꼬리 양봉은 봉의 몸통과 위꼬리의 길이에 따라 의미가 조금 달라집니다. **몸통이 길수록 주가의 상승 가능성이 크지만, 위꼬리가 길어질수록 주가의 하락 가능성이 큽니다.** 특히 천정권에서는 주가의 하락 위험이 더 큽니다. 반대로 **역망치형 음봉**은 종가와 저가가 같고 고가가 시가보다 높을 때입니다. **일반적으로 추후 주가가 하락할 가능성이 있음을 의미합니다.** 주가가 상승하다 하락으로 전환될 때 많이 나타나죠.

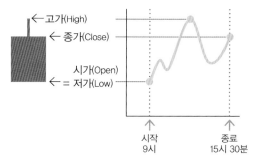

▶ **역망치형 양봉(Opening White Marubozu)**

▶ 역망치형 양봉(Opening White Marubozu)의 Bottom area CASE

바닥권에서 발생하는 역망치형 양봉은 주가가 상승 전환할 가능성이 큽니다.

▶ 역망치형 음봉(Closing Black Marubozu)의 Top area CASE

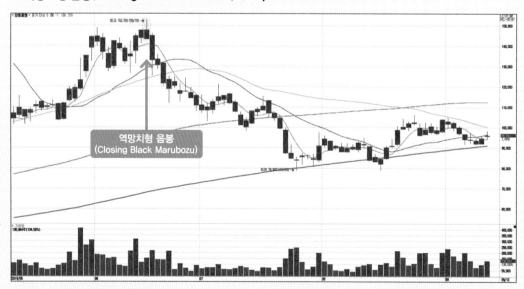

천정권에서 발생하는 역망치형 음봉은 주가가 하락 전환할 가능성이 큽니다.

④ **망치형 음봉**(Opening Black Marubozu)입니다. 망치형 양봉(Closing white Marubozu)도 있죠. 일반적으로 주가의 상승 가능성을 나타내지만, **몸통과 꼬리의 길이에 따라 의미가 달라집니다.**

망치형 음봉은 시가와 고가가 같고, 종가가 저가보다 높을 때입니다. 주가가 시가 이상으로 한 번도 상승하지 않고, 거래가 종료될 때 최저가보다는 상승하였다는 의미죠. **아래꼬리가 길수록 천정권에서는 주가 하락 가능성이 크고, 바닥권에서는 지지 또는 반등의 가능성이 큽니다.** 망치형 양봉은 종가와 고가가 같고, 시가가 저가보다 높을 때입니다. **봉의 몸통과 꼬리가 길수록 주가 상승 가능성이 크지만, 몸통과 꼬리가 모두 짧아도 주가의 상승전환은 가능하다고 보죠.**

지지

주가가 일정 수준에서 하락하지 않는 것을 지지라고 합니다. 지지되는 가격대를 연결하면 지지선이 되죠.

반등

주가가 기존의 하락추세를 멈추고 상승하는 것을 반등이라고 합니다.

▶ **망치형 음봉(Opening Black Marubozu)**

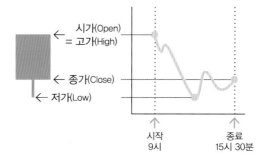

▶ **망치형 음봉(Opening Black Marubozu)의 Bottom area CASE**

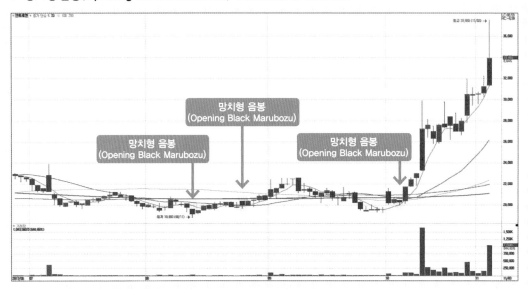

바닥권에서 발생하는 망치형 음봉은 주가가 상승 전환할 가능성이 큽니다.

▶ **망치형 음봉(Opening Black Marubozu)의 Top area CASE**
   망치형 양봉(Closing white Marubozu)의 Bottom area CASE

바닥권에서 발생하는 망치형 양봉은 주가가 상승 전환할 가능성이 크고, 천정권에서 발생하는 망치형 음봉은 주가가 하락 전환할 가능성이 큽니다.

⑤ 매수세와 매도세가 균형을 이룬 상태입니다. **십자형**(Doji)이라고 하죠.

5번 십자형은 주가가 장중에 변동하긴 했지만, 시가와 종가가 같을 때입니다. 주가가 시가 이상으로도 이하로도 움직였지만, 거래가 종료될 때 시가와 같게 끝났다는 의미죠. **일반적으로 매수세와 매도세가 균형을 이룬 상황일 때 발생합니다. 주가가 상승 도중이면 계속 상승, 하락 도중이면 계속 하락할 가능성이 큽니다.**

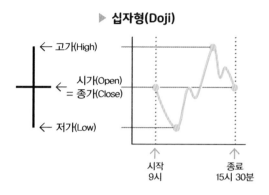

▶ **십자형(Doji)**

▶ **십자형(Doji)의 Continuation area CASE**

상승이나 하락추세의 중간에 나타나는 십자형은 기존 추세를 유지하는 경우가 많습니다.

⑥ **잠자리형**(Dragonfly Doji)**입니다. 시가, 종가, 고가가 같고, 저가만 다를 때입니다.** 주가가 시가 이하로 내려갔었지만, 거래가 종료될 때 시작한 가격과 같게 끝났다는 의미죠. **바닥권에서 나타날 확률이 높고, 바닥권에서 나타나면 반등 신호일 가능성이 큽니다.**

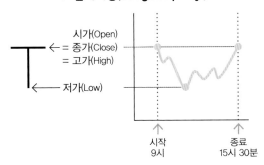

▶ **잠자리형(Dragonfly Doji)**

▶ **잠자리형(Dragonfly Doji)의 Bottom area CASE**

바닥권에서 발생하는 잠자리형은 주가의 반등 신호일 가능성이 큽니다.

⑦ 비석형(Gravestone Doji)입니다. **시가, 종가, 저가가 같고, 고가만 있을 때입니다.** 주가가 시가 이상으로 상승했지만, 거래가 종료될 때 시작한 가격과 같게 끝났다는 의미죠. 고가권에서 나타날 확률이 높고, **고가권에서 나타나면 하락 신호일 가능성이 큽니다.**

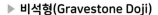

▶ **비석형(Gravestone Doji)**

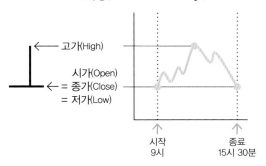

▶ **비석형(Gravestone Doji)의 Top area CASE**

비석형
(Gravestone Doji)

천정권에서 발생하는 비석형은 주가의 하락 신호일 가능성이 큽니다.

⑧ **사가동일선**(Four Price Doji)입니다. **시가, 종가, 고가, 저가가 모두 같을 때입니다.** 주가가 시작한 가격으로, 거래가 종료될 때까지의 종가, 고가, 저가가 동일했다는 의미죠. **보합 또는 침체국면에서 나타나며, 주가가 하락할 가능성이 있습니다.**

캔들차트의 봉을 볼 때 그 의미를 외우기보다는 실제 거래상황을 상상해 보는 것이 중요합니다. 일봉은 하루 동안 시장참여자들의 심리상태가 반영되었기 때문이죠. 이 심리를 잘 분석하면 내일의 일봉도 예측할 수 있습니다. 하지만 거래량이 부족한 종목은 봉 모양의 인위적인 조작이 가능하여 왜곡될 수 있으니 주의해야 하죠.

▶ **사가동일선(Four Price Doji)**

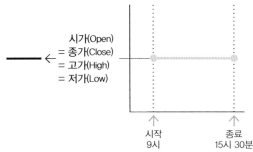

캔들 분석은 기술적 분석의 기본 중의 기본입니다. 캔들을 더 쉽게 이해하고 싶으시면 우측의 QR코드 영상을 확인해보세요.

캔들로 주가 흐름 예측하기

#망치형 #잉태형 #교수형
#샅바형 #관통형 #적삼병
#장악형 #샛별형 #흑삼병

— 박네모, 김세모, 고수님이 입장하셨습니다. —

김세모

캔들 모양이 다 다른데 어떻게 분석하죠?

박네모

캔들 모양이 너무 많아요.
어떻게 주가 흐름을 예측하죠?

김세모

캔들 한 개씩 일일이 따져봐야 하나요?

고수

캔들 한 개의 모양도 중요하지만,
캔들이 모인 모양도 중요합니다.

캔들의 모양으로 주가 흐름을
예측하는 방법을 알려드릴게요!

1. 캔들을 보면 주가 흐름이 보인다!

일봉 차트에서 한 개의 캔들은 그날 투자자들의 심리를 반영합니다. 하나의 캔들을 구성하는 시가, 종가, 고가, 저가는 매도세와 매수세가 맞물려 만든 것이죠. 캔들이 여러 개 모이면 그 모습으로 투자자들의 심리를 파악할 수 있고, 향후 주가의 흐름도 예측할 수 있습니다. 단순히 모양을 외우기보다는 모여있는 캔들의 심리를 이해하는 것이 중요합니다.

2. 주가 상승전환 가능성이 큰 모양

망치형이 하락 중간에 나타나면 주가의 상승전환 가능성이 큽니다. 주가가
저가 수준까지 하락했지만, 결국 매수세가 강하게 유입된 모양입니다.

▶ **망치형(Hammer)**

▶ **망치형(Hammer)의 Bottom area CASE**

바닥권에서 망치형이 나타나면 주가가 상승 전환할 가능성이 큽니다. 아래꼬리가 길수록 더 강력한 상승
신호입니다.

역망치형(Inverted Hammer)은 망치형보다 강한 모양으로 상승세로 이어지기 쉽습니다. 장 시작 이후 지속해서 매수세가 유입되면서 주가가 상승한 모양입니다. 하락 추세에서 나타나면 반등을 의미하지만, 상승 추세에서 나타나면 하락도 가능한 모양이죠.

▶ **역망치형(Inverted Hammer)**

▶ **역망치형(Inverted Hammer)의 Bottom area CASE**

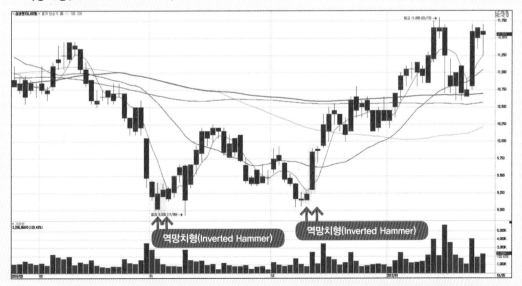

주가의 하락추세에서 상승 샅바형이 나타나면 상승추세로 전환할 가능성이 매우 큽니다.

상승장악형(Bullish Engulfing)은 전일의 주가 폭을 보자기로 싸는 것과 같이 큰 양선이 감싸는 모양입니다. 전일의 매도세가 이어지면서 시가가 낮게 형성되었지만, 매수세가 강하게 유입되어 전일 시가 이상으로 상승한 모습이죠. 주가 하락 시 나타나면 상승전환 가능성이 큽니다. 두 개 이상의 캔들이 모여 만들어진 형태는 위꼬리나 아래꼬리의 유무보다는 몸통을 기준으로 보는게 좋습니다. 실제 캔들 차트에서 아래 상승장악형 예시처럼 두 개의 캔들에 모두 위·아래꼬리가 있는 경우는 적습니다. 위·아래 꼬리까지 모두 일치하지 않아도 두 번째 봉이 첫 번째 봉을 감싸고 있는 모양이 중요합니다.

▶ **상승장악형(Bullish Engulfing)**

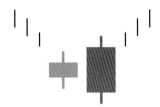

🔆 **절대매매 TIP!** 📖

▶ **상승장악형(Bullish Engulfing)의 Bottom area CASE**

주가가 하락하는 과정에서 상승장악형이 나타나면 상승전환 가능성이 큽니다.

상승잉태형(Bullish Harami)은 긴 음봉이 발생한 이후 몸통 사이에서 작은 양봉이 발생한 모양입니다. 매수세가 강하게 유입되면서 시가가 높게 형성되었지만, 기존 매도세가 유지되면서 전일 시가보다는 낮게 끝난 모양이죠. 매도세가 약해진 것을 의미합니다. 주가 하락과정에서 나타나면 상승전환 신호로 판단합니다.

▶ 상승잉태형(Bullish Harami)

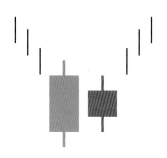

▶ 절대매매 TIP!

▶ 상승잉태형(Bullish Harami)의 Bottom area CASE

주가가 하락하는 과정에서 상승잉태형이 나타나면 상승전환 가능성이 큽니다.

관통형(Piercing Line)은 전일 음봉 몸통의 중간 이상 상승한 양봉입니다. 전일의 매도세로 시가가 낮게 형성되었지만, 매수세가 유입되어 회복한 모습이죠. 상승장악형보다는 약하지만, 주가 하락 시 나타나면 반등 가능성이 큰 것으로 봅니다.

▶ **관통형(Piercing Line)**

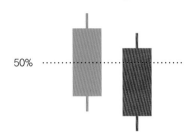

💡 **절대매매 TIP!**

▶ **관통형(Piercing Line)의 Bottom area CASE**

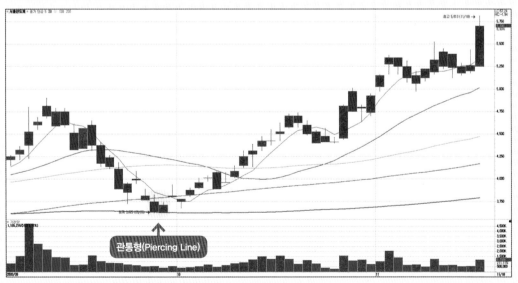

주가가 하락하는 과정에서 관통형이 나타나면 상승전환 가능성이 큽니다.

상승반격형(Bullish Count Attack Bullish Meeting Line)은 전일 음봉의 종가까지 회복하는 양봉입니다. 기존매도세가 이어지면서 시가는 낮게 형성되었지만, 매수세가 유입되어 전일 종가 수준까지 회복한 거죠. 관통형보다 약한 모양이지만 주가 하락과정에서 나타나면 단기반등 신호로 봅니다.

▶ **상승반격형(Bullish Count Attack Bullish Meeting Line)**

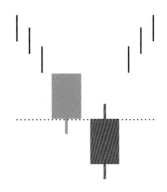

절대매매 TIP!

▶ **상승반격형(Bullish Count Attack Bullish Meeting Line)의 Bottom area CASE**

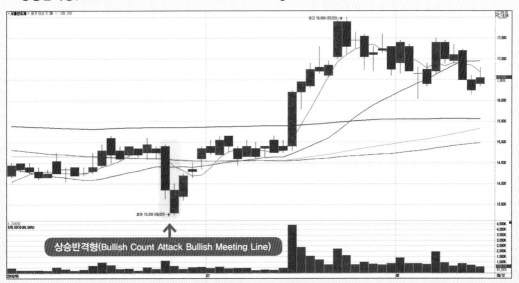

상승반격형(Bullish Count Attack Bullish Meeting Line)

바닥권에서 상승반격형이 나타나면, 주가가 단기반등할 가능성이 큽니다.

샛별형(Morning Star)은 긴 음봉 이후 하락 갭(GAP)을 만들고 세 번째 봉이 상승 갭을 만든 경우입니다. 두 번째 봉에 하락갭이 발생할 정도로 매도세가 강했지만, 매도물량을 소화한 이후 세 번째 봉에서 매수세가 강하게 유입된 모습이죠. 세 번째 양봉의 종가가 첫 번째 음봉 몸통 중간 이상 상승하면 강한 상승전환 신호로 보죠. 샛별형에서 두 번째 봉을 별이라고 합니다. 샛별 이후 아침이 오듯이, 주가도 하락을 멈추고 상승전환 한다는 의미죠.

하락 갭(GAP) / 상승 갭

갭은 연속한 두 개의 봉 사이에 생긴 공간을 의미합니다. 공간이 위로 발생하면 상승 갭, 아래로 발생하면 하락 갭이라고 하죠. 상승 갭은 매수세가 강하게 유입되어 전일 봉보다 높게 형성된 경우이고, 하락 갭은 매도세가 강하게 나와서 전일 봉보다 낮게 형성된 경우입니다.

▶ 샛별형(Morning Star)

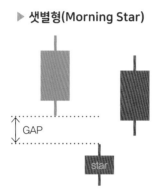

GAP

star

절대매매 TIP!

▶ 샛별형(Morning Star)의 Bottom area CASE

샛별형(Morning Star)

주가 하락과정에서 샛별형이 나타나면 주가가 상승할 가능성이 매우 큽니다.

3. 주가 하락전환 가능성이 큰 모양

교수형(Hanging Man)이 상승 중간에 나타나면 하락전환 가능성이 큽니다. 이익 실현을 위한 매도 물량이 나오면서 하락했지만, 기존의 매수세가 이어지면서 아래꼬리를 만든 모습이죠. 일반적으로 아래꼬리가 길수록 하락 가능성이 큽니다.

▶ **교수형(Hanging Man)**

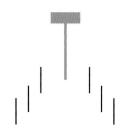

▶ **교수형(Hanging Man)의 Top area CASE**

천정권에서 교수형이 나타나면 주가가 하락할 가능성이 큽니다.

하락 샅바형(Bearish Belt Hold)이 상승 중간에 나타나면 하락전환 가능성이
큽니다. 교수형보다 기존매수세가 약하여 아래꼬리보다 몸통이 길어진
모습이죠.

▶ **하락 샅바형(Bearish Belt Hold)**

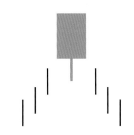

절대매매 TIP!

▶ **하락 샅바형(Bearish Belt Hold)의 Top area CASE**

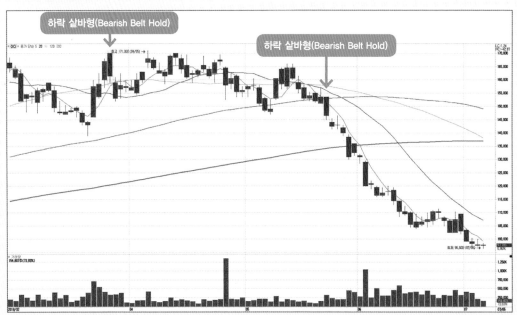

천정권에서 하락 샅바형이 나타나면 주가가 하락할 가능성이 매우 큽니다.

유성형(Shooting Star)이 상승 중간에 나타나면 하락 가능성이 큽니다. 기존매수세가 이어지면서 주가가 상승했지만, 결국 이익 실현을 위한 매도세가 강하게 나온 모습이죠.

▶ **유성형(Shooting Star)**

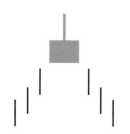

🔦 **절대매매 TIP!**

▶ **유성형(Shooting Star)의 Top area CASE**

천정권에서 유성형이 나타나면 주가가 하락할 가능성이 큽니다.

하락장악형(Bearish Engulfing)은 전일의 주가 폭을 큰 음봉이 감싸는 모양입니다. 전일의 매수세가 이어지면서 시가가 높게 형성되었지만, 매도세가 강하게 나오면서 전일 시가 이하로 하락한 모습이죠. 주가 상승 시 나타나면 하락전환 가능성이 큽니다.

▶ **하락장악형(Bearish Engulfing)**

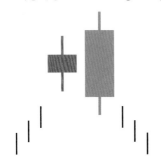

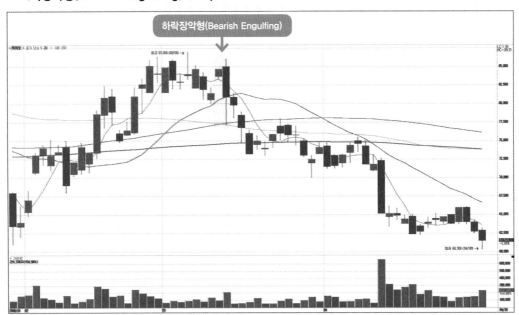

▶ **하락장악형(Bearish Engulfing)의 Top area CASE**

천정권에서 하락장악형이 나타나면 주가가 하락할 가능성이 매우 큽니다.

하락잉태형(Bearish Harami)은 긴 양봉이 발생한 이후 몸통 사이에서 작은 음봉이 발생한 모양입니다. 이익 실현을 위한 매도세가 강하게 나오면서 시가가 낮게 형성되었지만, 기존 매수세가 유입되면서 전일 시가보다는 높게 끝난 모양이죠. 매수세가 약해진 것을 의미합니다. 주가 상승과정에서 나타나면 하락전환 신호로 판단합니다.

▶ **하락잉태형(Bearish Harami)**

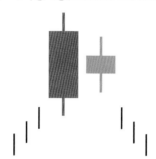

▶ **하락잉태형(Bearish Harami)의 Top area CASE**

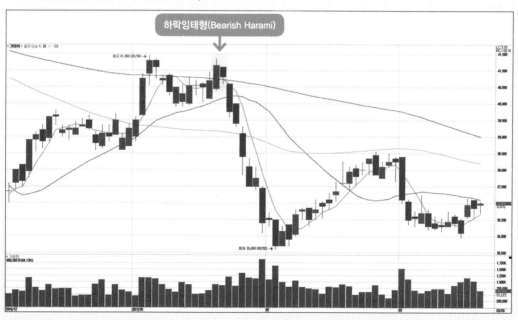

주가가 상승하는 과정에서 하락잉태형이 나타나면 하락 전환할 가능성이 큽니다.

먹구름형(Dark Cloud Cover)은 전일 양봉 몸통의 중간 이상 하락한 음봉입니다. 전일의 매수세로 시가가 높게 형성되었지만, 매도세가 강하게 나온 모습이죠. 하락장악형보다는 약하지만, 주가 상승 시 나타나면 하락전환 가능성이 큽니다.

▶ **먹구름형(Dark Cloud Cover)**

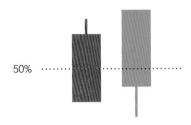

절대매매 **TIP!**

▶ **먹구름형(Dark Cloud Cover)의 Top area CASE**

주가가 상승하는 과정에서 먹구름형이 발생하면 하락 전환할 가능성이 매우 큽니다.

하락반격형(Bearish Count Attack Bearish Meeting Line)은 전일
양봉의 종가까지 하락한 음봉입니다. 기존매수세가 이어지면서 시가는
높게 형성되었지만, 매도세가 나오면서 전일 종가 수준까지 회복한 거죠.
먹구름형보다 향한 모양이지만 주가 상승과정에서 나타나면 단기하락 신호로
봅니다.

▶ **하락반격형(Bearish Count Attack Bearish Meeting Line)**

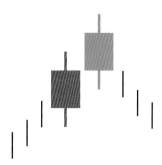

▶ **하락반격형(Bearish Count Attack Bearish Meeting Line)의 Top area CASE**

천정권에서 하락반격형이 나타나면 주가가 하락 전환할 가능성이 큽니다.

석별형(Evening Doji Star)은 긴 양봉 이후 상승갭을 만들고 세 번째 봉이 하락갭을 만든 경우입니다. 두 번째 봉에 상승갭이 발생할 정도로 매수세가 강했지만, 세 번째 봉에서 이익실현을 위한 매도세가 강하게 나온 모습이죠. 세 번째 음봉의 종가가 첫 번째 양봉 몸통의 중간 이상 하락하면 더 강한 하락전환 신호로 보죠. 석별형에서 두 번째 봉을 별이라고 합니다. 석별 이후 밤이 오듯이 주가도 하락가능성이 높기 때문이죠.

▶ **석별형(Evening Doji Star)**

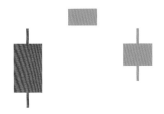

▶ **석별형(Evening Doji Star)의 Top area CASE**

천정권에서 석별형이 나타나면 주가가 하락할 가능성이 매우 큽니다.

까마귀형(Two Crows)은 석별형의 세 번째 봉이 두 번째 봉의 상승갭을 메우는 경우입니다. 석별형과 마찬가지로 두 번째 봉의 상승갭을 만든 매수세가 급격히 약해지면서 세 번째 봉에서 매도세가 급격히 나타난 모습이죠. 상승과정의 마지막에서 나타나는 모습으로 하락 가능성이 매우 큽니다.

▶ 까마귀형(Two Crows)

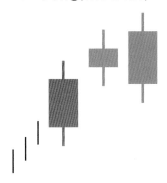

절대매매 TIP!

▶ 까마귀형(Two Crows)의 Top area CASE

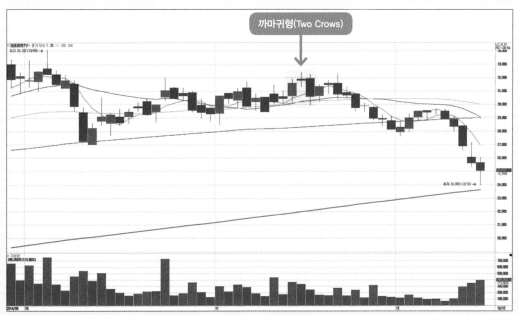

천정권에서 까마귀형이 나타나면 주가가 하락 전환할 가능성이 큽니다.

4. 주가의 흐름이 유지되는 모양

적삼병(Three White Soldiers)은 연속된 양봉 세 개가 시가와 종가를 높이는 모양입니다. 주가의 상승 흐름이 유지될 가능성이 크죠. 단기 주가 상승으로 이익을 실현하려는 매도세를 강력한 매수세가 모두 소화하면서 상승했다는 의미입니다. 일반적으로 3일 상승 후 음봉이 발생하면 매수기회로 봅니다.

▶ 적삼병 매수기회(Three White Soldiers)

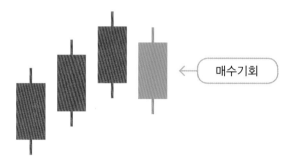

흑삼병(Three Black Crows)은 연속된 음봉 세 개가 시가와 종가를 낮추는 모양입니다. 주가의 하락 흐름이 유지될 가능성이 크죠. 주가가 낮아졌다고 생각해서 유입되는 매수세를 강력한 매도세가 누르면서 하락했다는 의미입니다. 일반적으로 3일 하락 후 양봉이 발생하면 매도기회로 봅니다.

▶ 흑삼병 매도기회(Three Black Crows)

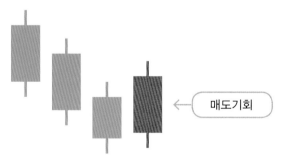

유 튜 브
연결하기

★ 세력을 이기는 방법
관련 영상 확인!

세력을 이기는
유일한 방법.
·캔들 암묵암전·

QR코드로
영상 보는 법
p.10을 참고!

지금까지 대표적인 캔들 모양들을 살펴봤습니다. 캔들 모양은 거래량이 많지 않으면 왜곡될 가능성이 있어 충분한 거래량이 있는 경우에만 의미가 있습니다. 또한, 실제 주가 움직임과 항상 정확하게 일치하지는 않습니다. 캔들을 많이 보면서 매수세와 매도세의 힘을 느끼는 것이 중요합니다.

고수가 캔들을 분석하여 세력을 이기는 방법은 좌측의 QR코드 영상을 통해 확인해보세요.

절대매매 TIP!

▶ **흑삼병(Three Black Crows)의 Sell signal CASE**
  적삼병(Three White Soldiers)의 Buy signal CASE

흑삼병은 주가가 하락한다는 강한 신호이고 적삼병은 주가가 상승한다는 강한 신호입니다.
흑삼병이 발생한 직후 양봉이 나타나면 매도기회가 되고, 적삼병이 발생한 직후 나타나는 음봉은 매수기회가 됩니다.

캔들 차트의 고수가 되는 방법

캔들의 모양을 외운다고 고수가 될 수는 없습니다. 캔들은 흐름이 중요합니다. 캔들의 모양을 보고 매수세와 매도세를 느끼고 해석할 수 있어야 하죠. 가장 좋은 방법은 많이 보면서 눈으로 익히는 것입니다. 캔들을 많이 보는 방법은 다음과 같습니다. 먼저 캔들차트를 과거로 돌립니다. 차트를 한 칸씩 현재로 움직이면서 다음에 나올 캔들 모양을 예측해 보면 됩니다. 차트는 일봉뿐만 아니라 주봉, 월봉 및 다양한 분봉도 있습니다. 하나의 종목만으로도 다양하게 학습할 수 있죠.

▶ **캔들 차트 학습법**

❶ 차트를 뒤로 돌린다.
❷ 한 칸씩 현재로 온다.
❸ 다음에 나올 캔들 모양을 예측해 본다.

추세선으로 매매 타이밍 잡기

#추세선
#지지선
#저항선

– 박네모, 김세모, 고수님이 입장하셨습니다. –

김세모

TV에 보니까 캔들차트에 선을 긋던데요?

박네모

지지선? 저항선? 이라고 하던데요?

김세모

선은 어떻게 그리는 건가요?

고수

주가는 일정 기간 비슷하게
움직이는 경향이 있죠.

비슷하게 움직이는 주가를 이은
선이 지지선과 저항선입니다.

1. 추세선이 뭐예요?

주가는 움직였던 방향으로 계속 움직이려는 관성이 있습니다. 호재나 악재가
주가에 한 번에 반영되기보다는 시간을 갖고 반영되는 경우가 많기 때문이죠.
이렇게 주가가 일정한 방향으로 움직이는 것을 추세라고 합니다. 주가가
상승하는 방향으로 움직이면 상승추세, 하락하는 방향으로 움직이면 하락
추세라고 하죠. 추세를 선으로 나타낸 것이 추세선(Trend Line)입니다.

추세선은 지지선과 저항선으로 만들어집니다. 지지선은 주가의 저점을 이은
선입니다. 주가가 일정 수준 하락한 후 더 하락하지 않는 가격을 이은 선이죠.
반면 저항선은 주가의 고점을 이은 선입니다. 주가가 일정 수준 상승 후 더
상승하지 못하는 가격을 이은 선입니다.

▶ **추세선의 종류**

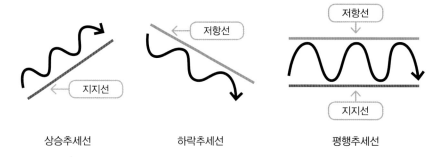

상승추세선   하락추세선   평행추세선

주가가 상승하는 추세에서는 일정 수준 하락 후 다시 상승하는 모습을 보이기 때문에 주가의 저점을 연결한 지지선이 상승추세선이 됩니다. 반대로 주가가 하락하는 추세에서는 일정 수준 상승 후 다시 하락하는 모습을 보이기 때문에 주가의 고점을 연결한 저항선이 하락추세선이 되죠. 마지막으로 주가가 옆으로 횡보하는 모습을 보일 때는 지지선과 저항선 사이에는 움직이는 평행추세선이 됩니다. 평행추세선은 마치 주가가 박스(BOX)에 갇혀서 움직이는 모습이기 때문에 박스권이라고도 합니다.

고수의 꿀팁!

박스권? Bull Market? Bear Market?

'박스권에 갇혔다', '박스권을 돌파했다'는 말이 있습니다. 박스권은 주가가 박스에 갇힌 것처럼 일정한 범위에서 등락을 반복한다는 말입니다. 박스의 상단은 저항선이고, 하단은 지지선이죠. 박스권을 상향 돌파했다는 의미는 주가가 저항선보다 높게 올라갔다는 뜻입니다. 반면 박스권을 하향 돌파했다는 의미는 주가가 지지선보다 낮게 내려갔다는 뜻이죠. 참고로 주식시장에서 황소(bull)는 상승을 의미하고, 곰(bear)은 하락을 의미합니다. 불마켓(bull market)은 상승하는 주식시장을, 베어마켓(bear market)은 하락하는 주식시장을 의미합니다.

2. 추세선을 이용한 매매전략 세우기

주가는 일정 기간 같은 방향으로 움직이는 특성이 있습니다. 이 때문에 추세선을 이용하면 매매전략을 세울 수 있죠. 주가가 상승추세일 때, 하락추세일 때, 횡보하는 추세일 때로 나누어 매매전략을 알아보겠습니다.

주가가 상승하는 추세일 때는 지지선을 확인하는 매매전략이 필요합니다. 주가가 지지선에서 더 하락하지 않고 상승하면 매수 시점이고, 지지선을 아래 방향으로 강하게 돌파하면 매도 시점이죠.

▶ 상승 추세 매매 전략 지지선

위의 차트에서 주가가 상승하는 추세일 때는 지지선에서 더 하락하지 않고 상승하는 모습을 볼 수 있습니다. 하지만 주가가 지지선에 근접할 때는 향후 상승할지, 하락할지 알 수 없죠. 이 때문에 주가가 지지선에서 지지를 받고 상승하는 모습을 확인한 후 매수하는 전략이 필요합니다. 반면 주가가 지지선을 하향 돌파할 때는 매도 시점입니다. 특히 지지선을 하향 돌파하는 봉의 모양이 장대음봉이면 강하게 하락추세로 전환된 것으로 보고 매도해야 하죠.

지지선을 기준으로 매수할 때는 주가의 지지여부를 꼭 확인해야 합니다. 주가가 하락하여 지지선에 닿는다고 무조건 매수하지 말고, 지지선에서 양봉 발생 여부를 확인하고 매수해야 하죠. 반면 지지선을 기준으로 매도할 때 장대음봉으로 지지선을 하향돌파한다면 바로 매도하는 것이 좋습니다. 하지만 이때 매도하지 못했다면, 이틀 뒤 양봉이 발생할 때가 마지막 매도기회죠. 주가가 지지선을 하향돌파하면 이틀 뒤 반등하는 경우가 많습니다.

주가가 하락하는 추세일 때는 저항선을 확인하는 매매전략이 필요합니다. 주가가 저항선에서 더 상승하지 못하고 하락하면 매도 시점이고, 저항선을 위로 강하게 돌파하면 매수 시점이죠.

▶ **하락 추세 매매 전략 저항선**

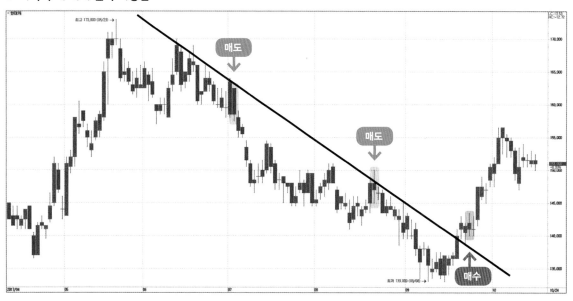

위의 차트에서 주가가 하락하는 추세일 때 저항선에서 더 상승하지 못하고 하락하는 모습을 볼 수 있습니다. 주식을 보유하고 있다면, 하락추세에서는 주가가 저항선에서 지속해서 하락한다면 매도 시점으로 봐야 하죠. 반면 주가가 저항선을 위쪽으로 돌파하면 매수 시점으로 봅니다. 주가가 일시적으로 저항선을 상향 돌파한 후 다시 하락하는 경우가 있으므로 확실하게 저항선 위에 안착하는 모습을 확인하고 매수하는 전략이 필요합니다.

박스권 매매전략

주가가 박스권에 갇힌 경우 사용하
는 전략입니다. 박스권 하단에서 매
수하고, 박스권 상단에서 매도하는
전략이죠.

주가가 횡보하는 추세일 때는 지지선과 저항선을 모두 확인하는 매매전략이
필요합니다. 박스권 매매전략이라고도 하죠. 지지선과 저항선의 간격이
크다면 주가가 지지선에서 더 하락하지 않는다면 매수하고, 저항선에서 더
상승하지 못한다면 매도합니다. 하지만 지지선과 저항선이 매수나 매도하기에
너무 좁다면 매매를 통한 수익이 거의 없죠. 가장 많이 사용하는 매매전략은
저항선을 상향 돌파할 때 매수하고, 지지선을 하향 돌파할 때 매도하는
것입니다. 하락 추세일 때 저항선을 상향 돌파하면 매수, 상승 추세일 때
지지선을 하향 돌파할 때 매도하는 것과 같은 전략이죠.

▶ **횡보 추세 매매 전략 저항선, 지지선**

위의 차트에서 주가가 저항선을 상향 돌파할 때 매수하고, 지지선을 하향
돌파할 때 매도하는 매매전략을 볼 수 있습니다. 주식을 매수할 때는 주가가
일시적으로 저항선을 상향할 때도 있으므로 돌파를 확인하고 매수하는 것이
안전합니다. 반대로 주식을 매도할 때도 주가가 일시적으로 지지선을 밑돌
때도 있으므로 하향 돌파를 확인하고 매도하는 것이 안정적이죠.

위의 차트에서 저항선이 지지선으로 지지선이 저항선으로 바뀌는 모습을 볼 수
있습니다. 주가가 횡보하는 이유는 무엇일까요? 지지선에서는 주가가 낮다고
생각하여 매수세가 강하게 유입되고, 저항선에서는 주가가 높다고 생각하여
매도세가 강하게 나오기 때문입니다. 주가가 기존 저항선을 강하게 돌파했다는

의미는 저항선에서 나오던 매도세보다 강력한 매수세가 유입된 것을 의미하죠.
이 때문에 기존 저항선에서 매도세보다 매수세가 강하게 유입되어 지지선으로
바뀌게 됩니다. 반대로 지지선이 저항선으로 바뀌는 경우도 기존 지지선에서의
매수세보다 더 강력한 매도세가 나왔다는 의미입니다.

고수의 꿀팁!

지지선과 진폭을 이용한 S자 매매 기법

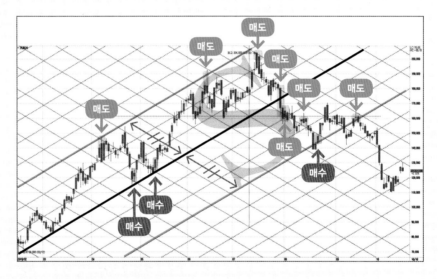

주가는 일정한 진폭으로 움직이는 경향이 있습니다. 진폭을 이용하면 매매 시점을 조금
더 정확하게 잡을 수 있죠. 상승추세의 종목을 매매할 때 지지선을 긋고 지지선 위,
아래에 평행하게 선을 긋습니다. 지지선과 평행한 선 사이를 진폭이라고 합니다. 위의
그림처럼 진폭을 설정하면 위의 진폭선은 저항선이 되고, 아래 진폭선은 또 하나의
지지선이 되죠. 지지선을 기준으로 십자 모양의 추세선도 그을 수 있습니다. 십자선을
기준으로 S자를 그리면 매매 시점이 일치하는 것을 볼 수 있죠. 매매 시점이 마치 S자를
살짝 눕혀놓은 모양이라 S자 매매 기법이라고 합니다.

CHAPTER 05

이동평균선으로 매매 타이밍 잡기

#이동평균선
#골든크로스
#데드크로스
#정배열
#역배열

– 박네모, 김세모, 고수님이 입장하셨습니다. –

박네모

캔들차트를 보니까 봉 밑에 선들이 있던데 뭔가요?

김세모

가까이 붙어 있는 선들이 있고,
멀리 있는 선들도 있네요?

박네모

이 선들을 사용하는 방법이 있나요?

고수

그 선이 바로 이동평균선입니다.

이동평균선을 활용한 매매 방법도
있죠! 이동평균선을 알아볼게요!

1. 이동평균선이 뭐예요?

기술적 분석에서 캔들의 모양 다음으로 많이 활용하는 것이 이동평균선입니다. 이평선으로도 부르죠. 일반적으로 **일봉의 종가를 평균한 선이 이동평균선입니다.** 5일 이동평균선은 5일간의 종가를 평균한 값을 선으로 이은 것이고, 20일 이동평균선은 20일간의 종가를 평균한 값을 선으로 나타낸 것입니다.

▶ 5일 이동평균 구하는 법

일자(일)	1	2	3	4	5	6	7
주가(원)	10,000	10,100	10,200	10,300	10,400	10,500	10,600
5일 이동평균(원)					10,200	10,300	10,400
					1~5일 주가평균	2~6일 주가평균	3~7일 주가평균

일봉 한 개가 하루 동안 투자자들의 심리를 반영하듯이, 일봉의 평균을 선으로 나타내는 이동평균선도 투자자의 심리를 반영합니다. 5일 이동평균선은 5일간 투자자들의 심리를 나타내고, 20일 이동평균선은 20일간 투자자들의 심리를 나타내죠. 즉, 5일 이동평균선은 5일간 투자자들이 인정한 주가를 평균한 값이고, 20일 이동평균선은 20일간 투자자들이 인정한 주가를 평균한 값이 됩니다. 이 때문에 5일 이동평균선은 캔들차트에 가까이 붙어서 주가 움직임에 따라 빠르게 변하고, 기간이 20일인 이동평균선은 캔들차트에서 멀리 있게 되고 주가 움직임 변화에 느리게 반응하죠.

▶ LG유플러스의 5일 이동평균선과 20일 이동평균선

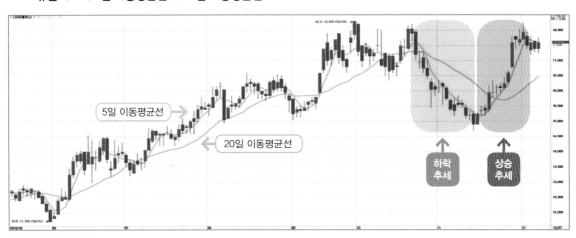

이동평균선은 주가의 평균을 선으로 나타내기 때문에 주가 추세도 확인할 수 있습니다. 일반적으로 주가가 상승 추세일 때는 투자자들이 인정하는 가격이 계속 높아지기 때문에 주가의 이동평균선도 같이 상승하게 됩니다. 이때는 캔들차트에서 일봉이 이동평균선 위쪽에 있죠. 특히 **주가가 5일 이동평균선 위에 있다면, 단기상승 추세가 이어진다고 봅니다.** 반면 주가가 하락 추세일

★ 이동평균선
관련 영상 확인!

QR코드로
영상 보는 법
p.10을 참고!

때는 투자자들이 인정하는 가격이 계속 낮아지기 때문에 이동평균선도 같이 하락하게 됩니다. 이때는 일봉이 이동평균선 아래쪽에 있죠. **주가가 5일 이동평균선 밑에 있다면, 단기하락 추세가 이어진다고 봅니다.**

이동평균선을 활용해서 초보도 쉽게 수익을 볼 수 있는 방법을 좌측의 QR코드 영상을 통하여 확인해보세요.

단순 이동평균선 VS 지수 이동평균선

▶ **LG유플러스 단순 이동평균선과 지수 이동평균선**

최근 주가에 더 큰 비중을 두는 지수 이동평균선이 있습니다. 단순 이동평균선은 일정 기간 주가의 평균이지만, 지수 이동평균선은 최근 주가에 더 큰 가중치를 두는 가중평균입니다. 이 때문에 지수 이동평균선은 위의 차트에서 볼 수 있듯이 캔들에 더 밀착해 있는 것을 알 수 있죠. 이처럼 지수 이동평균선은 최근 주가에 더 민감하게 움직이기 때문에 단순 이평선을 사용할 때보다 더 빠르게 대응할 수 있습니다.

2. 이동평균선으로 매매타이밍 잡기

▶ **지지선, 저항선 역할을 하는 이동평균선**

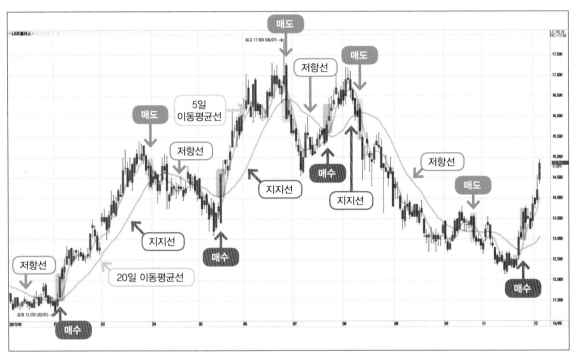

이동평균선은 주가가 상승 추세일 때는 지지선의 역할을 하고, 주가가 하락 추세일 때는 저항선의 역할을 합니다. 이동평균선이 일정 기간 투자자들이 인정한 주가의 평균값이기 때문이죠. 주가 상승기에는 이동평균선 부근에서 매수세가 유입되어 지지선이 되고, 주가 하락기에는 이동평균선 부근에서 매도세가 나오죠. 주가가 이동평균선에 근접했다는 것은 투자자들의 매수가격에 가까워졌다는 의미입니다. 주가 상승 추세에서는 투자자들이 주가 상승에 대한 기대가 크기 때문에 기존보유자는 추가매수를 하게 되고, 싸게 매수하려고 기다리던 신규보유자들의 새로운 매수세도 유입되죠. 반면 주가 하락기에는 투자자들이 주가 하락에 대한 두려움이 크기 때문에 기존보유자의 매도가 강하게 나오게 되죠. 이런 심리 때문에 이동평균선을 지지선과 저항선으로 사용하여 매매타이밍을 잡을 수 있습니다.

이동평균선은 단기, 중기, 장기로 구분합니다. 단기 이동평균선은 급등주 매매나 단기매매에 활용되고, 중기 이동평균선과 장기 이동평균선은 중장기 매매에 활용되죠.

단기, 중기, 장기 이동평균선을 활용하여 추세의 강도를 측정할 수 있습니다. **주가의 상승 추세가 강할수록 캔들 아래쪽에 단기, 중기, 장기 이동평균선이 차례로 배열됩니다. 이렇게 배열된 모양을 정배열이라고 하죠. 이동평균선이 정배열되어 있으면 주가의 상승 추세가 강하다고 봅니다.** 과거부터 현재까지 주가가 꾸준히 상승한 것을 의미하고, 추후에도 주가 상승을 지속할 것으로 예상하죠.

▶ 이동평균선 정배열 예시

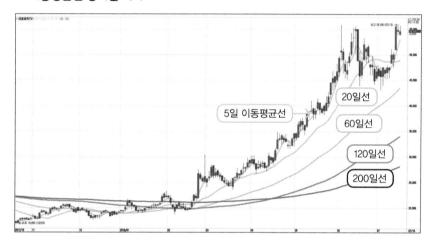

반면 주가의 하락 추세가 강할수록 캔들 위쪽에 단기, 중기, 장기 이동평균선이 거꾸로 배열되게 됩니다. 이런 배열을 역배열이라고 하죠. 이동평균선이 역배열되어 있으면 주가의 하락 추세가 강하다고 봅니다. 과거부터 현재까지 주가가 꾸준히 하락한 것을 의미하고, 추후에도 주가 하락을 지속할 것으로 예상하죠.

▶ **이동평균선 역배열 예시**

주가는 이동평균선으로 돌아오는 경향이 있습니다. 구조적으로 이동평균선이 주가의 평균값이기 때문이죠. 이것을 이용하는 매매전략이 이격도 전략입니다. 이격도란 주가와 이동평균선이 떨어진 정도를 말합니다. 주가가 상승할 때 이격도가 과도하면 매도 시점으로 보고, 주가가 하락할 때 이격도가 과도하면 매수 시점으로 볼 수 있습니다.

▶ **이동평균선 이격도 예시**

고수의 꿀팁!

이동평균선 이격도를 이용한 매매 시점(feat. 엔벨로프, MACD)

▶ 이동평균선 이격도 활용 매매 엔벨로프, MACD 사용

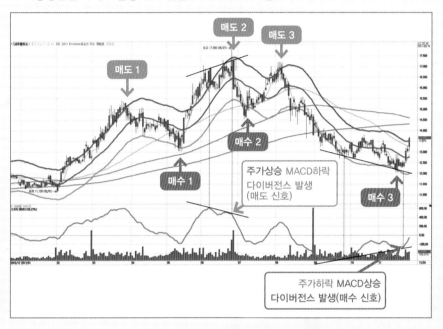

이격도를 이용한 매매를 하려면 보조지표인 엔벨로프와 MACD를 사용합니다. 주가가 엔벨로프 저항선을 돌파하지 못하고 5일선을 하향돌파하면 매도 시점입니다. 반대로 주가가 엔벨로프 지지선일때 장대양봉이 발생하면 매수 시점입니다.

MACD는 장기와 단기 이평의 차로 절대 수치와 상대 수치 모두 사용합니다. 위 차트에서 보듯이 LG유플러스는 절대 수치로 상하 범위가 약 500 정도인 것을 볼 수 있습니다. +500 부근에서 고점을 형성하고 -500 부근에서 저점을 형성하고 있죠. 매도 2 시점은 주가의 고점은 상승했지만, MACD의 고점은 하락하는 하락 다이버전스가 발생한 매도 시점입니다. 매수 3 시점은 주가의 저점은 하락했지만, MACS 저점은 상승하는 상승 다이버전스가 발생한 매수 시점이죠.

3. 매매는 타이밍! 골든크로스와 데드크로스를 알자!

이격도를 이용해 매매 타이밍 잡는 방법에는 골든크로스(GC, Golden Cross)와 데드크로스(DC, Dead Cross)가 있습니다. 골든크로스는 매매 타이밍을 잡는 대표적인 방법이죠. 주가가 하락추세에서 상승추세로 전환될 때 단기 이동평균선은 빠르게 상승하고 장기 이동평균선은 느리게 상승합니다. 이 때문에 단기 이동평균선이 장기 이동평균선을 상향 돌파하는 모습이 나타나죠. 이렇게 **단기 이동평균선이 장기 이동평균선을 상향 돌파하는 것을** '골든크로스'라고 하고, 매수 시점으로 봅니다.

반대로 주가가 상승추세에서 하락추세로 전환할 때 단기 이동평균선은 빠르게 하락하고 장기 이동평균선은 느리게 하락합니다. 이 때문에 단기 이동평균선이 장기 이동평균선을 하향 돌파하는 모습이 나타나죠. 이렇게 **단기 이동평균선이 장기 이동평균선을 하향 돌파하는 것을** '데드크로스'라고 하고, 매도 시점으로 봅니다.

▶ **골든크로스, 데드크로스 매매전략**

골든크로스와 데드크로스는 기준으로 하는 이동평균선에 따라 활용법이 다릅니다. 5일 이동평균선과 20일 이동평균선을 기준으로 하면 단기 크로스 분석이 가능하고, 20일 이동평균선과 60일 이동평균선을 기준으로 하면 중장기 크로스 분석이 가능합니다. 단기 크로스 분석은 주가가 급격하게 움직일 때 빠르게 매매할 수 있습니다. 하지만 너무 자주 신호가 발생하여 거짓 신호일 가능성이 있죠. 반면 중장기 분석은 신호가 많이 발생하지는 않지만, 주가의 큰 흐름을 볼 수 있습니다.

이동평균선을 이용한 대표적인 매매 방법에는 그랜빌의 투자법칙이 있습니다. 일반적으로 20일 이동평균선을 기준으로 하지만, 투자성향에 따라 기준선은 변경 가능합니다. 단기 투자자라면 3일, 7일선도 가능하고, 장기투자자라면 120일선 이상을 기준으로 해도 가능하죠.

▶ **그랜빌의 투자법칙 예시 (20일 이동평균선 기준)**

[매수 신호]
❶ 이동평균선이 하락한 후 주가가 이동평균선을 상향 돌파하는 경우(거래량이 증가할 때)
❷ 상승하고 있는 이동평균선을 주가가 통과한 후 곧 상승하는 경우
❸ 상승하고 있는 이동평균선으로 주가가 가까이 접근한 후 상승하는 경우
❹ 주가가 급락하여 하락하고 있는 이동평균선보다 크게 떨어진 후 방향을 바꿔서 이동평균선으로 향하고 있는 경우

[매도 신호]
❶ 이동평균선이 상승하다가 횡보 또는 하락으로 전환하는 국면에서 주가가 이동평균선을 하향 돌파하는 경우
❷ 하락하고 있는 이동평균선으로 주가가 가까이 접근한 후 하락하는 경우
❸ 이동평균선이 하락하고 있는데 주가가 이동평균선을 통과한 후 곧 하락하는 경우
❹ 주가가 급상승하여 상승하고 있는 이동평균선과의 간격이 크게 벌어진 경우

고수의 꿀팁!

고수의 이동평균선 활용법

일반적으로 이동평균선의 기간을 단기에서는 5일선과 20일선을 사용하고, 중장기 매매에서는 20일선과 60일선을 사용합니다. 하지만 많은 사람이 이동평균선을 사용하기 때문에 투자성향에 따라 기간을 달리하면 조금 더 빠르거나 안전하게 매매할 수 있습니다. 단기투자성향의 투자자들은 이동평균선 기간을 3일과 7일로 설정하면 남들보다 빠른 대응이 가능하고, 장기투자성향의 투자자들은 240일을 사용해야 조금 더 안전하게 매매할 수 있습니다.

CHAPTER 06 패턴분석으로 매매 타이밍 잡기

— 박네모, 김세모, 고수님이 입장하셨습니다. —

김세모

주가에 모양이 있다는데 뭔가요?

박네모

삼중바닥이 좋다던데요?

김세모

쌍바닥이라는 말도 들어 봤어요.

고수

주가도 일정한 모양이 반복되는 성격이 있죠.

삼중바닥, 쌍바닥은 대표적인 패턴이죠.
다양한 주가의 패턴을 알아볼게요!

1. 패턴분석으로 매매 타이밍을 잡을 수 있다고요?

패턴의 사전적 의미는 일정한 형태나 유형을 뜻합니다. 주가도 과거의 일정한 형태나 유형을 반복하는 성격이 있죠. 주가는 투자자들의 심리가 반영되기 때문에, 일정한 주가 움직임에서 일반적으로 나타나는 투자자의 심리가 반복되게 됩니다. 이런 성격을 이용해 과거 주가 흐름을 정형화해서 확률적으로 발생 가능성이 높은 주가 흐름을 예측하는 것이 패턴분석입니다. 특히 주가의 대표적인 패턴들은 오랜 기간 사용되어 검증된 방식이기 때문에 실전 투자에 유용합니다. 패턴분석을 통해 주가의 움직임이 패턴에 맞는 종목을 찾고, 매매 타이밍을 잡을 수 있습니다. 주가의 패턴은 기존 추세가 지속되는 패턴과 추세가 변하는 패턴으로 나눌 수 있죠.

#삼중천정형 #삼중바닥형 #확장삼각형
#이중천정형 #이중바닥형 #상승삼각형
#원형천정형 #원형바닥형 #박스형
#V자천정형 #V자바닥형 #대칭삼각형

2. 삼각형 패턴

① 상승삼각형

▶ **상승삼각형 패턴**

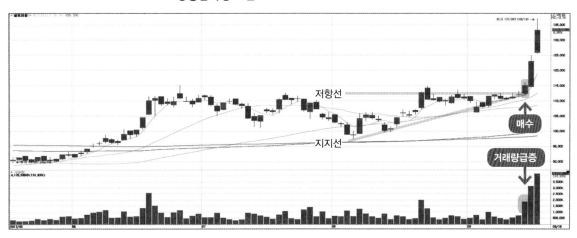

상승삼각형은 많이 발생하는 패턴으로 추후 주가가 상승할 가능성이 큽니다.
주가가 일정 기간 저항선을 돌파하지 못하지만, 주가의 저점이 높아지면서
결국은 저항선을 상향 돌파하는 모양입니다. 주가의 저점이 높아진다는 의미는
투자자들이 점점 높은 가격을 인정한다는 것이죠. 그 때문에 저점을 연결한
지지선과 기존 저항선이 만나게 되면 저항선에서 나오던 매도세보다 매수세가
커지면서 주가 상승이 나타납니다.

 절대매매 TIP!

상승삼각형은 주가가 저항선을 상향 돌파하면서 거래량이 급증할 때가 매수 시점입니다.

② 하락삼각형

▶ 하락삼각형 패턴

하락삼각형도 많이 발생하는 패턴으로 추후 주가가 하락할 가능성이 큽니다.
상승삼각형과 반대로 주가가 일정 기간 지지선에서 상승하지만, 주가의 고점이
낮아지면서 결국은 지지선을 하향 돌파하는 모양입니다. 주가의 고점이
낮아진다는 의미는 투자자들이 인정하는 가격이 낮아진다는 것이죠. 그 때문에
고점을 연결한 저항선과 기존 지지선이 만나게 되면, 지지선에서 유입되던
매수세가 약해지고 매도세가 강해지면서 주가 하락이 나타납니다.

하락삼각형은 주가가 지지선을 하향 돌파할 때가 매도 시점입니다.

③ 대칭삼각형

▶ 대칭삼각형 패턴 / 상향 돌파

▶ 패턴 대칭삼각형 패턴 / 하향 돌파

대칭삼각형은 주가의 고점은 낮아지고, 저점은 높아지면서 수렴하는 모양
입니다. 주가의 고점을 이은 저항선과 저점을 이은 지지선이 만나게 되죠.
일반적으로 두 추세선이 만나는 지점 부근에서 상향이나 하향으로 돌파가
발생합니다. 상향으로 돌파하면 추가 상승 가능성이 높고, 하향으로 돌파하면
추가 하락 가능성이 높습니다.

대칭삼각형은 저항선과 지지선이 만나는 삼각형의 꼭지점 부근에서 거래량이 증가하면서 주가가 저항선이나 지지선을 돌파할 때가 매매 시점입니다. 매도세와 매수세가 수렴하면서 에너지가 모이기 때문에 추세가 정해지면 큰 폭으로 움직이는 경향이 있죠.

④ 확장삼각형

▶ **확장삼각형 패턴 / 하향 돌파**

확장삼각형은 위험한 모양으로 주가가 급락할 위험이 있어 주의해야 합니다.
주가의 고점도 높아지지만 저점도 낮아지면서 저항선과 지지선이 확대되는
모양입니다. 투자자들의 심리가 일정하게 수렴하지 않고 불안한 상황을
나타내죠. 일반적으로 추후 하락의 가능성이 높습니다.

확장삼각형은 주가가 지지선을 하향 돌파할 때가 매도 시점입니다.

3. 직사각형 패턴

① 박스형

▶ 박스형 패턴 상향 돌파 매수

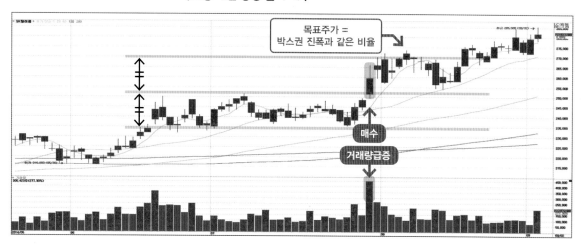

▶ 박스형 패턴 하향 돌파 매도

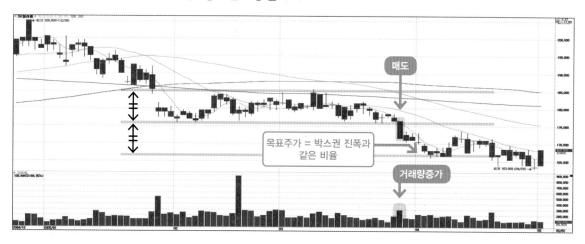

박스형은 주가가 박스에 갇힌 것처럼 일정한 범위에서 횡보하는 모양입니다. 일반적으로 횡보 기간이 짧으면 주가 추세가 지속되지만, 횡보 기간이 길어질수록 추세가 전환될 가능성이 크죠. 주가가 박스형으로 움직인다는 의미는 매수세와 매도세가 팽팽하게 맞서고 있다는 것입니다. 박스형을 상향돌파한다는 것은 매수세가 강해졌음을 의미하고, 하향돌파한다는 것은 매도세가 강해졌음을 의미하죠.

박스형은 거래량이 증가하면서 주가가 박스를 상향돌파하면 매수 시점, 하향돌파하면 매도 시점이 됩니다. 일반적으로 박스권 진폭과 같은 수준의 가격에서 단기 저점과 고점을 형성합니다.

② 상승깃발형

▶ **상승깃발형 패턴 상향 돌파 매수**

깃발형은 주가가 단기 급등하거나 급락할 때 잠시 숨 고르는 과정으로 보면 됩니다. 상승깃발형은 단기상승에 따른 이익 실현 물량으로 주가의 고점과 저점을 낮추지만, 거래량이 증가하면서 저항선을 돌파하면 단기 상승할 때의 기울기를 유지하며 상승합니다.

상승깃발형은 주가가 저항선을 돌파하면서 거래량이 늘어날 때가 매수 시점입니다. 주가의 단기 고점은 상승깃발형을 만들기 전 단기상승 진폭 수준에서 형성되죠.

③ 하락깃발형

▶ 하락깃발형 패턴 하향 돌파 매도

하락깃발형은 단기 급락에 따른 저가 매수세가 유입되면서 저점과 고점을 높이지만, 기존 매도세가 강하게 나오면서 지지선을 하향 돌파하는 모양입니다. 지지선 하향 돌파 시 기존 하락 기울기를 유지하며 하락하죠.

 절대매매 TIP!

하락깃발형은 거래량이 증가하면서 주가가 지지선을 하락 돌파할 때가 매도 시점입니다. 단기 저점은 하락깃발형을 만들기 전, 단기 급락 진폭 수준에서 형성됩니다.

4. 글자형 패턴

① V자형

▶ **패턴 V자 매매포인트**

V자형은 주가가 급락한 이후에 반등하는 패턴입니다. **V자형 패턴에서는 각도와 반등 폭이 중요합니다.**

💡 **절대매매 TIP!**

주가가 하락하는 각도보다 상승하는 각도가 더 클수록 반등 가능성이 큽니다. 주가의 하락을 이끈 매도세보다 반등을 만드는 매수세가 더 강해야 반등 각이 커지게 되죠. 두 번째로 주가가 하락 폭의 70% 이상 반등해야 주가상승 추세가 이어집니다. 주가가 70% 이상 반등하지 못하면 추후 주가하락 가능성이 높습니다.

② N자형 패턴

▶ N자형 패턴 매매포인트

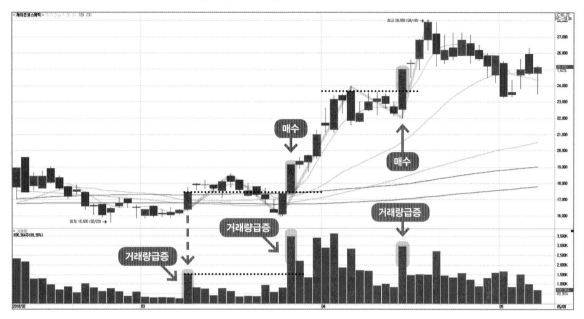

N자형은 주가가 급등할 때 많이 나오는 패턴입니다. 매수세가 강하게 유입되면서 주가가 상승했지만, 기존보유자들의 이익 실현을 위한 매도세 때문에 일정 기간 조정을 받은 이후 재차 상승하는 패턴이죠. 거래량이 급증하면서 기존 주가의 고점을 상향 돌파할 때가 매수 시점입니다.

💡 절대매매 TIP!

세력들은 매집할 때 거래량에 흔적을 남깁니다. N자형이 발생하기 이전에 주가는 크게 상승하지 않았지만, 거래량이 갑자기 증가한 시점이 있습니다. 주가와 거래량이 이 시점을 돌파할 때가 1차 매수 시점입니다.

③ L자형 패턴

▶ **L자형 패턴 매매포인트**

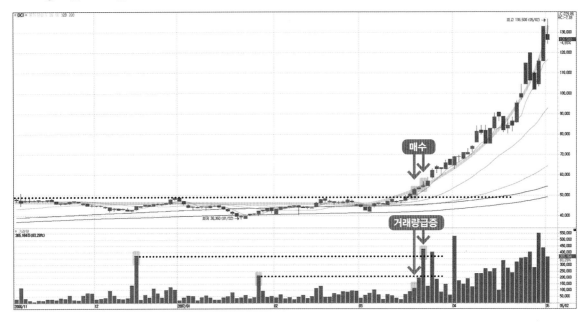

L형은 주가가 장기간 횡보하면서 이동평균선이 수렴한 이후 거래량이
급증하면서 급등하는 모양입니다. 일반적으로 횡보 기간이 길수록 주가의
상승폭도 커집니다. 장기간의 횡보로 뚜렷한 매도세나 매수세가 없는 상황에서
거래량이 급증하면서 세력들의 매집 징후가 포착되죠.

L자형은 주가가 거래량보다 조금 일찍 움직이는 경우가 있습니다. 이 때문에 주가가 기존 고점을 돌파할
때가 1차 매수 시점이고, 거래량이 급증하는 시기가 2차 매수 시점입니다.

5. 이중 패턴

① 이중천정형

▶ 패턴 이중천정형 / 쌍봉형 매매포인트

목선

삼중 패턴에서 머리와 어깨 사이의 꼭짓점을 이은 선이 지지선이나 저항선이 됩니다. 머리와 어깨 사이의 꼭짓점을 이었기 때문에 목선이라고 하죠. 이중패턴에서는 가운데 꼭짓점 가격에서 수평으로 그은 선이 삼중패턴의 목선과 같은 역할을 합니다.

이중천정형은 두개의 고점 형성 이후 하락하는 모양입니다. 마치 산봉우리가 두 개 있는 것 같다고 하여 쌍봉형이라고 부르죠. 두 차례나 주가 상승을 시도하다 매도세에 밀려서 실패하는 모습으로, 뒷 페이지에서 배울 삼중천정형 다음으로 신뢰도가 높은 패턴입니다.

이중천정형은 주가가 상승추세선을 하향돌파할 때와 하락 후 되돌림으로 목선까지 반등했을 때가 매도 시점입니다.

② 이중바닥형

▶ 이중바닥형 패턴 / 쌍바닥형 매매포인트

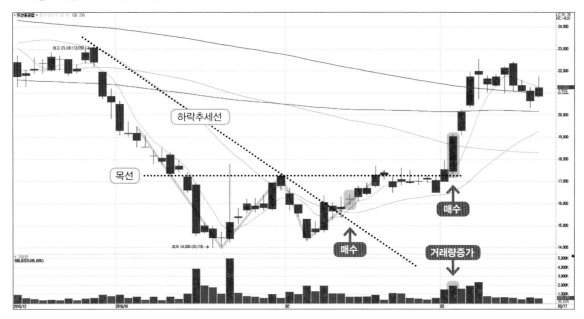

이중바닥형은 두 개의 저점 형성 이후 상승하는 모양입니다. 바닥을 두 번 만든다고 하여 쌍바닥 패턴이라고도 하죠. 주가가 두 차례나 일정 수준에서 반등하는 모습으로, 268 페이지에서 배울 삼중바닥형 다음으로 신뢰도가 높은 패턴입니다.

절대매매 TIP!

이중바닥형은 주가가 하락추세선을 돌파할 때가 1차 매수 시점입니다. 주가가 목선을 돌파하면서 거래량이 증가할 때가 2차 매수 시점이죠. 일반적으로 두 번째 저점이 첫 번째 저점보다 높고, 거래량이 증가하는 추세를 보이면 주가가 상승할 가능성이 큽니다.

6. 원형 패턴

① 원형 천정형

▶ 원형 천정형 매매포인트

원형 천정형은 주가가 상승 후 장기간에 걸쳐 반원 모양의 지붕을 만드는 모양으로 주가가 급락할 위험이 있어 주의해야 합니다. 시간이 지날수록 매수세가 약해지면서 지치기 때문에 기준선에서 반등하지 못하면 주가가 크게 하락하는 경향이 있습니다.

절대매매 TIP!

원형 천정형은 형성 초기에 거래량이 증가한 후 감소하고, 모양이 완성될 때 거래량이 증가하는 특성이 있습니다. 모양이 완성될 때 거래량이 증가하면서 주가가 기준선을 하향 돌파하면 1차 매도 시점입니다. 주가 하락 후 기준선으로 반등을 시도할 때가 2차 매도 시점입니다.

② 원형 바닥형

▶ **원형 바닥형 매매포인트**

원형 바닥형은 주가가 하락 후 장기간에 걸쳐 반원 모양의 바닥을 만드는
모양으로 주가가 급등할 가능성이 있습니다. 바닥을 만드는 기간이 길어질수록
매도세가 많이 소화되기 때문에 주가가 크게 상승하는 경향이 있습니다.

원형 바닥형은 주가가 기준선을 상향돌파하면서 거래량이 급증할 때가 1차 매수 시점입니다. **기준선과
반원이 합쳐진 모양 때문에 컵형이라고도 하죠. 주가가 기준선으로 돌아오는 컵의 손잡이가 2차 매수
시점입니다.**

7. 머리어깨형 패턴

① 삼중천정형

▶ 삼중천정형 패턴 / 헤드 앤 숄더형 매매 포인트

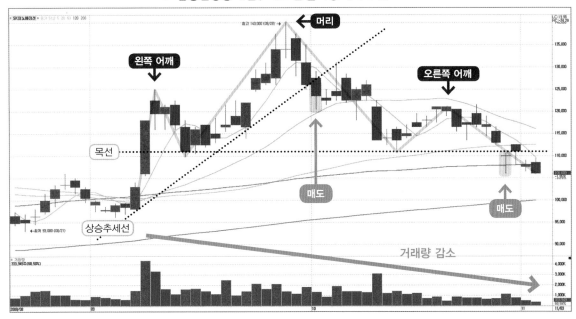

삼중천정형은 상승에서 하락으로 전환하는 가장 대표적인 패턴으로 신뢰도가 아주 높습니다. 주가가 3개의 고점을 형성한 뒤 하향 이탈하는 모습이죠. 1차 고점을 왼쪽 어깨, 2차 고점을 머리, 3차 고점을 오른쪽 어깨로 비유하여 **헤드 앤 숄더(Head & Shoulder)**라고도 합니다. 왼쪽 어깨에서 거래량이 많이 증가하고, 오른쪽 어깨가 왼쪽 어깨보다 낮은 것이 특징이죠.

절대매매 TIP!

삼중천정형은 주가가 상승추세선을 하향 돌파할 때가 1차 매도 시점이고, 목선을 하향 돌파할 때가 2차 매도 시점입니다. 실제 투자에서 오른쪽 어깨까지 만들어지면 주가가 상승하기 힘들지만, 많은 개인투자자는 상승기대감이 남아 있어 종목을 매수하게 되는 시점입니다. 꼭 기억해서 매수를 피하는 게 좋습니다.

② 삼중바닥형

▶ 삼중바닥형 / 역 헤드 앤 숄더형 매매 포인트

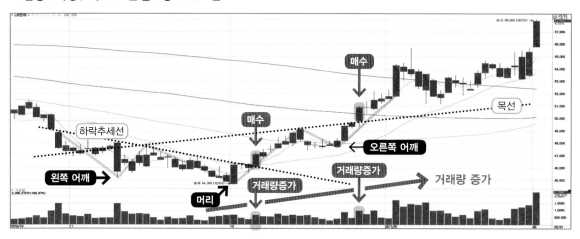

삼중바닥형은 삼중천정형을 뒤집어 놓은 모양입니다. 주가의 추세가 하락에서
상승으로 변하는 대표적인 패턴이죠. 왼쪽 어깨에서 오른쪽 어깨로 가면서
거래량이 증가하는 것이 특징입니다.

절대매매 TIP!

삼중바닥형은 주가가 하락추세선을 상향돌파하면서 거래량이 증가할 때가 1차 매수 시점입니다. 이후
주가가 목선을 상향돌파하면서 거래량이 증가할 때가 2차 매수 시점이죠. 바닥권에서 삼중바닥형이
나타나면 주가가 상승할 가능성이 매우 큽니다.

고수의 꿀팁!

주가의 움직임이 대표적인 패턴에 정확하게 일치하기는 힘듭니다. 통계학에서도 평균값에
너무 많이 벗어나는 값들을 제외해야 정확한 통계가 나오듯이, 패턴분석도 대략적인 주가
흐름을 봐야 추후 주가 흐름을 예측할 수 있습니다. 패턴을 그리는 선은 일봉 중 의미
있는 두 개의 점을 연결하는 것이지, 패턴 안의 모든 일봉이 연결될 필요는 없죠.

CHAPTER 07

거래량으로 종목을 선정하고 매매 타이밍을 잡자

#거래량
#대량거래

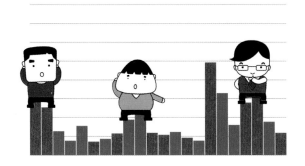

– 박네모, 김세모, 고수님이 입장하셨습니다. –

김세모

거래량이 뭔가요?

박네모

거래가 많이 되면 좋다고 하던데요?

김세모

거래량이 많은 종목을 사면 되나요?

고수

주식의 거래량도 기술적 분석에서 중요한 지표입니다.

거래량과 주가의 관계를 알아볼게요!

1. 거래량 분석이란?

유튜브 연결하기

⭐ 거래량 이해
관련 영상 확인!

10분만 보세요
수급·거래량의 이해

QR코드로
영상 보는 법
p.10을 참고!

주가는 거래량의 그림자란 말이 있습니다. 그만큼 기술적 분석에서 가격 다음으로 중요한 지표가 거래량이죠. 거래량은 주가보다 먼저 움직이는 경향이 있어서 거래량 분석은 매우 중요합니다. 특히 세력들이 주가는 속일 수 있어도 **거래량이라는 흔적을 남기기 때문에 거래량 분석을 통해 급등주를 발굴할 수 있죠.**

거래량에 대한 내용을 좀 더 쉽게 이해하시려면 좌측의 QR코드 영상을 확인해보세요.

위의 차트에서 볼 수 있듯이 세력들은 주식을 매집하는 과정에서 거래량이
급증하는 흔적을 남깁니다. 세력들의 매집 과정에서 주가는 큰 움직임이
없지만, 매집이 끝나면 거래량이 뚜렷이 증가하고 주가는 급등하게 되죠.
일반적으로 주가가 상승하기 전에 이런 매집 과정이 있으므로 거래량은 항상
유심히 관찰해야 합니다.

거래량이란 주식의 매수와 매도로 거래가 성립된 수량입니다. 예를 들어,
일리오 주식회사의 주식을 일상씨가 10주를 팔고 이상씨가 10주를 사면
거래량은 10주가 되죠. 일반적으로 주가가 상승하는 경우 거래량이 늘어나고,
주가가 하락하는 경우에는 거래량이 감소하는 경향이 있습니다. 주식을
매수하려는 사람이 많아지면 거래량이 증가하면서 주가가 상승할 가능성이
크고, 반대로 주식을 매수하려는 사람이 줄어들면 거래량이 감소하면서 주가가
하락할 가능성이 크죠.

▶ 현대건설 차트 / 거래량과 주가의 관계

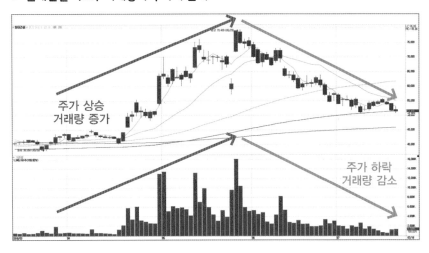

위의 그림에서 위쪽은 캔들차트이고 아래쪽은 거래량입니다. 하나의 일봉에는 하나의 막대 그래프로 표시된 거래량 그래프가 있죠. 일반적으로 거래량 그래프는 막대로 표시하며, 막대의 길이가 길어질수록 거래량이 늘어났다는 뜻입니다. 막대 그래프의 색은 당일의 거래량이 전일보다 늘어나면 빨간색, 줄어들면 파란색으로 나타내죠.

2. 거래량과 주가의 관계

봉의 모양이 투자자의 심리를 반영하듯, 거래량도 투자자의 심리를 반영합니다. 매수자와 매도자의 거래가 이루어져야 가격이 형성되고 거래량이 생기죠. 투자자의 심리가 만들어낸 것이 주가와 거래량이기 때문에 이 둘은 밀접한 관계가 있죠.

일반적으로 주가가 상승하면 거래량이 늘어날 가능성이 크고, 주가가 하락하면 거래량이 감소할 가능성이 큽니다. 주가가 상승하면 추가상승을 기대한 투자자들의 매수가 늘고, 기존보유자들의 이익 실현을 위한 매도가 늘어나죠. 반대로 주가가 하락하면 기존보유자들은 손실을 피하려고 매도를 꺼리고, 신규 매수를 고려하는 투자자는 반등할 때까지 매수를 미루게 되죠. 이런 심리적인 영향으로 거래량 분석을 통해 주가를 예측해 볼 수 있습니다.

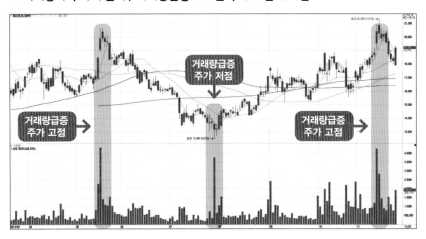

거래량 분석은 주가의 고점과 저점을 예측하는 방법으로 많이 사용됩니다.
주가의 고점과 바닥의 공통점이 거래량이 급격히 늘어난다는 것이기 때문이죠.
고점에 다가갈수록 추가상승에 대한 기대감에 늘어나는 매수물량과 이익을
실현하겠다는 매도물량이 맞물려 거래량이 증가하게 됩니다. 반면 저점에서는
추가하락을 우려한 매도물량과 바닥이라 판단하고 들어오는 매수물량이
맞물려 거래량이 늘어나죠. 즉, 거래량이 이전보다 급격하게 늘어나면 주가의
고점이나 바닥이 될 가능성이 큽니다. 하지만 거래량만으로는 정확한 분석이
어렵습니다. 거래량과 함께 다른 지표들도 참고해야 하죠.

3. 거래량으로 본 좋은 종목

참고로 거래량이 너무 적은 종목은 매매를 피하는 게 좋습니다. 거래량이 적기
때문에 인위적인 주가 조작이 가능하여 봉의 모양뿐만 아니라 거래량도 왜곡될
가능성이 있습니다. 또한, 실제 매매에서도 거래량이 적으면 매수·매도물량이
적어 매매가 힘들죠. 거래량이 충분히 많은 종목을 매매해야 원하는 가격에
매수하고 원하는 가격에 매도할 수 있습니다.

거래량에 숨겨진 메세지를 읽는 방법을 우측의 QR코드 영상을 확인하여
알아보세요.

유 튜 브
연결하기

⭐ 거래량에 숨겨진 메세지
관련 영상 확인!

거래량으로 판단하는
상한가 신호?

QR코드로
영상 보는 법
p.10을 참고!

CHAPTER
08

보조지표 이렇게 활용하자

#일목균형표 #스토캐스틱
#RSI #볼린저밴드
#MACD #매물차트
#이격도 #투자심리선

– 박네모, 김세모, 고수님이 입장하셨습니다. –

김세모

캔들차트와 거래량만 보면 주가를 예측할 수 있나요?

박네모

MACD?? 볼린저밴드?? 이런 것도 있다던데요?

김세모

알아야 할 게 더 있다고요?

고수

기술적 분석을 하려면 캔들차트와 거래량을 도와줄 도구들이 필요하죠. 대표적인 도구가 MACD, 볼린저밴드 같은 보조지표입니다.

1. 보조지표에는 어떤 것들이 있을까?

보조지표는 다양한 각도와 계산식, 통계 등을 바탕으로 주식시장의 예측을 도와주는 도구입니다. 기술적 분석의 기초가 되는 캔들차트와 이동평균선, 거래량을 보조해주는 지표죠. 도구를 잘 사용하면 기술적 분석의 정확성을 높일 수 있습니다. 보조지표는 크게 추세지표, 모멘텀 지표, 변동성 지표, 시장강도 지표와 기타지표로 분류됩니다.

2. 대표적인 추세지표 MACD

추세지표는 주가가 진행하는 방향인 추세를 알아보는 지표입니다. 현재의 추세가 일정 기간 지속된다고 가정하고 이를 이용하여 이익을 내고자 할 때 사용되죠. 추세지표의 종류에는 이동평균선, 추세선, MACD(Moving Average Convergence Divergence), DMI(Directional Movement Index) 등이 있습니다. 대표적인 추세지표인 MACD를 알아보도록 하겠습니다.

MACD는 주가의 단기이동평균선과 장기이동평균선의 차이를 기준으로 합니다. 여기에 MACD 값을 일정 기간 평균한 값이 시그널로 사용되죠. 일반적으로 단기이동평균선은 12일을, 장기이동평균선은 26일 사용하며, 시그널은 9일을 기준으로 합니다. 이 값을 연결한 선이 MACD 곡선과 시그널 곡선이죠.

▶ **MACD 공식**

> **MACD = 단기이동평균선(12일) - 장기이동평균선(26일)**
> **시그널 = N일(9일) 동안의 MACD 이동평균**

▶ **HTS 홈▶차트▶종합차트▶기술적지표/추세지표▶MACD**

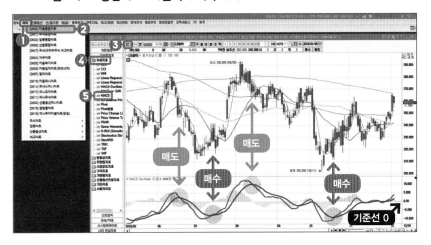

MACD의 대표적인 활용법은 골든크로스와 데드크로스입니다. 아래 그림에서처럼 MACD 곡선이 시그널 곡선을 상향 돌파하면 골든크로스라고 하고 매수 신호로 봅니다. 반면 MACD 곡선이 시그널 곡선을 하향 돌파하면 데드크로스라고 하고 매도 신호로 여기죠. 일반적으로 골든크로스는 기준선인 0 아래에서 발생할 때 주가 상승확률이 높고, 데드크로스는 기준선인 0 위에서 발생할 때 주가 하락확률이 높습니다.

MACD를 이용해서 변곡점을 찾는 방법에 대한 내용은 우측의 QR코드 영상을 확인해보세요.

유튜브
연결하기

⭐ **MACD 관련 영상 확인!**

QR코드로
영상 보는 법
p.10을 참고!

3. 대표적인 모멘텀 지표 이격도와 스토캐스틱

모멘텀 지표는 현재 주가와 일정 기간 이전의 주가 차이 또는 비율을 나타낸 것입니다. 현재의 주가 추세가 속도를 더하고 있는지 혹은 줄어들고 있는지를 판단하여 주가 추세의의 진행과 변곡점을 찾는 지표이죠. 모멘텀 지표에는 이격도, 스토캐스틱(Stochastic), CCI(Commodity Channel Index), 투자심리선 등이 있습니다. 가장 많이 쓰이는 이격도와 스토캐스틱을 알아볼게요.

이격도는 당일의 주가와 당일 이동평균선의 차입니다. 주가가 이동평균선과 얼마나 떨어져 있는지 알아보는 지표이죠. 주가가 이동평균선보다 지나치게 높으면 매도 시점, 지나치게 낮으면 매수 시점으로 봅니다. 일반적으로 20일선 이격도와 60일선 이격도를 많이 사용합니다.

▶ **HTS 종합차트(TR-0600)▶기술적지표/모멘텀 지표▶이격도**

위의 그림처럼 **이격도가 과도하게 낮으면 매수 시점, 과도하게 높으면 매도 시점으로 봅니다.** 일반적으로 이격도가 90% 이하에서는 매수 시점으로, 105% 이상에서는 매도 시점으로 보죠. 절대적인 수치보다는 이전 이격도와 비교하여 상대적으로 해석하는 게 좋습니다.

▶ HTS 종합차트(TR-0600)▶기술적지표/모멘텀 지표▶Stochastic Slow

실제 매매에서는 Fast %K, Fast %D의 이동평균인 Slow %K, Slow %D를 사용합니다.

스토캐스틱은 현재의 주가 수준이 전체 주가 흐름에서 어느 수준에 있는지를 알아보는 지표입니다. 주가가 상승 추세에서는 당일 종가가 최근 기간 중 최고가에 근접해 있고, 하락 추세에서는 당일 종가가 최근 기간 중 최저가에 근접해 있을 가능성이 크다는 논리죠. 기준선인 %K는 현재 주가 수준을 연결한 선으로 나타내고, 시그널선인 %D는 %K의 이동평균선을 나타냅니다. 일반적으로 %K는 12일, %D는 5일을 기준으로 하죠. %K는 12일 동안의 최고가와 최저가 사이에서 현재의 주가 수준, %D는 %K의 5일 이동평균입니다. 가장 대표적인 활용법은 %K 값이 80% 이상이면 매도 시점, 20% 이하면 매수 시점으로 보는 것이죠.

▶ 스토캐스틱 공식

$$\%K = \frac{\text{당일 종가 - 최근 n일 동안의 최저가}}{\text{최근 n일 동안의 최고가 - 최근 n일 동안의 최저가}} \times 100$$

$$\%D = \text{n일 동안 \%K의 이동평균}$$

활용법	지표	전략
%K의 구간이	80% 이상일 경우 과매수	매도
	20% 이하일 경우 과매도	매수
%K가 50% 기준선을	상향 돌파	매수
	하향 돌파	매도
%K가 %D를	상향 돌파(골든크로스)	매수
	하향 돌파(데드크로스)	매도
%K의 진행방향	상승 반전	매수
	하락 반전	매도
%D의 추세	상승추세	매수
	하락추세	매도

월가에서도 사용하고 마법의 지표라고도 불리는 스토캐스틱의 모든 것을 좌측의 QR코드 영상을 확인하여 마스터해보세요.

4. 대표적인 변동성 지표 볼린저밴드

변동성 지표는 주가의 방향이 아닌 변동성을 기준으로 시각화한 지표입니다. 매매 타이밍을 잡거나 단기매매에 활용되죠. 변동성 지표에는 볼린저밴드(Bollinger Band), Envelope, Parabolic SAR(Stop And Reverse), ATR 등이 있습니다. 대표적인 볼린저밴드를 알아볼게요.

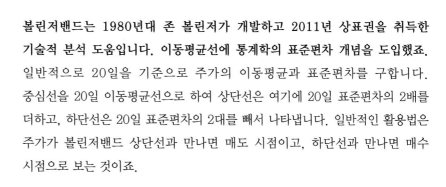

볼린저밴드는 1980년대 존 볼린저가 개발하고 2011년 상표권을 취득한 기술적 분석 도움입니다. 이동평균선에 통계학의 표준편차 개념을 도입했죠. 일반적으로 20일을 기준으로 주가의 이동평균과 표준편차를 구합니다. 중심선을 20일 이동평균선으로 하여 상단선은 여기에 20일 표준편차의 2배를 더하고, 하단선은 20일 표준편차의 2대를 빼서 나타냅니다. 일반적인 활용법은 주가가 볼린저밴드 상단선과 만나면 매도 시점이고, 하단선과 만나면 매수 시점으로 보는 것이죠.

볼린저밴드에 대한 쉽고 자세한 설명을 좌측의 QR코드 영상을 통해 확인해보세요.

5. 대표적인 시장강도 지표 OBV

시장강도 지표는 주가의 추세나 변동성이 얼마나 강한가를 나타내는 지표입니다. 주로 거래량을 이용해 분석하는 것이 특징이죠. 시장강도 지표에는 OBV(On Balance Volume), MFI(Money Flow Index), VO(Volume Oscillator), VR(Volume Ratio) 등이 있습니다. 가장 대표적인 OBV를 알아볼게요.

▶ HTS 종합차트(TR-0600) ▶ 기술적지표/시장강도 지표 ▶ OBV

OBV는 거래량은 주가에 선행한다는 것을 전제로 거래량 분석을 통해 주가를 예측하는 지표입니다. 주가가 전일에 비교해 상승한 날의 거래량 누계에서 하락한 날의 누계를 빼고, 이 값을 누적하여 선으로 나타낸 것입니다. 일반적으로 주가가 하락할 때 OBV가 횡보하면 매수 시점, 주가가 상승할 때 OBV가 횡보하면 매도 시점으로 보죠. 특히 주가가 횡보할 때 많이 사용합니다. 주가가 횡보하고 있을 때 OBV선의 고점이 계속 상승할 경우 매수 시점, 고점이 계속 하락하면 매도 시점으로 보죠.

6. 어렵지만 꼭 알아야 하는 지표 일목균형표!!

일목균형표는 주가의 한 수 앞을 예견하여 주가 흐름을 일목요연하게 보기 위한 지표입니다.

일목균형표는 기준선, 전환선, 선행스팬1, 선행스팬2, 후행스팬의 다섯 개의 선으로 이루어집니다. 여기에 선행스팬1이 선행스팬2보다 큰 구간을 양운, 작은 구간을 음운이라고 하죠.

▶ **HTS 종합차트(TR-0600)** ▶ **기술적지표/가격지표 지표** ▶ **일목균형표**

기준선은 과거 26일간의 최고값과 최저값의 중간값입니다. 매수세와 매도세의 중간값으로 이 둘의 심리가 균형을 이루는 가격이죠. 주가 추세의 기준이 되는 선으로 지지선이나 저항선의 역할을 합니다.

전환선은 과거 9일간의 최고값과 최저값의 중간값으로 전환선보다 기간이 짧아 주가의 단기 추세를 보는 데 활용됩니다. 단기적으로 전환선이 상승하기 시작하면 주가가 상승 전환한다는 의미고, 하락하기 시작하면 주가가 하락 전환한다는 의미죠.

선행스팬1은 당일 기준선과 전환선의 중간값으로 단기 이동평균선의 역할을 하고, 선행스팬2는 과거 52일간의 최고값과 최저값의 중간값으로 중장기 이동평균선의 역할을 합니다. 선행스팬1과 선행스팬2는 26일 앞에 표시합니다. 선행스팬1이 선행스팬2보다 크면 단기 이동평균선이 중장기 이동평균선 위에 있는 정배열과 같은 의미이고, 그 사이를 양운 혹은 양운대라고 하죠. 주가가 양운대 위에 있으면 상승 추세가 유지된다고 봅니다. 반대로 선행스팬1이 선행스팬2보다 작으면 역배열과 같은 의미고, 그 사이를 음운 혹은 음운대라고 하죠. 주가가 음운대 밑에 있으면 하락 추세가 유지된다고 봅니다.

마지막으로 후행스팬은 당일의 종가입니다. 26일 뒤에 표시하고, 향후 고가와 저가를 예측할 때 유용하게 사용되죠.

▶ **일목균형표 공식**

> **기준선 : (과거 26일간의 최고값 + 과거 26일간의 최저값) ÷ 2**
> 전환선 : (과거 9일간의 최고값 + 과거 9일간의 최저값) ÷ 2
> 선행스팬1 : (기준선 + 전환선) ÷ 2 ▶ 26일 앞에 표시
> 선행스팬2 : (과거 52일간의 최고값 + 과거 52일간의 최저값) ÷ 2 ▶ 26일 앞에 표시
> **후행스팬 : 오늘의 종가 ▶ 26일 뒤에 표시**

일목균형표를 활용하는 대표적인 매매전략은 기준선과 전환선의 교차점을 이용하는 방법입니다. 전환선이 기준선을 상향 돌파하면 매수 시점으로 보고, 하향 돌파하면 매도 시점으로 봅니다. 하지만 기준선이 중장기 추세를

결정하기 때문에 전환선과 기준선이 교차할 때 기준선의 추세를 확인해야 합니다. 전환선이 기준선을 상향 돌파할 때는 기준선이 상향이거나 적어도 수평이어야 주가가 상승 추세로 전환될 가능성이 높죠. 반면 전환선이 기준선을 하향 돌파할 때는 기준선이 하향이거나 적어도 수평이어야 주가가 하락 추세로 전환될 가능성이 높습니다.

▶ **일목균형표 매매 전략 예시**

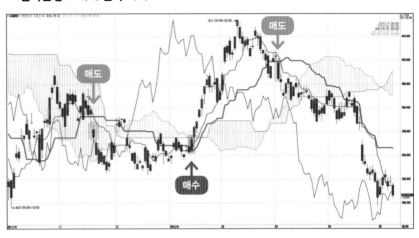

보조지표의 꽃이라 불리는 일목균형표에 대해 더 자세하고 깊이있는 내용은 좌측의 QR코드 영상을 통해 확인해보세요.

지금까지 대표적인 보조지표들을 살펴봤습니다. 보조지표가 잘 맞을 때도 있고 아닐 때도 있죠. 실제로 자신만의 분석을 통해 보조지표의 기준 기간을 변경해서 사용하는 사람들도 많습니다. 보조지표를 절대적으로 신뢰하기보다는 기술적 분석을 도와주는 보조도구 정도로 활용하는 게 좋습니다.

기술적 분석을 도와주는 HTS 도구들!!

HTS에는 기술적 분석을 도와주는 도구들이 준비되어 있습니다. '차트툴'이라고 하죠. 이 도구들을 사용하여 손쉽게 지지선이나 저항선을 그려보고 패턴 분석도 할 수 있죠. 그럼 어떻게 사용하면 되는지 알아보겠습니다.

먼저 차트 화면 위 빈 곳에서 마우스를 우클릭합니다. 우클릭하여 나온 메뉴 중 '차트툴'에 마우스를 가져가면 기술적 분석을 도와주는 도구들이 나타납니다. '차트툴' 아래 메뉴인 '모든 차트툴 삭제'를 통해 사용했던 도구들을 모두 지울 수 있죠. 다양한 도구 중 유용하게 사용할 수 있는 도구를 알아보겠습니다.

▶ 차트에서 빈 곳 우클릭

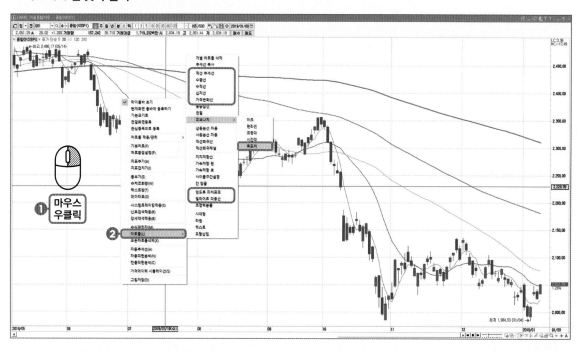

① **직선추세선** : 자유롭게 직선을 그릴 수 있는 도구입니다. 지지선, 저항선을 그려 볼 수도 있고, 패턴도 그려 볼 수 있죠. 그린 선을 더블클릭하면 선의 두께와 색상도 변경 가능합니다.

② **수평선, 수직선, 십자선** : 말 그대로 수평선, 수직선, 십자선을 그릴 수 있습니다. 수평선은 같은 가격대 선이 되기 때문에 지지선이나 저항선으로 사용할 수 있고, 수직선은 기간을 분석할 수 있죠. 수평선과 수직선을 한 번에 그리려면 십자선을 사용합니다.

❸ **가격변화선** : 봉의 개수와 기간을 알려줍니다. 주가가 상승한 기간과 하락한 기간을 비교해 볼 수 있죠. 특히 일목균형표를 분석할 때 유용합니다.

그 외 '엘리어트 파동선'과 '피보나치 목표치', '조정백분율' 등 수치를 계산하지 않아도 손쉽게 기술적 분석을 할 수 있게 해주는 도구들이 있습니다.

▶ **차트툴 사용 예시**

PART 08 에서는 …

주식투자에서 손익을 결정하는 중요한 요소 중 하나는 마음가짐입니다. 하지만 평정심을 유지하지 못해 잘못된 결정을 하고 나중에 후회하는 경우가 많습니다. PART 8에서는 초보자가 많이 하는 실수를 알아보고 주식투자를 하는 올바른 마음가짐에 대해 알아보겠습니다.

PART

08

주식 초보자가 명심해야 할
투자에 대한 마음가짐

CHAPTER 01 초보자가 가장 많이 저지르는 실수

너 한테만
말해주는 건데...
○○종목이~

– 박네모, 김세모, 고수님이 입장하셨습니다. –

박네모

앗!! 매도해야 하는 종목을 매수했어요.

김세모

앗!! 1,000주 매수하려고 했는데
10,000주를 매수했어요.

박네모

주문을 잘못 냈는데 어떻게 해야 하죠?

고수

주문을 실수해도 돌이킬 방법은 없습니다.

그래서 주문을 접수하기 전에 항상
확인하는 습관이 필요하죠.

1. 나만 아는 고급정보? 누구나 알고 있다!

주식시장의 대표적인 격언 중 '소문에 사서 뉴스에 팔아라'라는 말이 있습니다. 많은 투자자가 공식적으로 확인되지 않은 소문만 듣고 투자하는 경우가 많습니다. 하지만 이 말의 본질은 소문에 사는 것이 아니라 뉴스에 팔아야 한다는 데 있습니다. 실제로 주가에 긍정적인 뉴스가 보도된 이후에는 오히려 주가가 하락하는 경우가 많습니다. 이미 세력들은 뉴스가 보도되기 전에 물량을 확보하고, 뉴스가 보도되면 이익을 실현하는 경우가 많기 때문이죠.

초보자들은 아직 주식을 분석과 투자에 익숙하지 않아서 다른 사람의 말에 쉽게 현혹됩니다. 누군가 고급정보라고 알려주면 맹신하는 경우가 많죠. 특히 기업의 내부자가 말해주면 더욱 신뢰하게 됩니다. 하지만 주식시장에서 나만 아는 정보는 없습니다. 나만 몰랐던 정보가 있을 뿐이죠. 소문을 듣고 투자하면

286 이상하게 쉬운 주식

이미 늦은 경우가 많습니다. 한 두 번 소문을 듣고 투자해서 수익이 나더라도 결국은 큰 손실을 보고 주식시장을 떠나게 되죠.

정보매매

기업의 공개되지 않은 정보를 입수하여 투자하는 매매 방법입니다.

SNS가 발달하기 이전에는 정보매매가 가능했습니다. 실제로 밀실에 모여 정보회의라는 것도 했죠. 하지만 이때도 모든 정보가 주가 상승으로 연결되지는 않았습니다. 현재는 SNS가 발달했기 때문에 정보매매 자체가 불가능합니다. TV, 경제신문, 주식카페, SNS 등 너무나 많은 경로를 통해 정보가 확산되기 때문이죠.

지금은 정보를 아는 것보다 해석하는 능력이 중요합니다. 가짜뉴스라는 말이 있는 것처럼, 주식시장에도 역정보라는 말이 있습니다. 그럴듯하게 가짜 사실을 만들어 투자자들을 현혹하죠. 이런 역정보에 현혹되지 않으려면, 기초부터 꼼꼼히 공부해야 합니다. 자신만의 기준으로 정보를 선별하고 분석할 수 있으셔야 합니다.

고수의 꿀팁!

한 번의 큰 수익보다 열 번의 작은 수익!!!

카지노의 모든 게임은 항상 카지노가 50.1% 이상 유리하게 설계됩니다. 이길 때도 질 때도 있지만 장기적으로 보면 카지노가 이기는 시스템이죠. 주식투자도 비슷합니다. 한 번에 큰 수익을 내기보다는 열 번의 작은 수익이 중요합니다. 큰 수익만 노리다 보면 결국 큰 손실로 끝나는 경우가 많습니다. 하지만 작은 수익을 계속 내다 보면 주식투자에 익숙해지고 장기적으로 큰 수익을 얻게 되죠. 주식투자는 확률입니다. 수익을 낸 횟수를 51% 이상 만들어야 장기적으로 성공할 수 있습니다.

2. 인생은 한방! 한 종목에 몰빵!

▶ **분산투자 예시**

	종목1	종목2	종목3	종목4	계
일상	100%				100%
이상	30%	30%	20%	20%	100%

하나의 종목에 모든 돈을 투자하는 것은 위험합니다. 위의 표에서 종목1의 주가가 50% 하락한다면 일상 씨는 전체 투자금액의 50% 손실을 보겠지만, 이상 씨는 전체 투자금액의 15%만 손실을 보죠. 주식투자에 100%의 확률은 없습니다. 아무리 좋은 종목도 주가가 항상 상승하지는 않습니다.

2009년 상장한 한진해운은 2010년 해운업 호황으로 매출액이 9조 6천억원, 당기순이익은 3천억원에 가까웠고, 주가는 4만원 부근까지 상승했었습니다. 하지만 경제위기와 해운시장의 경쟁 심화로 2017년 3월 7일 상장폐지 되었죠. 이때 한진해운 주식의 40% 이상을 개인 투자자가 가지고 있었습니다. 대부분 한진해운 같은 큰 회사가 파산할 것으로 생각하지 않았습니다.

주식시장에서 완벽한 종목을 완벽한 타이밍에 매수하기는 어렵습니다. 100% 확률이 존재하기 힘들죠. 주식시장은 항상 변화하고 변수가 생깁니다. 이런 변화에 대응하기 위해서는 현금을 확보하고 있어야 하고, 여러 종목에 분산투자해야 하죠. 워런 버핏, 찰스 멍거, 필립 피셔 같은 주식투자의 거장들도 10개 이내의 종목에 분산투자하고 그중 몇몇 종목에 좀 더 집중하여 투자합니다.

분산투자에 대한 내용은 우측의 QR코드를 통해 영상을 확인하여 더 쉽게 이해하실 수 있습니다.

유 튜 브
연결하기

★ 분산투자
관련 영상 확인!

주식초보
수익의첫걸음

QR코드로
영상 보는 법
p.10을 참고!

"A man may beat a stock or a group at a certain time, but no
man living can beat the stock market!"
누구든 특정 시점에 어느 종목 혹은 어떤 업종에 투자해 돈을 벌 수는 있지만, 살아있는
사람이라면 아무도 주식시장을 이길 수 없다!

-Jesse Livermore

평생 주식투자를 한 투자의 거장 제시 리버모어가 내린 결론입니다. 그 누구도 시장을
이기는 완벽한 방법을 알 수는 없습니다. 항상 공부하고 분석하고 대응해야 하죠.
주식투자는 단거리 경기가 아닙니다. 꾸준한 노력을 통해 꾸준히 수익을 내는 것이
중요합니다.

3. 하루에 100번도 넘게 주가확인

주가는 쳐다보는 것만으로는 오르지 않습니다. 오히려 주가를 자주 볼수록
마음만 급해져서 올바른 판단을 못할 때가 많죠. 유능한 트레이더들도 매수한
주식의 주가를 계속 쳐다보고 있지는 않습니다. 주식은 인내심이 중요합니다.
주가의 움직임에 일희일비하기보다는 추세를 보는 것이 필요하죠.

큰 수익은 머리로 만드는 것이 아니라 엉덩이로 만든다는 말이 있습니다.
올바른 판단을 했다면 열매가 영글 때까지 기다려야 한다는 뜻이죠. 초보자들이
가장 많이 하는 실수 중 하나가 주가가 소폭 상승하면 이익을 실현하는
것입니다. 주가는 관성이 있습니다. 상승하면 더 상승하려 하고, 하락하면
더 하락하려 하죠. 주가가 하락할 때 손절매가 중요하듯, 주가가 상승할 때는
충분히 상승할 때까지 기다리는 인내가 필요합니다.

4. 주문은 한 번에 끝낸다!

고수들도 주문을 잘못 내는 실수를 가장 많이 합니다. 매수할 주식을 매도하고, 매도할 주식을 매수해서 손실을 보는 경우가 많죠.

▶ HTS 주문 창

HTS 주문 창에서 주문 창은 매수는 빨간색, 매도는 파란색 등으로 구분됩니다. 주문을 접수할 때 단순히 버튼을 클릭하는 방법도 있지만, 주문마다 **기능키**를 따로 정해 놓기도 하죠.

주문 종류 이외에도 주문 가격을 잘못 입력하거나, 주문 수량을 잘못 입력하는 때도 있습니다. 1,770원에 매수 주문을 내려다 1,970원에 내는 때도 있고, 1,000주를 매수하려다 10,000주를 매수하는 때도 있죠. 주문을 내기 전에 항상 주문 내용을 꼼꼼히 확인하는 습관이 필요합니다.

기능키

키보드 제일 위의 F키를 말합니다. 주문 창에서 매수는 F9, 매도는 F12, 정정은 F5, 취소는 F8 키를 누르면 주문이 접수되죠.

절대매매 TIP!

▶ 주식 주문 창 ① 설정▶② 상세설정▶③ 주문확인 창 보기

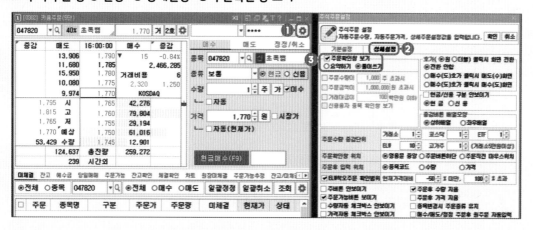

위의 그림처럼 주식 주문화면에서 설정을 눌러 매매주문을 접수할 때마다 주문확인 창이 나오게 할 수 있습니다. 주문을 실수하지 않으려면 항상 주문확인 창을 확인하고 접수하는 습관이 필요합니다.

▶ 주문확인 창 요약하기

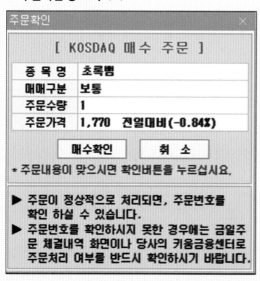

▶ 주문확인 창 풀어쓰기

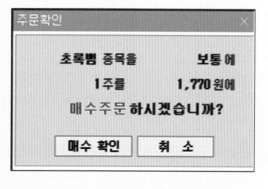

5. 미수, 신용거래 유혹에 빠지지 말자!

초보자들이 가장 많이 하는 실수가 바로 미수, 신용거래입니다. 힘들게 종잣돈을 모아놓고 미수, 신용거래 때문에 한 번에 손실을 보는 경우가 많죠.

▶ **레버리지 투자 예시**

증거금율		20%	30%	50%	100%
100만원 보유 시 투자가능 금액		500만원	333만원	200만원	100만원
레버리지 비율 (총투자금액÷내 돈)		5.0배	3.3배	2.0배	1.0배
주가 20% 상승 시	수익금액	100만원 수익	66만원 수익	40만원 수익	20만원 수익
	계좌에 남는 돈	200만원	166만원	140만원	120만원
주가 20% 하락 시	손실금액	100만원 손실	66만원 손실	40만원 손실	20만원 손실
	계좌에 남는 돈	0원	34만원	60만원	80만원

위의 그림처럼 레버리지를 사용하면 주가가 상승할 땐 큰 수익을 볼 수 있지만, 주가가 하락할 땐 큰 손실을 보게 됩니다. 주식투자는 손실을 보지 않는 것이 가장 중요합니다. 투자자가 올바른 분석으로 적절한 타이밍에 주식을 매수할 확률은 매우 낮습니다. 그래서 투자 초기에는 손실을 보면서 주식을 배워갈 수밖에 없습니다. 이 시기에 레버리지까지 사용하여 투자하게 된다면 힘들게 모은 종잣돈은 더 빨리 사라지게 되죠. **한 번에 큰 수익을 내기보다는 여러 번 작은 수익을 내면서 투자를 배워가는 것이 중요합니다.**

신용거래는 약 10% 정도의 높은 이자를 내야 합니다. 그래서 부득이한 상황이라면 증권담보대출을 사용하는 것이 유리합니다.

▶ **증권담보대출 VS 신용대출**

증권담보대출	A군	B군	C군		연체이자
	7.65%	8.65%	9.25%		9.70%
신용대출	1~7일	8~15일	16~90일	90일 초과	연체이자
	7.50%	8.50%	9.00%	9.50%	9.70%

위의 표에서 볼 수 있듯이 신용대출은 기간에 따라 이자가 급격히 높아집니다. 하지만 증권담보대출은 담보가 되는 증권의 종류에 따라 기간과 관계없이 일정한 이자율이 적용되죠. 일반적으로 증권사에서 대출을 받으면 사용 기간이 90일을 초과할 때가 많습니다. 그래서 신용대출을 사용하여 기간이 지남에 따라 이자율이 높아지는 것보다는 증권담보대출을 통해 일정한 이자를 내는 것이 유리하죠.

CHAPTER 02 투자에 가장 중요한 것은 마인드 컨트롤

– 박네모, 김세모, 고수님이 입장하셨습니다. –

박네모

이제 우리도 주식을 매매하는 방법을
알았으니 돈을 벌 수 있을까요?

김세모

이제 난 다 배운 것 같아!!

박네모

고수님, 저희 이제 기본은 다 배운 건가요?

고수

이제 가장 중요하고, 가장 어려운
마음가짐에 대해 알려드릴게요.

고수들도 올바른 마음가짐을 갖기
위해 노력한답니다.

1. 초보자를 위한 멘탈관리 기법

주식투자는 확률게임입니다. 한 번에 큰 수익을 내려는 사람은 한 번에 큰
손실을 볼 수밖에 없죠. 투자금을 100% 다 사용하는 것은 아주 위험합니다. 단
한 번 매매하고 주식투자를 그만둘 것이 아니라면, 작더라도 매매마다 수익을
내는 것이 중요하죠. 그러기 위해서는 항상 현금을 확보하는 계좌관리를 해야
합니다.

▶ **몰빵 투자의 위험성**

투자 횟수	1회	2회	3회	4회	5회	6회	7회	8회	9회	10회
원금 (만원)	50% 수익	50% 손실	50% 수익	50% 손실	50% 수익	50% 손실	50% 수익	50% 손실	50% 수익	50% 손실
₩ 100	₩ 150	₩ 75	₩ 113	₩ 56	₩ 84	₩ 42	₩ 63	₩ 32	₩ 47	₩ 24

위의 표는 투자금 100만원을 5:5 확률로 한 번은 50% 수익, 한 번은 50% 손실 볼 경우를 가정했습니다. 투자 초기에는 50%의 큰 수익을 내면 돈을 버는 것 같지만, 투자횟수가 늘어날수록 점점 손실이 커지는 것을 볼 수 있죠.

주식투자에 성공하기 위해서는 공포와 탐욕을 극복하고 마음을 비워야 합니다. 공포와 탐욕을 다스리기는 매우 어렵습니다. 하지만 극복 방법은 있죠. 바로 투자금액을 보유자금의 20% 선으로 줄이는 것입니다.

1천만원의 보유자금으로 모두 주식을 매매하는 사람과 1천만원의 보유자금을 가지고 2백만원만 매매하는 사람이 있다면, 후자의 성공 확률이 높습니다. 두 사람이 같은 실력이라면, 장기적으로는 2백만원으로 시작한 사람의 승률이 월등히 높게 나옵니다. 그 이유는 공포와 탐욕에서 벗어날 수 있기 때문이죠. 주식투자의 성공 조건은 한 번에 큰 수익을 내는 것이 아니라 성공 확률을 높이는 것입니다.

2. 주식시장에 100%는 없다!!

주식투자에 가장 적합하지 않은 사람은 항상 A=B라는 사고를 하는 사람입니다. 주식은 살아 움직이는 생물과 같습니다. 주식시장에서 언제나 100% 수익을 내는 방법은 없죠. 과거에는 미국 시장이 오르면 주식을 사고 미국 시장이 하락하면 주식을 파는 단순한 매매를 통해서 수익을 내는 사람도 있었습니다. 하지만 지금은 통하지 않는 방법이죠. 방송에서 엄청난 수익을 냈다는 사람들도 주식시장의 일정 국면에서 수익을 많이 냈을 뿐이지 항상 수익을 내기는 힘듭니다.

최근 월가에서는 통계학자들이 각광받고 있습니다. 과거의 데이터를 기반으로 주식시장에 통계적으로 접근하는 방식이 수익을 내고 있기 때문이죠. 통계적 접근을 통해 수익 날 확률이 높은 방법을 연구합니다. 기본적 분석과 기술적 분석이 반드시 수익을 내는 방법은 아닙니다. 항상 공부하고 항상 발전해야 하죠. 오늘 수익을 낸 방법이 내일 손실을 내는 방법이 될 수 있는 곳이 주식시장입니다.

월가의 격언

"The one game of all games that really requires study before making a play is the goes into without his usual highly intelligent preliminary and precautionary doubts."

게임에 뛰어들기 전에 반드시 공부해야 하는 게임은 주식투자밖에 없는데도 사람들은 평소에 해오던, 지적으로 상당히 차원 높은 예비적이고 예방적인 의심조차 없이 덤벼든다.

-Jesse Livermore

마트에서 물건 하나를 살 때도 많은 고민을 하는 사람이 주식시장에서 종목을 매수할 때는 아무런 고민이나 의심 없이 매수하는 경우가 많습니다. 투자는 공부하지 않으면 실제 나의 재산이 손실을 보는 게임입니다. 항상 의심하고 공부하는 노력이 필요하죠.

3. 인내심을 갖고 기다리기

초보자들은 현금을 보유하지 않고 투자금을 모두 투자하는 경우가 많습니다. 주식을 매도한 다음 바로 다른 주식을 매수하죠. 남들이 사서 수익을 보고 있는 종목이 있다면 무작정 따라 사는 경우도 많습니다. 이렇게 현금 없이 계속 주식만 매매하다 보면 손실이 날 수밖에 없죠.

주식투자는 기다림입니다. 인내심을 가지고 기다리다 보면 좋은 종목과 좋은 타이밍이 생기기 마련입니다. 그때를 대비하여 현금을 확보하고 항상 준비해야 하죠. 매수하지 못한 종목의 주가가 상승했다면 이를 본보기로 삼아 다음에 유사한 상황에서 매수할 수 있도록 공부하면 됩니다.

주식을 매도할 때 주가가 조금 올랐다고 팔기보다는 주가 상승을 충분히 기다릴 필요가 있습니다. 초보자들은 수익 실현은 급하게 하려고 하고 손절매는 못하는 경우가 많습니다. 주가가 하락하여 추가 매수를 할 때도 충분히 기다리지 않고 매수했다가 더 큰 손해를 보기도 하죠.

인내심을 가지고 기다리다 보면 주식은 항상 기회를 줍니다. 조급하게 매매하면 주식이 주는 기회를 잡지 못하는 경우가 많습니다. 기회가 기회인지 알기 위해서는 꾸준한 공부가 필요합니다. 분석하고 공부하다 보면 자연스럽게 주식시장이 주는 기회를 볼 수 있게 되죠.

주가가 하락하는 하락장 속에서 개인투자자의 잘못된 매매습관과 대처방안을 좌측의 QR코드 영상으로 확인하실 수 있습니다.

유 튜 브
연결하기

⭐ 하락장 속 개인투자자의
잘못된 매매습관
관련 영상 확인!

개인투자자의
잘못된
매매습관!

QR코드로
영상 보는 법
p.10을 참고!

4. 철저히 고독하게 대중과 반대로 투자하라!

주식투자는 심리 싸움입니다. 개인과 외국인, 기관의 싸움이죠. 단기적으로는 개인이 외국인과 기관의 수익률을 앞설 수 있지만, 중장기적으로는 항상 개인이 졌습니다. 개인들의 주식보유비중이 높으면 주식을 모두 팔 때이고, 개인들이 많이 보유한 주식은 절대 수익이 크게 나는 종목이나 급등주가 될 수 없습니다. 수익이 크게 나는 종목은 항상 의외의 주식이죠.

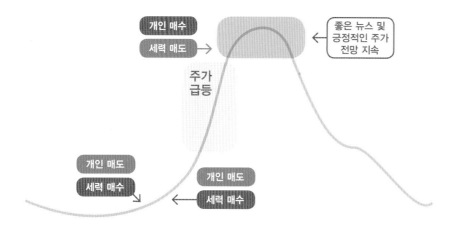

개인 매수
세력 매도 →

주가
급등

좋은 뉴스 및
긍정적인 주가
전망 지속

개인 매도
세력 매수

개인 매도
← 세력 매수

개별종목의 수익이 크게 날 때는 세력이 매집을 끝낸 이후입니다. 과거에는 대주주 물량이나 기관의 물량을 대량자전거래를 통해서 단기간에 확보할 수 있었지만, 최근에는 장기간에 물량을 확보하고 시세도 장기간에 걸쳐서 분출시키죠. 금융감독기관의 시세 감시체계가 과거보다 많이 정교해졌고, 시세 교란 행위에 대해서 시세차익 전액환수 및 무거운 형벌을 내리기 때문입니다.

세력이 주식시장에서 물량을 확보하려면 개인들이 보유한 물량을 확보하는 방법밖에 없습니다. 그러려면 개인이 이익을 실현할 수 있는 가격까지는 주가를 올려야 합니다. 이때 이동평균선은 역배열이 정배열이 되고, 연중 최고가를 갱신하는 등 여러 가지 현상들이 발생하죠. 그리고 물량이 충분히 확보됐을 때 재료를 터트려 주가를 상승시키게 됩니다. 그래서 주가가 10,000원에서 15,000원으로 상승할 때는 1년 걸리지만, 15,000원에서 50,000원으로 상승할 때는 한 달도 채 안 걸리는 경우가 많죠.

그리고 주가의 최고점 부근에서 온갖 장밋빛 호재를 시장에 내놓고, 단타를 노리는 개인들이 물량을 매수하게 만든 후에 유유히 빠져나옵니다. 개인은 단타로 10% 수익만 보려고 매입했다가 팔지도 못하고 장기간 주식이 묶이게 되죠.

위의 과정을 통해, 개인과 매매를 반대로 하면 된다는 사실을 알 수 있습니다. 하지만 투자자는 감정에 휘둘리는 사람이기 때문에 이를 실천하기는 쉽지 않습니다. 다른 사람들이 좋다고 하는 주식은 나도 좋아 보이기 마련입니다. **철저히 고독하게, 대중과 반대로 투자해야 주식시장에서 성공할 수 있습니다.**

대량자전거래 (Cross Trading)

한 종목에 대해 같은 수량의 매수와 매도 주문을 동시에 체결하는 거래입니다. 당사자 간에 가격과 수량을 미리 정한 거래죠. 과거에는 세력들이 대주주나 기관의 물량을 미리 약속한 가격에 대량으로 거래하는 경우가 많았습니다.

CHAPTER 03 꾸준한 공부만이 주식시장에서 살아남는 방법!

#주식시장
#경제상황
#기본적분석
#기술적분석
#주식투자

— 박네모, 김세모, 고수님이 입장하셨습니다. —

박네모

　저 이제 초보 아니죠?

김세모

　드디어 본격적으로 주식투자를 할 수 있는 건가요?

고수

　네! 이제 주식투자에 필요한 기본적인 지식은 충분합니다.

　하지만 안정적인 수익을 위해서는 꾸준한 연구가 필요하죠.

1. 저 이제 초보 아니죠?

지금까지 주식투자에 필요한 기본지식을 알아봤습니다. 배운 내용을 전체적으로 정리해보고 중요한 사항은 다시 한 번 확인해 보시기 바랍니다.

주식시장은 기업의 주식이 상장되어 거래되는 곳입니다. 주가는 주식시장에 수많은 투자자가 참여하여 주식이 거래되는 가격이죠. 주가는 매수세와 매도세에 따라서 등락을 반복합니다. 주가에 영향을 미치는 다양한 요소들을 정리해 보죠.

① 경제요인

경제적 요인에는 GDP성장률, 금리, 환율, 통화량, 인플레이션 등이 있습니다.

▶ **경제요인 정리**

경제요인	동향	예상 주가	내용
GDP성장률 (경제성장률)	↗	↗	기업의 매출과 투자 증가
	↘	↘	기업의 매출과 투자 감소
GDP갭	양(+)	↗	실제 GDP 〉 잠재GDP ▶ 경제 호황
	음(−)	↘	실제 GDP 〈 잠재GDP ▶ 경제 불황
금리	↗	↘	기업 투자 감소, 주식시장 자금 이탈
	↘	↗	기업 투자 증가, 주식시장 자금 유입
환율	↗	↘	외국인 국내주식 매도
		↗	수출 증가
	↘	↗	외국인 국내주식 매수
		↘	수출 둔화
통화량	↗	↗	기업의 매출 및 투자 증가, 주식시장 자금 유입
	↘	↘	기업의 매출 및 투자 감소, 주식시장 자금 이탈
인플레이션	적정 수준	↗	기업의 매출과 투자 증가
	이상 수준	↘	기업의 매출과 투자 감소

② 증자와 감자

기업의 자본금이 변동되는 증자와 감자도 주가에 영향을 줍니다. 특히 무상감자는 조심해야 하죠.

▶ **증자와 감자 정리**

	유상증자	무상증자	유상감자	무상감자
예상주가	단기 하락	단기 상승	단기 상승	하락!!!

③ 주식 관련 회사채

신주인수권부사채, 전환사채, 교환사채를 발행하는 기업의 주가는 부정적인 경우가 많습니다. 그래서 공시 내용을 확인하는 능력이 필요하죠.

▶ 신주인수권부사채(BW) 개념

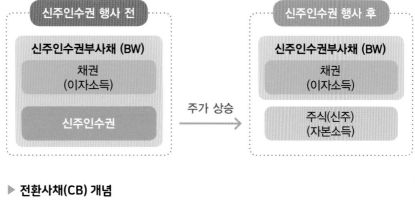

▶ 전환사채(CB) 개념

이처럼 주가는 기업 외부적인 요소, 기업 내부적인 요소 등 다양한 요소로 인해 움직입니다. 이런 주가의 움직임을 분석하는 방법에는 크게 기본적 분석과 기술적 분석이 있죠.

기본적 분석은 경제 상황 및 기업의 재무제표를 통해 미래의 주가를 예측하는 방법입니다. 현재 주가가 내재가치보다 낮으면 향후 주가가 오를 것을 기대하여 주식을 매수하고, 반대로 주가가 내재가치보다 높으면 주가 하락을 기대하여 주식을 매도하죠.

기본적 분석의 장점은 저평가된 종목을 매수하여 주가의 단기 변동에 흔들리지 않고 중·장기적으로 수익을 낼 가능성이 높다는 것입니다. 하지만 주가가 내재가치에 도달할 때까지 얼마나 걸릴지 알 수 없다는 단점이 있습니다.

기본적 분석은 다시 하향식 분석과 상향식 분석으로 나뉩니다. **하향식 분석(Top Down)**은 경제상황을 분석한 후에 유망한 산업을 찾고, 기업의 내재가치를 분석하는 방법입니다. 상향식 분석(Bottom up)은 기업의 내재가치를 분석한 후에 그 기업이 속한 산업이 유망한지, 그 산업이 경제상황에 적합한지 분석하는 방법입니다.

기본적 분석은 다양한 투자지표와 재무비율을 통해 기업의 내재가치를 분석하는 방법입니다. 주요 지표 및 비율은 다음과 같습니다.

▶ **투자지표 정리**

구분	긍정	산출공식
투자지표	↓	$$PSR(주가매출액비율) = \frac{주가}{SPS(주당매출액)}$$
	↓	$$PER(주가수익비율) = \frac{주가}{EPS(주당순이익)}$$
	↓	$$PBR(주당순자산 비율) = \frac{주가}{주당순자산(BPS)}$$
	↓	$$EV/EBITDA = \frac{(시가총액 + 순부채)}{(영업이익 + 감가상각비 등 비현금성 비용 + 제세금)}$$

▶ 재무비율 정리

구분	긍정	산출공식	
수익성 비율	↑	$ROE = \dfrac{당기순이익}{자기자본} \times 100$	# 15% 이상
	↑	$ROA = \dfrac{당기순이익}{총자산} \times 100$	
	↑	$EPS(주당순이익) = \dfrac{당기순이익}{총발행주식수}$	
안정성 비율	↓	$부채비율 = \dfrac{총부채}{총자본} \times 100$	# 200% 이하
	↑	$유동비율 = \dfrac{유동자산}{유동부채} \times 100$	# 200% 이상
	↑	$유보율 = \dfrac{이익잉여금 + 자본잉여금}{자본금} \times 100$	
	↑	$이자보상비율 = \dfrac{영업이익}{이자비용} \times 100$	
성장성 비율	↑	$매출액증가율 = \dfrac{당기매출액 - 전기매출액}{전기매출액}$ 또는 $\dfrac{당기매출액}{전기매출액} - 1$	
	↑	$총자산증가율 = \dfrac{당기총자산 - 전기총자산}{전기총자산}$ 또는 $\dfrac{당기총자산}{전기총자산} - 1$	
활동성 비율	↑	$총자산회전율 = \dfrac{매출액}{총자산}$	
	↑	$재고자산회전율 = \dfrac{매출액}{재고자산}$	
	↑	$매출채권회전율 = \dfrac{매출액}{매출채권}$	

특히 투자하기 전 자본잠식 여부에 관한 확인은 필수입니다.

▶ **자본잠식 예시**

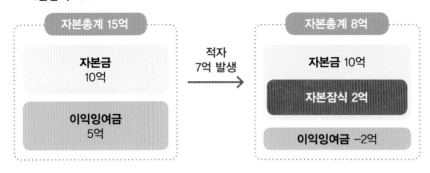

이외에도 기본적 분석의 질적 분석에 해당하는 경영진의 능력, 기업의 이미지, 브랜드 충성도, 주력상품과 매출 비중, 뉴스 등은 투자 전 꼭 확인해야 하는 부분이죠.

하지만 기본적 분석은 가치 함정에 빠질 수 있으므로 기술적 분석을 통한 매매 타이밍을 잡는 것이 필요합니다.

기술적 분석은 과거의 주가나 거래량 등을 이용하여 미래의 주가 변화를 예측하는 분석법입니다. 기본적 분석과 달리 주식의 가격에 기업의 내재가치뿐만 아니라 경제, 정치, 심리적 요소들이 모두 반영되어 있다고 전제합니다.

기술적 분석의 장점은 다양한 시장에 사용할 수 있다는 것입니다. 주식시장뿐만 아니라 파생상품 시장이나 환율시장, 원유시장 등 매수자와 매도자의 거래가 이루어지는 시장은 기술적 분석이 가능하죠. 모든 거래는 심리를 기반으로 합니다. 매도자는 비싸게, 매수자는 싸게 거래하고 싶어하죠. 이런 심리들이 모여서 가격이 형성됩니다. 가격에는 심리뿐만 아니라 거래가 형성되기 위한 많은 정보가 숨어 있습니다. 이 때문에 가격으로 거래되는 다양한 시장에서 기술적 분석을 사용할 수 있습니다.

또한, 기술적 분석은 수치화하기 어려운 다양한 정보를 시각화할 수 있다는 장점이 있습니다. 시장에 떠도는 소문이나, 투자자의 심리 등 기본적 분석에서 계량화하기 힘든 요소들을 차트에서 나타낼 수 있죠. 실제로 기본적 분석을 배제하고 차트만 분석하는 차티스트가 월가에서 점점 늘어가고 있습니다.

기술적 분석에서는 분석의 기초가 되는 캔들의 명칭부터 일봉의 모양에 따른 주가 흐름을 아는 것이 중요합니다.

▶ **양봉/음봉, 고가 저가 설명**

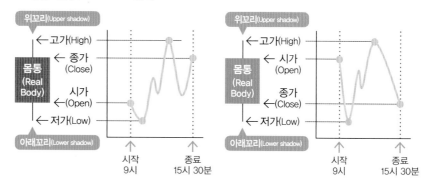

▶ 캔들 모양에 따른 주가 움직임 상승 (매수)

망치형(Hammer)

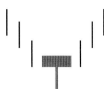

역망치형(Inverted Hammer)

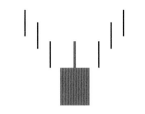

상승장악형(Bullish Engulfing)

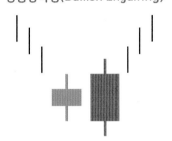

상승잉태형(Bullish Harami)

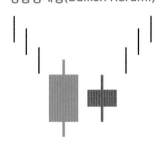

관통형(Piercing Line)

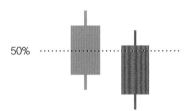

상승반격형(Bullish Count Attack Bullish Meeting Line)

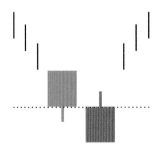

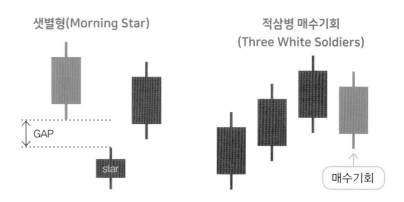

샛별형(Morning Star)

적삼병 매수기회
(Three White Soldiers)

GAP

star

매수기회

....

▶ 캔들 모양에 따른 주가 움직임 하락 (매도)

교수형(Hanging Man)

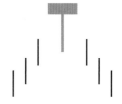

하락 샅바형(Bearish Belt Hold)

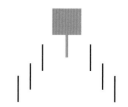

유성형(Shooting Star)

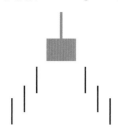

하락장악형(Bearish Engulfing)

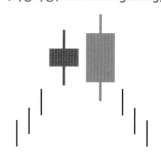

하락잉태형(Bearish Harami)

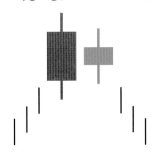

먹구름형(Dark Cloud Cover)

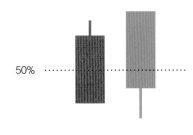

하락반격형(Bearish Count Attack Bearish Meeting Line)

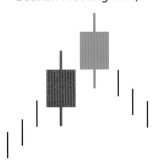

석별형(Evening Doji Star)

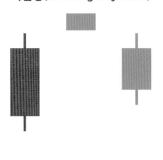

까마귀형(Two Crows)

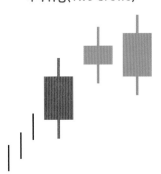

흑삼병 매도기회(Three Black Crows)

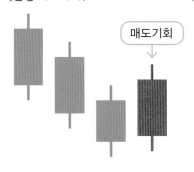

지지선과 저항선을 이용한 매매, 이동평균선, 패턴 분석을 통해 종목을 선정하고 매매 타이밍을 잡는 방법도 중요하죠.

▶ **지지선, 저항선 매매 시점**

▶ **이동평균선을 이용한 매매**

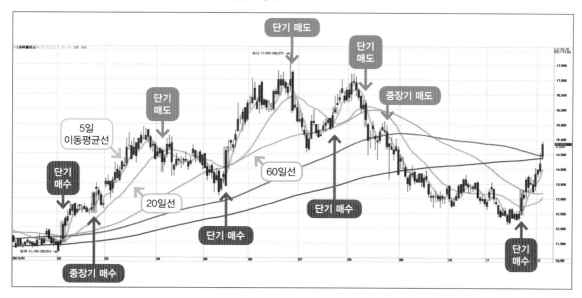

▶ 헤드 앤 숄더 패턴

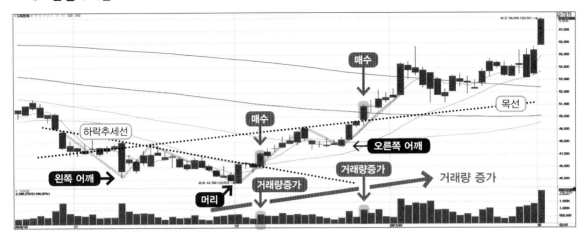

▶ 역 헤드 앤 숄더 패턴

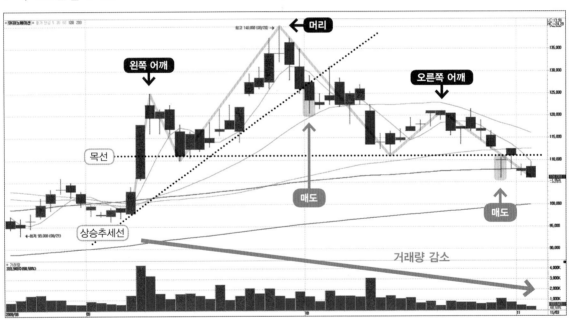

거래량을 통해 주가의 움직임을 예측하고 세력들의 흔적을 찾아 급등주를 매매하는 방법도 알아야 합니다.

▶ 거래량으로 보는 세력의 매집 흔적

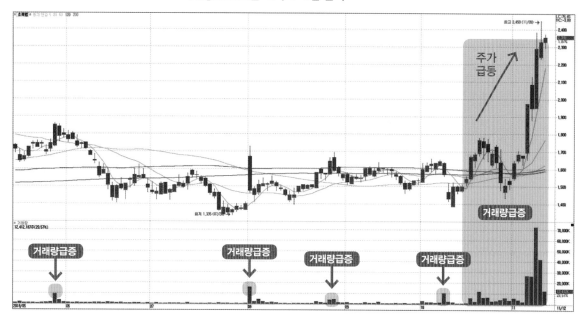

▶ 거래량과 주가 고점·저점

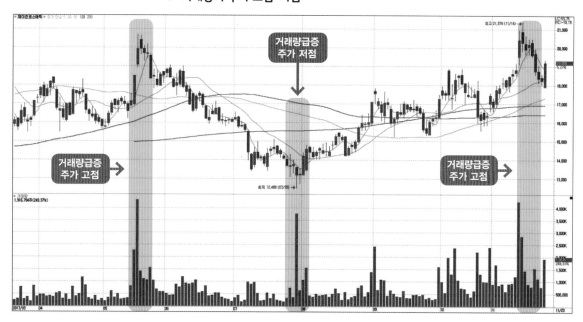

마지막으로 MACD, 이격도, OBV 등 보조지표를 활용하는 방법과 간략한
일목균형표의 활용법도 알아두어야 하죠.

▶ **MACD**

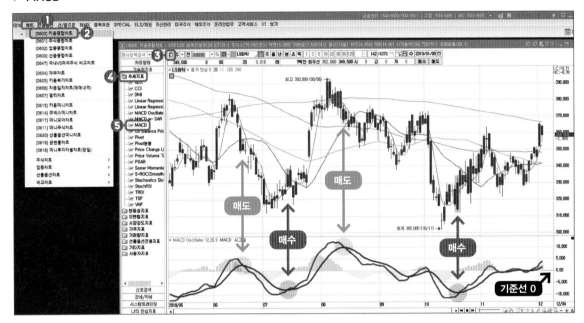

▶ **이격도**

▶ OBV

▶ 일목균형표

2. 본격적인 투자를 위해 더 알아야 할 것들

지금까지 주식투자에 필요한 아주 기본적인 지식을 알아봤습니다. 하지만 제대로 된 투자를 위해서는 조금 더 깊은 내용에 관한 공부가 필요하죠. 주식 공부는 많이 하면 할수록 재산을 늘려주는 공부입니다. 주식시장은 항상 진보하고 발전하므로 한 번 배운다고 끝나지 않고 지속해서 연구하고 학습해야 하죠.

이 책에서는 개념적인 내용을 다루었지만, 실전 활용을 위해서는 조금 더 깊은 내용이 필요합니다.

기본적 분석에서는 투자지표 및 재무비율의 의미뿐만 아니라 이것들을 실전에서 어떻게 활용해야 하는지에 대한 깊이 있는 학습이 필요합니다. 또한, 재무제표를 통해 기업의 적정 주가를 구하고, 재무모델에 부합하는 종목을 검색할 수 있어야 하죠.

기술적 분석에서는 더 많은 실전 사례와 변형된 패턴들을 학습해야 합니다. 보조지표들도 단순히 골든크로스나 데드크로스뿐만 아니라 급등락 시 사용법 및 복합적인 시그널을 해석할 수 있어야 하죠.

가장 중요한 것은 스스로 분석하고 투자하는 것입니다. 언제까지 남이 잡아주는 물고기만 먹고 살아남을 수는 없습니다. 혼자서 낚시하는 법을 알아야 험난한 주식시장에서 생존할 수 있습니다.

월가의 격언

"I can only rise by knowledge. If I fall it must be by own blunders."
지식이 있어야 일어설 수 있다. 만약 내가 주저앉는다면 나 자신의 실수 때문일 것이다.

-Jesse Livermore

세계적인 투자 거장 제시 리버모어도 학습의 중요성을 강조했습니다. 그리고 투자 실패는 지식과 시장이 잘못된 것이 아니라 나 자신에게 있다고 말했죠. 꾸준한 학습과 마인드 컨트롤을 통한 냉정한 판단만이 시장에서 살아남는 방법입니다.

매매 복기의 중요성

바둑에서 알파고를 이긴 마지막 사람인 이세돌은 승패보다 복기가 중요하다고 했습니다. 복기를 통해 잘못한 점과 배울 점을 돌아볼 수 있고 그러다 보면 실력이 늘어나죠. 주식도 매매 복기가 매우 중요합니다. 수익이 난 매매든 손실이 난 매매든 항상 매매 복기를 통해 실력을 키워나가야 합니다. 그리고 똑같은 실수를 반복해서는 안 됩니다. 매매 복기를 위해서는 매매일지를 쓰는 것이 좋습니다. 종목을 매수한 이유와 매도한 이유를 적어나가다 보면 자신만의 투자전략을 만들 수 있습니다. 아래 매매일지 예시를 보고 직접 매매일지를 작성해보는 습관을 기르세요.

▶ **매매일지 예시**

종목명	여의도책방	내용	2019년 매출이 급증한다고 함	
	1차	2차		3차
매수일자	2019.01.02	2019.01.04		2019.01.09
매수가격	10,000	11,000		10,500
매수수량	100	90		95
★ 매수이유 ★	20일 이평선 골든크로스	장대양봉발생		상승 후 눌림목으로 보임
매도일자	2019.01.16	2019.01.18		
매도가격	12,000	10,500		
매도수량	100	180		
★ 매도이유 ★	단기 이격 과다	갑자기 빠져서		
손익	151,754원	3,246원		
★ 평가 ★	이평선 이격과다를 보조지표로 확인필요	급락해서 성급하게 팔았다. 반!성!		다시 상승함... 원칙대로 매매하자!!

고수들은 투자에 대해 어떤 생각을 가지고 있었을까?

세계적으로 유명한 투자의 고수들이 있습니다. 이들은 오랜 시간 경험을 통해 투자자에게 도움이 되는 명언을 많이 남겼죠. 투자를 모르는 사람도 익히 알고 있는 워런 버핏과의 점심 한 끼는 35억원의 경매가에 낙찰되기도 했습니다. 워런 버핏에 버금가는 월스트리트의 투자 고수들이 말하는 투자에 대해 알아볼게요.

① 워런 버핏

Rule No. 1 : Never lose money.
Rule No. 2 : Never forget rule No. 1
규칙 1 : 절대 돈을 잃지 말아라
규칙 2 : 절대 규칙 1을 잊지 말아라

– 워런 버핏

너무나도 유명한 말이고, 여러 번 강조드리고 싶은 말입니다. 투자는 수익을 내는 것보다 돈을 잃지 않는 것이 중요하죠. 수익을 보지 못해도 다시 투자할 기회는 남지만, 돈을 잃으면 다시 투자할 기회가 사라집니다.

We simply attempt to be fearful when others are greedy and to be greedy only when others are fearful.
남들이 욕심을 낼 때 두려워하고, 남들이 두려워할 때 욕심내라.

– 워런 버핏

★ 워런 버핏
   관련 영상 확인!

 QR코드로
영상 보는 법
p.10을 참고!

대중의 말에 휩쓸려 다니면 수익을 내기 힘듭니다. 주식은 의외의 곳에서 큰 수익이 발생합니다. 다른 사람들이 아무리 좋은 주식이라고 말해도 자신의 분석과 판단에 따라 투자해야 하죠.

워런 버핏은 주식을 모르는 분들도 많이 알고 있을 정도로 가장 중요한 투자자 중 한명입니다. 워런 버핏과 관련된 재밌는 이야기를 좌측의 QR코드를 통해 확인하실 수 있습니다.

② 피터 린치

If you don't study any companies, you have the same success buying stocks as you do in a poker game if you bet without looking at your cards.
연구하지 않고 투자하는 것은 카드를 보지 않고 포커게임을 하는 것과 같다.

– 피터 린치

많은 투자자가 아무런 연구도 하지 않고 몇 번 수익 본 것을 자랑하며 주식투자를 합니다. 하지만 연구하지 않은 수익은 지속되기 힘듭니다. 항상 연구하는 자세가 중요하죠.

In this business if you're good, you're right six times out of ten. You're never going to be right nine times out of ten.
주식투자에서 10번 중 6번 성공하면 잘하는 것이다. 10번 중 9번 성공할 수 없다.

– 피터 린치

주식을 매매해서 한 번 손실 본 것으로 투자가 끝나는 것은 아닙니다. 누구나 손실을 볼 수 있죠. 여기에 좌절하지 않고 꾸준히 연구하여 10번 중 6번 성공하는 매매를 하는 것이 중요합니다.

③ 제시 리버모어

There is only one side to the stock market; and it is not the bull side or the bear side, but the right side.
주식시장에는 오로지 한가지 시각만 존재한다. 그것은 강세론도, 약세론도 아닌 시장을 정확히 바라보는 눈이다.

– 제시 리버모어

주식투자는 예측보다 대응이 중요합니다. 시장을 강세로 또는 약세로 바라보는 편향된 시각이 아니라, 시장을 정확히 보고 대응하는 것이 중요합니다.

It never was my thinking that made the big money for me. It always was my sitting.
내가 큰돈을 벌 수 있었던 것은 결코 내 머리 덕분이 아니다. 항상 앉아 있는 덕분이었다.

– 제시 리버모어

주식은 머리로 분석해서 종목을 선정하고 매매하지만, 수익은 인내심이 있어야 생깁니다. 등락을 반복하는 주가 움직임에 일희일비하기보다는 올바른 분석을 했다면 인내심을 가지고 기다리는 것이 필요하죠.

④ 조지 소로스

I'm only rich because I know when I'm wrong.
내가 부자가 된 것은 내가 틀렸다는 것을 알고 있기 때문이다.

– 조지 소로스

항상 옳은 투자 결정을 할 수는 없습니다. 누구나 틀릴 수 있죠. 하지만 틀렸다는 것을 인정하고 수정하는 것은 어려운 일입니다. 자신의 결정이 틀렸다는 것을 알면 바로 수정해야 하죠.

The financial markets generally are unpredictable. So that one has to have different scenarios.
금융시장은 일반적으로 예측하기 힘들다. 그래서 다른 시나리오를 준비해야 한다.

– 조지 소로스

주식시장을 예측하는 것은 매우 힘듭니다. 단지 대응전략을 준비할 뿐이죠. 주식시장을 100% 이해하고 예측하기보다는 주식시장 변화에 따라 대응할 수 있는 전략이 필요합니다. 그래서 늘 현금을 보유해야 하고, 분산투자를 해야 하죠.

부록

개선 이상우 전문가가
만든 18년의 차트 설정
노하우 집대성

[0150] 조건검색 : 시세, 이평선, 거래량, 패턴, 재무, 순위 등 다양한 조건을 설정하여 투자자가 원하는 조건에 맞는 종목을 실시간으로 검색 가능합니다.

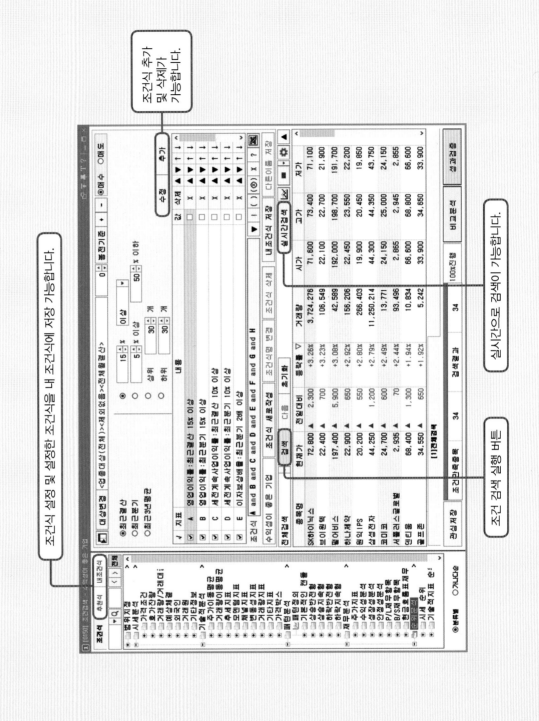

조건식 설정 및 설정한 조건식을 내 조건식에 저장 가능합니다.

조건식 추가 및 삭제가 가능합니다.

실시간으로 검색이 가능합니다.

조건 검색 실행 버튼

[0796] 투자자별 매매동향 : 종목 매매 주체를 개인, 외국인, 기관별로 상세히 분석할 수 있습니다. 투자주체별로 투자성격이 다르기 때문에 종목을 어느 투자자가 매매하는지 분석하면 향후 주가움직임을 예측할 수 있죠. (PART 2 - Chapter 3 참고)

특정 기간을 설정하여 누적순매수를 분석할 수 있습니다.

금액, 수량으로 변경해서 분석할 수 있습니다.

순매수별만 아니라 매수, 매도로 변경해서 분석할 수 있습니다.

투자자 구분에 대한 자세한 설명이 되어 있습니다.

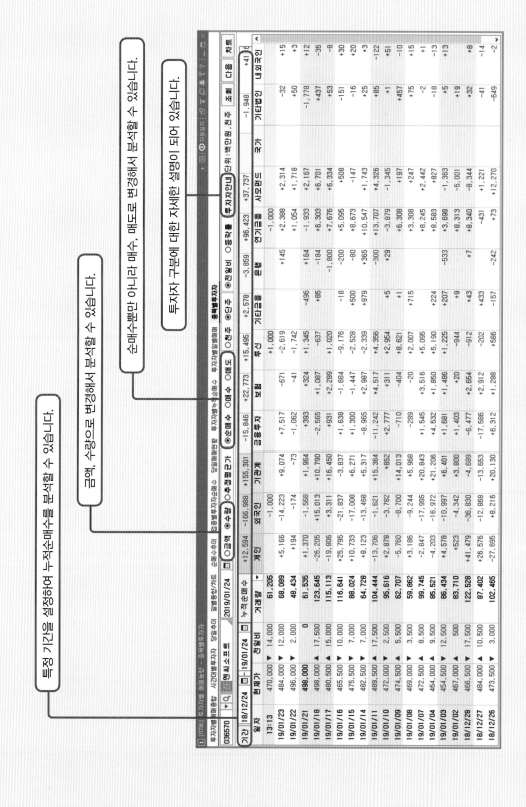

[0147] 상한가/하한가 실시간 포착 : 상한가 및 하한가 근접 종목을 검색할 수 있고, 뉴스 및 상한가 이탈 종목을 확인하는 것이 가능합니다. 현재 주식시장에서 이슈인 종목을 알 수 있죠. 상한가 종목은 이유에 따라 다음날 상한가가 지속되거나 버림 뒤에 다시 상한가가 될 수 있기 때문에 관심 종목에 넣어두는 게 좋습니다.

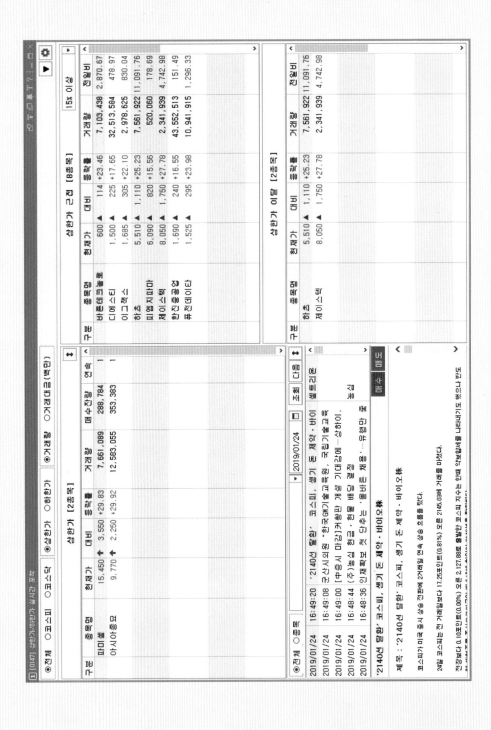

[0130] 관심종목 : 관심종목 관련 메모입력, 빈칸메모, L일봉H 등 관심종목의 현황을 한눈에 파악할 수 있습니다.(설정법 104p. 참고)

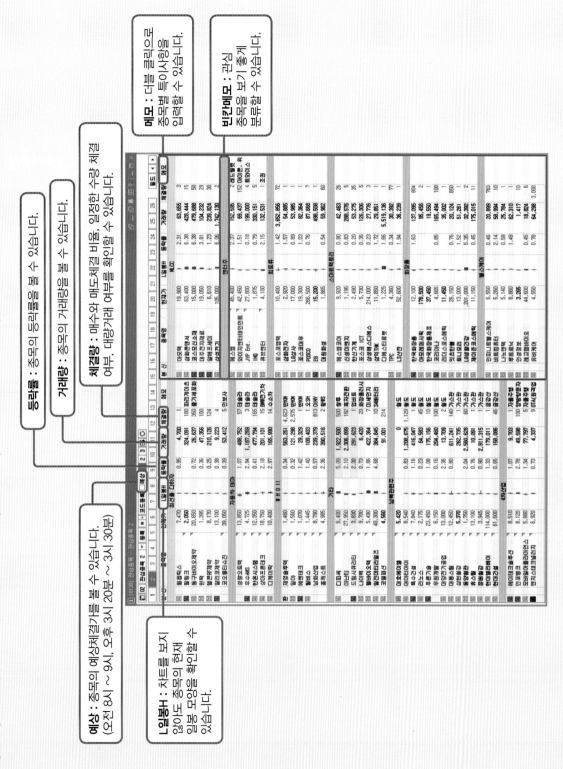

메모 : 더블 클릭으로
종목별 특이사항을
입력할 수 있습니다.

빈칸메모 : 관심
종목을 보기 좋게
분류할 수 있습니다.

등락률 : 종목의 등락률을 볼 수 있습니다.

거래량 : 종목의 거래량을 볼 수 있습니다.

체결량 : 매수와 매도체결 비율, 일정한 수량 체결
여부, 대량거래 여부를 확인할 수 있습니다.

예상 : 종목의 예상체결가를 볼 수 있습니다.
(오전 8시 ~ 9시, 오후 3시 20분 ~ 3시 30분)

L일봉H : 차트를 보지
않아도 종목의 현재
일봉 모양을 확인할 수
있습니다.

[0600] **기술 종합차트** : 기술적 분석의 기초가 되는 차트를 투자자가 원하는 대로 자유롭게 설정 가능합니다. 보조지표들을 모아서 보는 것도 필요하고, 하나씩 분리해서 보는 것도 필요합니다. 캔들을 우클릭하여 '거꾸로 보기'를 하면 다른 시각에서 분석이 가능하죠.

일목균형표 : 기준선만
보도 지표를 해석할 정도로
익숙해지는 게 좋습니다.
(279p 참고)

중기단순 이동평균선 :
단기 매매용 3일, 7일,
60일

시스템트레이딩 지수이동평균 크로스
설정 값 19, 20 (QR코드 참고)

Bollinger Bands 중심선 10,2 (278p 참고)

매물대차트 : 캔들차트와 매물대를 동시에 확인 가능합니다.

중기단순 이동평균선 : 5일, 20일, 60일, 120일, 240일 (245p 참고)

마우스 우클릭

자동 추세선 :
차트 위 빈 곳에서
마우스를 우클릭하면 "자동추세선"이
있습니다.

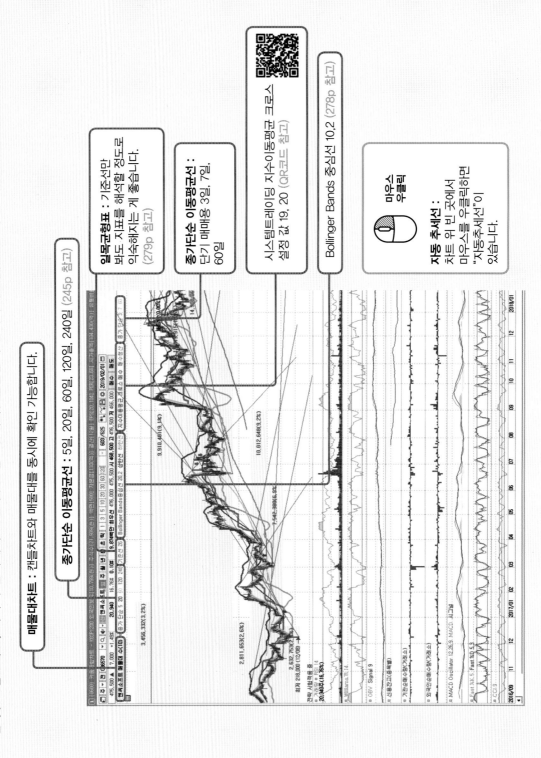

RSI(상대강도지수) : 현재 추세의 강도를 백분율로 나타내어 언제 주가 추세가 전환될 것인가를 예측하는 지표입니다. 70 이상이면 과매수 상태로 매도시점으로 볼 수 있고, 30 이하이면 과매도 상태로 매수시점으로 볼 수 있죠. 거래량 지표와 겹쳐서 봅니다.

거래량 : 기본 보조지표입니다. 거래량 이동평균선까지 있으면 너무 복잡해서 지표를 읽기 힘들기 때문에 거래량을 더블 클릭하여 체크를 제외하는 게 좋습니다. (269p, PART 7 - Chapter 7 참고)

Williams'R(윌리엄%R) : 과매수, 과매도를 측정하기 위한 탄력지표로 스토캐스틱과 매우 유사하지만 수치가 0~~-100으로 나타납니다. 0~-20%는 과매수 상태로 매도시점으로 볼 수 있고, -80%이하는 과매도 상태로 매수시점으로 볼 수 있습니다.

OBV : 거래량을 기준으로 한 시장강도 지표입니다. (278p, PART 7 - Chapter 8-5 참고)

신용잔고(종목별) : 종목을 신용으로 매수한 금액을 나타냅니다. 종목의 신용잔고가 급격히 변동하면 세력의 매매흥작일 수 있죠. 무조건 증가한 경우에는 개인 매수일 가능성이 높아 종목이 감소한 이후 매수하는 것이 좋습니다.

기관순매수량 : 기관의 종목에 대한 관심과 평가를 볼 수 있습니다. (34p, PART 2 - Chapter 3 참고)

외국인순매수량 : 외국인의 종목에 대한 관심과 평가를 볼 수 있습니다. (35p, PART 2 - Chapter 3 참고)

MACD : 단기이동평균선과 장기이동평균선의 차이를 나타냅니다. 기준선 0 상향 돌파 시 매수시점으로, 0 하향 돌파 시 매도시점으로 볼 수 있죠. (273p, PART 7 - Chapter 8-2 참고)

Stochastics Fast : 일정기간 주가의 변동폭에서 금일 종가의 위치를 나타냅니다. 20% 이하는 매수시점으로, 80% 이상 매도시점으로 볼 수 있죠. (275p, PART 7 - Chapter 8-3 참고)

CCI : 주가평균과 주가 사이의 편차를 나타냅니다. CCI 값이 높으면 현재 주가가 주가 평균보다 높다는 의미이고, 낮으면 현재주가가 주가평균보다 낮다는 의미죠. 100 수준일 때는 과매수 상태로 매도시점, -100 수준일 때는 과매도 상태로 매수시점으로 볼 수 있습니다.

[0193] 변동성완화장치(VI) 발동종목현황 : 주가 급변동 시 발생하는 VI 발동 종목현황을 확인할 수 있습니다. 종목의 주가가 급변동하여 VI가 발동되면 동시호가로 바뀌기 때문에 급등하는 종목을 쉽게 찾을 수 있죠.

[1] [0193] 변동성완화장치(VI) 발동종목현황

◉전체 ○코스피 ○코스닥 전체 전체 ▶전체 ○ ◉전체 ○ 　조회 다음

* 변동성 완화장치(VI) 발동시 2분간 단일가매매 적용되며, 해제시에는 임의연장(30초 이내) 적용됩니다.　VI안내

종목명	구분	발동가격	시가대비 등락률	기준가격 동적VI	기준가격 정적VI	괴리율 동적VI	괴리율 정적VI	거래량	발동시간	해지시간	발동횟수
디에스티	정적	1,585	+21.92		1,440		+10.07	19,878,883	13:43:39	13:45:56	2
아시아종묘	정적	9,430	+14.30		8,570		+10.04	11,146,873	13:41:24	13:43:50	3
KC그린홀딩스	정적	4,490	+10.05		4,080		+10.05	886,348	13:20:11	13:22:17	1
흥아해운	정적	462	+10.00		420		+10.00	4,815,897	12:56:02	12:58:25	1
유라테크	정적	8,310	+10.07		7,550		+10.07	1,336,199	12:42:57	12:45:07	1
해태제과식품	정적	11,000	+10.44		9,960		+10.44	1,360,394	12:31:19	12:33:42	1
금강공업	정적	22,500	+10.02		20,450		+10.02	45,190	12:20:02	12:22:27	1
현성바이탈	정적	2,550	-10.05		2,835		-10.05	1,327,197	12:15:35	12:18:00	1
프로스테믹스	정적	6,180	+10.16		5,610		+10.16	5,349,842	12:07:14	12:09:39	1
이그잭스	정적	1,685	+22.10		1,530		+10.13	2,557,638	12:06:25	12:08:26	2
동양네트웍스	정적	2,470	+10.02		2,245		+10.02	3,985,046	11:53:25	11:55:39	1
디에스티	정적	1,430	+10.00		1,300		+10.00	19,878,883	11:46:03	11:48:05	1
뉴프라이드	정적	2,310	+10.00		2,100		+10.00	7,518,291	11:40:18	11:42:32	1

[0246] **외구계장구 - 매매상위** : 외구계 장구의 주요 매매현황을 확인하는 것이 가능하고, 당일 및 기간 확인이 가능합니다. 일반적으로 외구인은 매수세나 매도세가 지속되기 때문에 외구인의 매매동향을 관심하면 종목뿐만 아니라 주식시장 전체의 흐름도 알 수 있죠.

순위	종목명	현재가	전일대비	등락률	매도대금	매수대금	순매매거래량	순매매대금(M)	거래량
1	삼성전자	43,050	▲ 1,050	+2.50%	146,457	340,423	+4,526,692	+193,966	14,168,393
2	SK하이닉스	70,500	▲ 3,700	+5.54%	15,574	187,279	+2,471,613	+171,704	6,889,170
3	신한지주	41,950	▲ 1,350	+3.33%	11,179	41,680	+730,240	+30,501	1,522,677
4	셀트리온	208,000	▲ 8,000	+4.00%	1,691	27,368	+125,575	+25,677	963,270
5	셀트리온헬스케	69,800	▲ 4,500	+6.89%	325	25,706	+371,293	+25,381	1,543,330
6	LG화학	367,500	▼ 1,500	-0.41%	8,209	18,886	+29,077	+10,677	163,595
7	KB금융	45,900	▲ 550	+1.21%	7,422	17,634	+222,475	+10,212	1,277,968
8	신라젠	70,800	▲ 1,800	+2.61%		10,200	+145,547	+10,200	892,943
9	바이로메드	261,700	▲ 9,800	+3.89%	4,148	14,277	+39,073	+10,130	285,744
10	GS건설	47,550	▲ 1,650	+3.59%	383	8,844	+179,155	+8,461	580,816
11	삼성증권	34,500	▲ 1,500	+4.55%	717	9,170	+246,477	+8,453	641,103
12	KT&G	103,000	▲ 500	+0.49%	12,079	19,552	+72,511	+7,473	339,552
13	삼성물산	117,500	0	0%	1,931	9,265	+62,386	+7,334	257,288
14	KODEX 200	28,075	▲ 230	+0.83%		7,144	+255,000	+7,144	3,800,105
15	SK텔레콤	271,000	▲ 2,000	+0.74%	11,466	18,351	+25,483	+6,886	138,995

[2000] 주식종합 : 매매 주문 및 잔고확인 뿐만 아니라, 호가, 차트, 순위분석, 관심종목, 종목검색 등 다양한 정보를 확인하는 게 가능합니다.

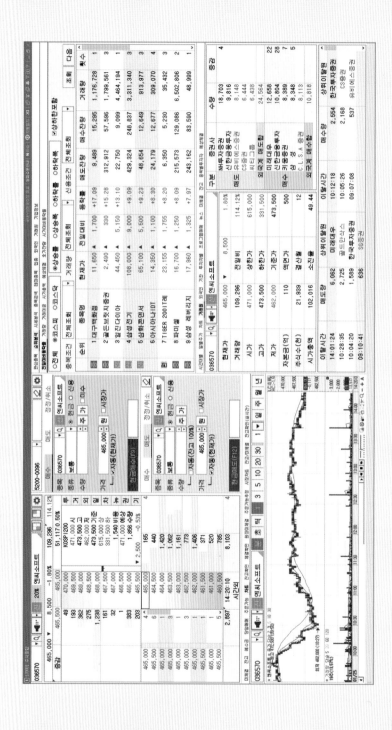

[0700] **종합시황뉴스** : 전체 시장 뉴스 및 종목별 뉴스를 확인 및 검색하는 것이 가능합니다. 특히 종목의 공시만 보거나 특정 언론사 뉴스만 열람하는게 가능하여 주가의 등락원인을 손쉽게 찾아볼 수 있죠.

1 [0700] 종합시황뉴스 (국내뉴스)						
📟	○전체 ◉	036570	🔍 신 엔씨소프트	검색	◀ 2019/01/24 ▶	📄 N이슈 🗐 🖨 자동갱신 ▶ 조회 다음 ⚙

2019/01/24	14:01:47	오후장 기술적 분석 특징주 B(코스피시장)	엔씨소프트	인포스탁
2019/01/24	11:30:00	게임주 시총 1위에서 멀어지는 넷마블	엔씨소프트	아시아경
2019/01/24	11:16:12	웰론 플랫폼 '버드폰·리뉴얼…'만화' 추가	엔씨소프트	이데일리
2019/01/23	17:25:52	엔씨소프트, "마카롱택시에서 '스푼즈' 제품 이용하세요"	엔씨소프트	머니투데
2019/01/23	16:04:04	플레이드&S&물, 새로운 강성 계열 '어검' 업데이트	엔씨소프트	매일경제
2019/01/23	15:37:02	엔씨소프트 '스푼즈', 마가롱택시와 브랜드 제휴 체결	엔씨소프트	파이낸셜
2019/01/23	14:39:29	엔씨소프트 블소 새로운 강성 계열 '어검' 업데이트	엔씨소프트	인포스탁
2019/01/23	14:35:57	흔들리는 엔씨혜더스 운송이號…4년 연속적자 '감원·감바람'	엔씨소프트	인포스탁
2019/01/23	14:29:19	엔씨소프트 '스푼즈', 마가롱택시와 브랜드 제휴	엔씨소프트	인포스탁
2019/01/23	14:14:06	엔씨소프트 '스푼즈', 마가롱택시와 브랜드 제휴 체결	엔씨소프트	서울경제
2019/01/23	11:50:36	엔씨소프트 스푼즈, 마가롱택시 캐릭터 '스푼즈', 마카롱택시와 제휴	엔씨소프트	인포스탁
2019/01/23	10:53:56	[게시판] 엔씨소프트 캐릭터 '스푼즈', 마가롱택시와 제휴	엔씨소프트	연합뉴스
2019/01/23	10:50:51	엔씨 '스푼즈', 마가롱택시와 브랜드 제휴 체결	엔씨소프트	인포스탁
2019/01/23	10:16:24	엔씨 스푼즈 캐릭터, 마가롱택시에서 만난다	엔씨소프트	이데일리
2019/01/22	18:49:12	엔씨소프트 회사채레 1조 '몰렸도…2500억으로 증액	엔씨소프트	뉴스핌
2019/01/22	18:07:12	[오늘의 게임 이슈] 고만다 리니지…'넷마블, 글로벌 '톱5' 진입	엔씨소프트	이데일리
2019/01/22	18:03:40	엔씨소프트, '리니지M' 2019 타이페이 게임쇼 2건 연속 참가	엔씨소프트	인포스탁
2019/01/22	17:19:42	인터넷·게임 '한 종울 때 바닥에 대한 고민이 필요'	엔씨소프트	머니투데
2019/01/22	16:40:54	[게시판] 엔씨소프트 '리니지M' 타이베이 게임쇼 참가	엔씨소프트	연합뉴스
2019/01/22	14:17:17	[특리포트] 엔씨소프트, '매수' 유지·목표가 65만원 유지-한화證	엔씨소프트	이데일리
2019/01/22	14:16:31	엔씨소프트, 목표가 65만원 유지…전일종가 49만8000원 -한화證	엔씨소프트	뉴스핌
2019/01/22	13:58:17	[특리포트] 엔씨소프트, '매수' 유지·목표가 40%↑ 56만원-신영證	엔씨소프트	이데일리
2019/01/22	13:57:25	엔씨소프트, 목표가 40%↑ 56만원 제시-신영證	엔씨소프트	뉴스핌

S-O11	OCI	고려아연	LG유플러스	엔씨소프트
	외부창으로 종목		연동안함 ▼	저장

① [0724] 해외증시 - 장중변동데이터

전일금융시장정리 | 장중변동데이터 | 해외주요지수 | 지수/업종현재가 | 등락률현황 | 미국지수선물 | 해외DR시세 | 세계주요지수

※ 해외 지수는 지연 또는 종가로 제공됩니다.　제공시간안내

종류	품목	현재가	전월대비		등락률	시가	고가	저가	거래량	현지시간
주가지수	한국, KOSPI	2,138.09	▲	10.31	0.48%	2,127.88	2,141.85	2,125.48	333,489	01/24 14:11
	한국, KOSDAQ	702.73	▲	7.10	1.02%	696.97	702.86	696.80	485,430	01/24 14:11
	일본, 니케이225	20,551.30	▼	42.42	-0.21%	20,506.24	20,620.72	20,467.59		01/24 13:52
	대만, 대만가권	9,866.77	▲	20.37	0.21%	9,865.00	9,892.82	9,847.32		01/24 12:52
	중국, 상해B지수	276.72	▼	0.47	-0.17%	276.43	276.87	275.70	16,736,700	01/24 11:30
	홍콩, 항셍지수	27,045.06	▲	36.86	0.14%	27,075.37	27,094.97	26,889.79		01/24 12:05
선물지수	S&P500 선물(G)	2,644.00	▲	5.70	0.22%	2,637.90	2,644.00	2,637.90	3	01/24 10:05
	E-Mini Nasdaq 100 지수	6,673.75	▲	8.50	0.13%	6,663.00	6,694.25	6,653.00	30,324	01/24 14:02
환율	원/달러	1,129.30	▲	2.00	0.18%	1,126.00	1,129.80	1,125.00		01/24 14:07
	엔/달러	109.8700	▲	0.4500	0.41%	109.3500	110.0000	109.1300		01/23 16:00
	달러/유로	1.1365	▲	0.0011	0.10%	1.1355	1.1374	1.1350		01/23 16:00
	대만달러/달러	30.8600	▼	0.0400	-0.13%	30.9000	30.9200	30.8600		01/23 16:00
	싱가포르달러/달러	1.3594	▼	0.0014	-0.10%	1.3608	1.3609	1.3584		01/23 16:00

티커툴바 : 국내지수 및 해외지수, 환율, 뉴스 등을 가상화면과 상관없이 항상 확인가능합니다.

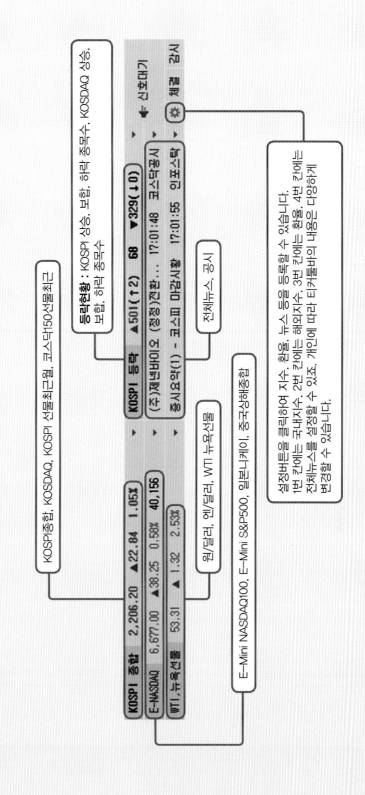

KOSPI종합, KOSDAQ, KOSPI 선물최근월, 코스닥50선물최근

원/달러, 엔/달러, WTI 뉴욕선물

E-Mini NASDAQ100, E-Mini S&P500, 일본니케이, 중국상해종합

등락현황 : KOSPI 상승, 보합, 하락 종목수, KOSDAQ 상승, 보합, 하락 종목수

전체뉴스, 공시

설정버튼을 클릭하여 지수, 환율, 뉴스 등을 등록할 수 있습니다. 1번 칸에는 국내지수, 2번 칸에는 해외지수, 3번 칸에는 환율, 4번 칸에는 전체뉴스를 설정할 수 있죠. 개인에 따라 티커툴바의 내용은 다양하게 변경할 수 있습니다.

KOSPI 종합   2,206.20 ▲22.84   1.05%
E-NASDAQ   6,677.00 ▲38.25   0.58%   40,156
WTI, 뉴욕선물   53.31   ▲ 1.32   2.53%

KOSPI 등락   ▲501(↑2)   68   ▼329(↓0)
(주)제넨바이오 (정정)전환… 17:01:48   코스닥공시 ▶
종사요약(1) - 코스피 마감시황 17:01:55   인포스탁   ▶

🔊 신호대기   ▶
⚙ 체결   감시